Wladimir Kaminer

Tolstois Bart und Tschechows Schuhe

WLADIMIR KAMINER

TOLSTOIS BART UND TSCHECHOWS SCHUHE

STREIFZÜGE DURCH DIE RUSSISCHE LITERATUR

GOLDMANN

Die Originalausgabe erschien 2019 im Wunderraum Verlag
Wunderraum-Bücher erscheinen im Wilhelm Goldmann Verlag, München,
einem Unternehmen der Penguin Random House Verlagsgruppe GmbH.

Sollte diese Publikation Links auf Webseiten Dritter enthalten,
so übernehmen wir für deren Inhalte keine Haftung,
da wir uns diese nicht zu eigen machen, sondern lediglich auf deren Stand
zum Zeitpunkt der Erstveröffentlichung verweisen.

Die Texte zu folgenden Autoren sind bereits als Hörbücher in der Reihe
Berichte aus den Tiefen der russischen Literatur bei Random House Audio
erschienen und wurden für die Buchveröffentlichung überarbeitet:
Leo Tolstoi (2008), Anton Tschechow (2009),
Michail Bulgakow (2011), Daniil Charms (2014)

Penguin Random House Verlagsgruppe FSC® N001967

1. Auflage
Taschenbuchausgabe Oktober 2022
Copyright © 2019 by Wladimir Kaminer
Copyright © dieser Ausgabe 2019
by Wilhelm Goldmann Verlag, München,
in der Penguin Random House Verlagsgruppe GmbH,
Neumarkter Str. 28, 81673 München
Umschlaggestaltung: UNO Werbeagentur, München
Umschlagmotiv: vancrasj / iStock / Getty Images Plus; FinePic®, München
AB · Herstellung: ik
Satz: Buch-Werkstatt GmbH, Bad Aibling
Druck und Bindung: CPI books GmbH, Leck
Printed in the Czech Republic
ISBN: 978-3-442-49023-3

www.goldmann-verlag.de

INHALT

TEIL I

Fjodor Michailowitsch Dostojewski

1821–1881

Die unheimliche Macht
des Geldes

Schuld und Sühne

»Die Hauptfrage des Lebens, die mein Herz unablässig durchbohrt und mir unsägliche Qualen verursacht, ist die Frage nach der Anwesenheit Gottes. Anscheinend spielt der Schöpfer mit mir Versteck. Mal stelle ich alle Möbel auf den Kopf, zünde sämtliche Kerzen an, aber nichts, rein gar nichts ist von ihm zu sehen. Und wenn ich die letzte Hoffnung verliere, ohnmächtig im Sessel zusammenknicke und die Augen schließe, steht er plötzlich vor mir und lächelt, als wäre er nie weg gewesen. Wie konntest du bloß an mir zweifeln?, fragt er. Oh mein Gott, hilf mir, an dich zu glauben, erklär mir bitte, sind wir Menschen nach deinem Vorbild erschaffen oder bloß Affen, die sich ihrer selbst nicht zu schämen brauchen? Gib mir Klarheit!, rufe ich und strecke die Hand dem Licht entgegen. Schon ist er wieder fort. Zum Kotzen dieses Versteckspiel«, schrieb Fjodor Dostojewski in den Skizzen seines Romans *Das Leben eines großen Sünders*, den er nie fertig bekam. »Ich werde jedoch nie aufhören, nach ihm zu suchen, weit über meinen Tod hinaus.«

So geschah es auch, und wir sowjetischen Schüler des Jahres 1983 nahmen hundertzwei Jahre nach seinem Tod freiwillig an diesem Versteckspiel teil. Für uns damalige Zehntklässler

9

der Moskauer Schule 701 war Dostojewskis Suche allerdings schwer nachzuvollziehen.

Der Schriftsteller war in unserem Programm »Russisch und Literatur« mit drei Werken vertreten: *Weiße Nächte*, *Arme Leute* und *Schuld und Sühne*. Unsere Literaturlehrerin Claudia war gleichzeitig unsere Klassenlehrerin und in Dostojewski vernarrt. Sie hatte alle drei Romane auswendig gelernt und erzählte sie uns in allen Einzelheiten, damit auch die lesefaulsten Schüler Dostojewski quasi verinnerlichten.

Die ersten zwei Romane waren mehr oder weniger unglückliche Liebesgeschichten. In *Weiße Nächte* lernt ein einsamer Träumer bei seinen Spaziergängen durch St. Petersburg ein Mädchen kennen, das ihm gut gefällt. Anstatt aber offen mit ihr über seine Gefühle zu sprechen, hilft er der jungen Frau, ihren verloren gegangenen Liebhaber wiederzufinden, der eigentlich kein großes Interesse an ihr hat und deswegen immer zu spät oder gar nicht kommt. Aber unser Träumer will ja, dass die Frau glücklich wird, er will den Helden spielen. Am Ende verschwindet das Mädchen mit dem anderen und sagt nicht einmal danke.

Dumm gelaufen, dachten wir, aber nachvollziehbar. Auch bei uns in der Klasse spielte sich gerade eine ähnliche Geschichte ab. Unser Klassenclown, der dicke Popen, war heimlich in die Klassenlehrerin verliebt, die aber wie gesagt ihr Herz hoffnungslos an Dostojewski verloren hatte. Ihre Beziehung zu Popen gestaltete sie gekonnt als freundliche

Ablehnung. Popen hatte allen Grund, diesen Dostojewski zu hassen, auch wenn der schon seit über hundert Jahren tot war. Unsere hässliche Ludmila, das Mädchen mit der größten Oberweite in der Klasse, hatte wiederum auf Popen ein Auge geworfen. Doch keiner dieser Menschen konnte seine Gefühle offen und verständlich zum Ausdruck bringen.

Popen machte sich ständig über die Klassenlehrerin lustig und klaute ihr aus Frust sogar ihre eleganten Stiefeletten »made in Ungarn«, als wir am Tag des Skiläufers alle auf Skiern um die Schule herumrutschen mussten. Claudia hatte ihre Stiefeletten sorgfältig in einer Tüte verpackt unter den Stuhl im Klassenzimmer gelegt, und von dort hatte Popen sie entwendet. Claudia musste in Skischuhen unterrichten und hat beinahe geweint. Niemand in der Klasse hat verstanden, was Popen mit den Stiefeletten wollte. Vielleicht vor dem Einschlafen daran riechen?, witzelten die Mitschüler.

In dem zweiten Werk, das wir im Unterricht durchnahmen, *Arme Leute*, hilft ein Mann, ein ferner Verwandter, einem Mädchen, das von ihrem reichen Freund verlassen wurde. Er hat das Bedürfnis, jemandem Gutes zu tun. Und natürlich verliebt er sich in das gerettete Mädchen, lässt es sich aber nicht anmerken und verschleppt die Situation, bis der reiche Liebhaber irgendwann zurückkommt und das Mädchen abholt.

Auch dumm gelaufen, fanden wir.

Am meisten Schwierigkeiten hatten wir aber mit *Schuld*

und Sühne, Claudias Lieblingswerk. Unserer Lehrerin reichte es nicht, uns den Roman zu erzählen. Sie wollte umgekehrt das Werk in Teilen von uns vorgetragen bekommen, in einer Art szenischer Lesung, aber ohne dass wir den Text auswendig lernten. Wir sollten ihn vielmehr in unseren eigenen Worten möglichst nahe am Original nacherzählen.

Ich habe mir gleich eine coole Stelle vom Anfang des Buches ausgesucht und sie mit meinem damaligen besten Freund Robert einstudiert: Ein Offizier und ein Student sitzen in einer Kneipe, saufen und tauschen sich über die alte ekelhafte Pfandleiherin aus, die armen Menschen den letzten Groschen abnimmt, sie in den Wahnsinn und den Ruin treibt, das ganze Geld aber vollkommen sinnlos unter dem Kopfkissen hortet, statt es in Bildung oder Forschung zu investieren.

Robert und ich waren damals große Dissidenten und unserem Staat, der Sowjetunion, gegenüber sehr kritisch eingestellt. In jenem Jahr nannte der amerikanische Präsident Ronald Reagan unsere Heimat das »Imperium des Bösen«, und wir gaben ihm sofort recht. Also stellten wir uns unter der alten Pfandleiherin die Sowjetunion vor, die mit ihrer Planwirtschaft genauso unvernünftig handelte wie die Alte im Roman. Sie machte weder sich selbst noch andere Menschen glücklich oder frei.

»Sie kauft sich nicht einmal etwas Schönes zum Anziehen, das verfluchte Weib«, schimpfte ich, der Offizier. »Wenn es so weitergeht, wird unser Land für immer rückständig und archaisch bleiben.«

»Eigentlich sollte man die Alte umbringen und das Geld unter den Bedürftigen verteilen. Bedenke nur, wie viele junge Leben dadurch gerettet werden könnten«, nickte Robert, der Student.

»Mach doch«, sagte ich ihm. »Wenn du das kannst. Kannst du es? Kannst du jemanden töten, nur um der Gerechtigkeit willen? Ich könnte es nicht.«

»Ich auch nicht«, meinte Robert. »Es bedarf wohl besonderer Menschen, die zu so etwas fähig sind«, beendeten wir das Gespräch dem Original ziemlich nahe.

Ich glaube, Dostojewski hätte seine Freude an unserer Darstellung gehabt. Seine Romane sprudelten nur so von besonderen Menschen, die zu »so etwas« fähig waren. Die breite Blutspur, die sich durch diese Romane zieht, lässt Tarantino wie ein harmloses Sandmännchen aussehen. Neulich entdeckte ich einen wissenschaftlichen Aufsatz mit dem Titel »Tote bei Dostojewski«. Darin haben Wissenschaftler die Leichen in seinen Romanen gezählt: *Schuld und Sühne*: 21 Tote. *Der Idiot*: 31 Tote. *Die Dämonen*: 15 Tote. *Die Brüder Karamasow*: 43 Tote. Dagegen ist das Texas-Kettensägen-Massaker eine Gutenachtgeschichte.

Aber zurück in die Schule. Im Roman lauscht ein anderer Student den beiden Dissidenten und überlegt, ob nicht er vielleicht die Drecksarbeit für die Menschheit übernehmen könnte. Er möchte prüfen, ob er vielleicht dieser besondere Mensch ist, der die Fähigkeit besitzt zu urteilen, wer zu leben und wer zu sterben hat. Also nimmt der Student eine Axt und geht zu der alten Frau. Sie hat aber zufällig Besuch, ihre schwangere Nichte Elisabeth ist da – für den Studenten kein Hindernis, der Gerechtigkeit zum Sieg zu verhelfen. Und so entstehen die ersten drei Leichen des Romans.

Ich möchte an dieser Stelle ehrlich sagen, für uns damals 16-jährige Teenager, war das Handeln dieses Studenten nicht nachvollziehbar. Muss man denn gleich die Axt schwingen? Er hätte ja auch zuerst mit der Pfandleiherin reden können. Vielleicht war ihr die eigene Scheußlichkeit gar nicht bewusst. Er hätte die richtigen Argumente suchen sollen, denn letzten Endes haben alle Menschen ein Gewissen, es gehört zu unserer Grundausstattung. Zur Not hätte der Student der Oma Angst machen, sich eine schwarze Kappe über den Kopf ziehen und sie ausrauben können oder sie betäuben. Aber nein, Fjodor Dostojewski wollte es bis zum Äußersten treiben. Das Geld hat der Student gleich versteckt und es nie wieder angefasst. Er wollte sich ja nur testen, ob er eine den Umständen gehorchende Maus war oder ein Mensch, der frei seine Entscheidungen traf.

Später im Roman versucht er, ein armes Mädchen zu retten, eine Prostituierte mit hoher sozialer Verantwortung, die ihren Körper verkauft, um anderen zu helfen. Sie nimmt seine Hilfe aber nicht an. Dann wird der Student einem hinterhältigen Untersuchungsrichter vorgeführt, verstrickt sich in Widersprüche und gesteht am Ende den Mord. Erleichtert fährt er nach Sibirien, begleitet von der Prostituierten. Und der Untersuchungsrichter reibt sich die Hände.

Es ist uns Menschen eben nicht gegeben zu urteilen, was gerecht ist, weil wir in dem kleinen Kellerchen unserer persönlichen Lebenssituation gefangen und nicht imstande sind, über den Rand zu schauen. Unseren Eventhorizont tragen wir quasi auf der Nase.

Den Höhepunkt unserer szenischen Lesung werde ich nie vergessen. Popen, der Klassenclown, sollte für den Mörderstudenten sprechen, unser Klassensprecher Sergej für den Untersuchungsrichter und die hässliche Ludmila für die Prostituierte. Zu der szenischen Lesung brachte Popen eine echte Axt mit in die Klasse und sagte, das sei seine Requisite. Claudia hätte ihn sofort mit der Axt der Klasse verweisen oder den Direktor rufen sollen, aber sie war verblendet in ihrer Liebe zu Dostojewski und ließ alles zu.

Der Untersuchungsrichter redete wie ein Wasserfall, er war ja nicht umsonst unser Klassensprecher. Wie eine Spinne schlich er um den Mörderstudenten und zog dabei die Kreise immer enger, bis er ihm die ganze Wahrheit entlockt hatte. Auch die hässliche Ludmila meinte, Popen solle sich schuldig bekennen.

»Du wirst sehen, Popen, es wird dir dein Herz ungeheuer erleichtern, wenn du die Wahrheit sagst«, meinte sie. »Ergib dich bitte, dann haben wir es hinter uns und können ins Kino geben«, meinte sie und schaute ihm eindringlich in die Augen.

»Ich gebe es niemals zu, beweis es doch, wenn du kannst!«, rief Popen und bestand auf seiner Unschuld. Er tat so, als würde er sich mit der Axt die Fingernägel säubern. Alle wurden langsam ungeduldig, wir wollten nach Hause.

»Gib zu, Popen, du hast die Alte ausgeraubt«, rief die Klasse.

»Nein und noch mal nein!«, rief unser Hauptdarsteller. »Ich bin ein ehrlicher Mensch, ich habe nie etwas genommen, was mir nicht gehört!«

»Ah ja, und wer hat Claudia die Stiefeletten geklaut? Etwa Dostojewski?«, konterte eine freche Stimme aus dem Klassenraum.

Claudia wurde rot im Gesicht, Popen holte aus und warf die Axt in Richtung der frechen Stimme. Zum Glück wurde niemand getroffen, nur ein Fenster ging zu Bruch. Die Mädchen schrien, wir sammelten die Scherben ein, und Claudia musste später dem Direktor erklären, wie sie ihre Literaturstunden gestalte, dass die Äxte aus dem Fenster flögen.

»*Schuld und Sühne* in der 10a« sorgte damals für ordentlich Gesprächsstoff in der Schule, und wir waren alle erleichtert, dass die Vorstellung nicht weiter eskaliert war. Unsere Schulzeit war sowieso bald vorbei – und tschüss!, nie wieder Dostojewski, Schluss mit *Schuld und Sühne,* dachte ich naiv. Ich wusste damals noch nicht, dass mich dieser Autor und dieses Stück ein Leben lang begleiten sollten. Irgendwie hat die Axt, die aus dem Fenster geflogen war, uns alle post factum auf den Kopf getroffen.

Fjodor Dostojewski

Von Leichtsinn und Lebenslust getrieben, dachte ich in der Schule überhaupt nicht darüber nach, was ich einmal werden wollte. Dostojewski hatte das auch lange nicht gewusst. Er ging zunächst auf eine Militärakademie und wurde Fähnrich. Gleichzeitig übersetzte er französische Romane von Honoré de Balzac und George Sand ins Russische und schrieb Gedichte, die er niemandem zeigte. Seine Übersetzungen kamen beim Lesepublikum gut an.

Mit 23 Jahren wurde er auf eigenen Wunsch vom Dienst suspendiert, angeblich wegen einer »schwierigen Situation im Haushalt«. Seine Mutter war verstorben, und sein Vater, vom Tod seiner Frau schwer getroffen, kam allein mit der großen Familie nicht zurecht. Zu diesem Zeitpunkt fasste Dostojewski den Entschluss, Dichter zu werden, ein Poet, denn Poeten stünden Gott am nächsten und könnten dessen Stimme als Erste hören. Dostojewski las viel Lyrik. Besonders hatten es ihm die deutschen Dichter angetan. Einmal fiel ihm jedoch eine frische Ausgabe der russischen Zeitschrift »Der Invalide« in die Hände, in der einige Kurzbiografien deutscher Dichter veröffentlicht waren: Lessing starb in tiefster Armut, Schiller hatte nicht einmal genug Geld, um nach Paris oder ans Meer zu fahren, Hölderlin musste als Schullehrer seinen Unterhalt verdienen und war in diesem Job verrückt geworden. Grabbe starb mit 34 Jahren an der Schwindsucht, Lenz endete in größter Not, Franz von Sonnenberg stürzte sich aus dem Fenster, Kleist erschoss sich, Louise Brachmann ertränkte sich bei Halle in der Saale, Charlotte Stieglitz stach sich mit einem Dolch ins Herz.

»Habe gerade über die deutschen Dichter gelesen, die alle jung starben oder verrückt geworden sind. Mir ist bang ums Herz. Man kann sich auf dieser Welt nur als Schurke oder Scharlatan wohlfühlen«, klagte er in einem Brief an seinen älteren Bruder Michael.

વ

Arme Leute

1846 veröffentlichte Dostojewski seinen Roman *Arme Leute*, und alle Russen, die lesen konnten, haben ihn verschlungen. Seine eindringliche Art, Menschen in schwierigen Lebenslagen zu beschreiben, traf das Lesepublikum ins Herz. Dostojewski stellte seine Helden bloß, die sich selbst und andere unsäglich quälten, stets das Gute wollten und Dummes taten. Sie litten, sie fielen, sie entsetzten und leuchteten, und manchmal taten sie alles gleichzeitig.

Zu seiner Zeit war Dostojewski ein »kontroverser Schriftsteller«, ein Spalter. Dementsprechend war die Meinung der Kritiker bezüglich seines Schaffens extrem geteilt. Vernichtende Rezensionen erschienen neben Lobgesängen, die den jungen Autor in den Himmel priesen. »Ein neuer Gogol!

Gesegnet ist ein Land, das solche Schriftsteller hervorbringt!«
»Eine neue Stimme, die eine Abkürzung ins Gewissen jedes
Menschen findet. Wir sind noch nicht verloren, wenn solche
Genies geboren werden«, schrieben die einen. »Dieser Mann
ist ein lebender Skandal, der die russische Seele in eine Ta-
bakkiste packen will. Klein und schmutzig ist seine Welt. Er
möchte uns weismachen, ganz Russland würde nur aus sau-
fenden Beamten, verrückten Studenten und sich langwei-
lenden Hausfrauen bestehen. Diese Prosa wirkt wie ein öder
Albtraum nach einem zu fetten Abendbrot. Man kann nicht
schlafen und will die Mahlzeit am besten schnell wieder aus-
kotzen«, schrieben die anderen.

Ich glaube, bei jedem Autor ist es so: Lob verflüchtigt sich
schnell, während ihn die Schimpftiraden ins Herz treffen, ihm
den Schlaf rauben, Unsicherheiten und Selbstzweifel hervor-
rufen. Das Lob geht vorüber, aber die Kritik verdirbt den
Charakter.

Der junge Dostojewski, ein ehrgeiziger Mann, verwickelte
sich in Diskussionen mit seinen Gegnern und Gönnern. Er
wollte sich erklären, schrieb Artikel über Artikel, antwortete
auf jede Kritik – manchmal zu pathetisch und wortreich – und
hatte schon bald in St. Petersburg unter Kollegen und Redakteuren den Ruf, ein schwieriger, ein unerträglicher Mensch zu
sein, mit dem es unmöglich sei, vernünftig zu reden.

Ganz nebenbei offenbarte sich noch eine Eigenart dieses
Mannes: Er konnte kein Geld festhalten. Egal wie hoch seine

Honorare waren, wie viel ihm Freunde borgten oder reiche Mäzene spendeten, die Scheine verschwanden, als wären alle seine Taschen zerrissen. Alles Geld, das er bekam, wechselte noch am gleichen Tag den Besitzer. Über solche Menschen wird gelästert, sie seien zum Armsein geboren.

Von den ständigen Konflikten mit der literarischen Welt der dicken Zeitschriften und von seinen finanziellen Schwierigkeiten müde geworden, überlegte der junge Autor sogar einmal kurz, sich von dieser hochnäsigen, an Selbstüberschätzung leidenden Szene zu verabschieden. Doch nachdem er einmal Blut geleckt hatte, konnte er nicht anders, als weiter Romane zu schreiben. Er schrieb und stritt und verbrannte seine Gagen in den Kneipen und Restaurants.

1848 begann Dostojewski den Petraschewski-Zirkel zu besuchen. Junge Menschen versammelten sich jeden Freitag in einer Wohnung, um die politische Zukunft Russlands zu besprechen. Der Gastgeber Michail Wassiljewitsch Butaschewitsch-Petraschewski, ein hervorragend gebildeter Mann, der als Dolmetscher des Auswärtigen Amtes dem Staat diente, war in seiner Freizeit ein glühender Anhänger des utopischen Sozialismus in dessen merkwürdigster Ausprägung. Von allen Sozialisten der Welt fand Petraschewski ausgerechnet Charles Fourier überzeugend, einen Börsenmakler und Kleinhändler aus Besançon. Tja. Es ist manchmal schwer nachvollziehbar, wie der eine oder andere Schulabbrecher zum Propheten wird. Und doch passiert es häufig, dass die Menschen nicht großen

Philosophen und Denkern ihren Glauben schenken, sondern einem französischen Kaufmannsgehilfen. Dessen Idee von der »universellen Harmonie« fand damals in Russland große Verbreitung unter den denkenden, studierten Menschen. Vielleicht lag es an deren mangelnden Französischkenntnissen oder umgekehrt an der zu guten Übersetzung. Man weiß es bis heute nicht.

Fourier warb in seinen Aufsätzen für eine Welt, in der alles Böse und Egoistische ausgerottet wäre, statt gefährlicher Löwen nur noch niedliche »Anti-Löwen« durch die Gegend liefen, die Sümpfe ausgetrocknet und in »Süßwassermeere« verwandelt wären, in denen das Wasser wie Limonade schmecke und niedliche »Anti-Haie« vor sich hin planschten. Darüber hinaus leuchtete in seiner Utopie ein neuer Stern über der Welt: Die sogenannte »boreale Krone« – das Nordlicht in Form einer Krone – würde die Erde von allen Seiten gleichmäßig erwärmen und in Nizza und St. Petersburg das ganze Jahr über Palmen wachsen lassen. Die Menschen würden in dieser geregelten Welt in der »Phalanx« leben, einer Art Genossenschaft, wo sie nur damit beschäftigt wären, ihre Talente optimal zu entfalten und das verdiente Geld gerecht zu teilen.

Heute hätte Fourier, ein Idealist und Romantiker, bestimmt Schwierigkeiten gehabt, einer stationären Behandlung in einem psychiatrischen Krankenhaus zu entkommen. Die Menschen sind misstrauischer geworden. Vor hundertsiebzig Jahren leuchtete jedoch seine boreale Krone in die dunkle Nacht der europäischen Monarchien, und viele junge Leute, ebenfalls Idealisten und Romantiker, fühlten sich von diesem Licht angezogen.

Petraschewski, der Gründer des Zirkels, hatte sogar seine Mutter überredet, in einem Dorf, das ihr gehörte, Fouriers Utopie verwirklichen zu dürfen. Er erzählte den Bauern, dass sie ab jetzt ein neues fortschrittliches Leben führen würden. Sie müssten nicht länger in kleinen dunklen Häuschen in unerträglicher Enge hausen. Er baute ein Phalanstère, ein großes Gebäude mit einem Kindergarten, einer großen Küche, hohen Decken und einer für die damaligen Verhältnisse modernen Heizung. Das Datum für den feierlichen Umzug der Dorfbevölkerung stand schon fest, doch in der Nacht davor steckten die Bauern das Phalanstère in Brand. Sie wollten nicht von ihren kleinen Häuschen in eine Kaserne der Zukunft umziehen.

»Durch nichts ist dieses dunkle archaische Volk zu überzeugen. Weder die Stimme der Vernunft noch die der Wissenschaft wollen sie hören. Sie handeln gegen ihr eigenes Wohl und zerstören jede Zukunft dieses Landes, Hauptsache alles bleibt wie früher«, so beschrieb Petraschewski seine damalige Niederlage auf dem Land. Entsetzt fuhr er nach St. Petersburg zu seinem Zirkel zurück. Die jungen Menschen in der Hauptstadt waren patriotischer als die Bauern und offener für seine Zukunftsentwürfe. Ich glaube, sie waren damals auch patriotischer als die heutige Jugend in den

Großstädten, die schnell ihre Heimat verlässt und das Land wechselt, statt ihr Leben aufs Spiel zu setzen, um zu Hause politische Reformen durchzusetzen.

Damals erstickte nicht nur Russland, sondern ganz Europa unter seinen Monarchen, die zwar unterschiedlich handelten, aber sich in einem einig waren: Jegliches freie Denken war von Übel, jedes Streben nach gesellschaftlicher Veränderung musste sofort als Verschwörung zum Umsturz bekämpft und niedergemetzelt werden. Die Monarchen wehrten jeden Wunsch nach Reformen ab. Und doch war klar, dass das überalterte politische System schon sehr bald Feuer fangen würde. Die Frage war nur, wo die Revolution ausbrechen würde.

1848 brannte es wieder einmal in Frankreich, der Heimat der leichtsinnigsten Idealisten und Romantiker. Die Franzosen errichteten ihre Barrikaden und schickten den in der Revolution von 1830 an die Macht gekommenen »Bürgerkönig« ins Exil. Der heiße Atem der Revolution erreichte sogar die verschneiten russischen Gemüter und taute die erfrorenen Seelen auf. Russische Grundbesitzer verpfändeten ihre Leibeigenen bei der Staatsbank, um sich eine Reise zu den Pariser Barrikaden zu gönnen. Für ein paar Erinnerungsselfies mit echten Revoluzzern waren sie bereit, sich dem Risiko auszusetzen, auf der Liste der Zarenfeinde zu landen. Alle waren neidisch auf die Franzosen und wünschten sich zwar nicht gleich eine Revolution, aber doch zumindest ein wenig Bewegung an der frischen Luft. Sie schämten sich für ihre Leibeigenen und wären sogar bereit gewesen, auf einen Teil ihrer Privilegien zu verzichten, wenn dafür der Monarch einen kleinen Schritt in Richtung einer parlamentarischen Republik getan hätte.

Dem russischen Zaren Nikolaus I. kam aber nichts Derartiges in den Sinn: »Unser Freund Frankreich ist im geistigen Delirium versunken. Dunkle Mächte wüten im ganzen Land. Doch wir sind bereit, unseren Feinden mit aller Stärke zu begegnen. Sollen sie nur kommen«, ließ der Zar in seiner Ansprache an das Kabinett anlässlich der Revolution in Frankreich verlauten.

In St. Petersburg gab es Gerüchte, Teile der revolutionären französischen Garde, von Proudhon und Bakunin persönlich angeführt, würden sich bereits Richtung Russland aufmachen, um das Feuer der Weltrevolution dorthin zu tragen. Doch es kam keiner. Das wirkte verdächtig. Die russische Monarchie mit all ihren Sicherheits- und Geheimdiensten, mit ihrer Armee und Gendarmerie hatte sich bereit gemacht, die Hydra der Revolution zu zerschlagen. Doch die Hydra war nicht erschienen. Der Zar war außer sich. »Wo sind meine Gegner?«, fragte er die Minister. Darauf konnte es nur zwei Antworten geben. Entweder hatten sich die Gegner sehr gut versteckt, oder es gab sie nicht. Die zweite Antwort wäre eine Beleidigung für die Monarchie. Ein Zar ohne Gegner riskierte, in Bedeutungslosigkeit zu versinken. Es wurde daher dringend nach Revoluzzern gesucht.

Eine alte Weisheit lautet: Wer sucht, der findet. Und so wurde der Petraschewski-Zirkel zum Staatsfeind Nummer eins erklärt – harmlose Idealisten, die sich zum Teetrinken unter der borealen Krone ihrer Fantasien einmal pro Woche trafen und einander Vorträge über Philosophie und Kunstgeschichte hielten. Sie wurden alle verhaftet und in der Peter-und-Paul-Festung eingesperrt. Einige von ihnen waren tatsächlich in Frankreich gewesen und konnten gleich als ausländische Agenten angeklagt werden.

Der junge Schriftsteller Fjodor Dostojewski hatte kein Geld für eine solche Reise gehabt, er verfügte nur über Leibeigene, nicht über Kapital. Bei seiner Verhaftung wurden von der Polizei ein Schal und ein Mantel an Privatsachen registriert. Dazu sechzig Kopeken in seiner Geldbörse.

Der Prozess gegen den Petraschewski-Zirkel geriet zum absurden Theater. Die Monarchie hatte sich in die Hose gemacht wegen ein paar Studenten, die außer frechem Küchenklatsch nichts zu bieten und nichts verbrochen hatten. Nach acht Monaten Einzelhaft wurde das Urteil verkündet: Tod durch Erschießen für alle 21 Insassen der Festung.

Ende Dezember 1849, es hatte gerade kräftig geschneit und das Land bereitete sich auf ein frohes Weihnachtsfest vor, wurden die 21 Männer zum Exekutionsplatz eskortiert und in sieben Gruppen aufgeteilt. Sie sollten nicht alle auf einmal, sondern nacheinander in Dreiergruppen erschossen werden, damit die jeweils nächsten in der Reihe sahen, wie ihre

Freunde starben. Dostojewski geriet in den zweiten Dreier. Die Männer freuten sich, einander nach der langen Einzelhaft wiederzusehen. Dostojewski erzählte, er habe während der Haft drei Erzählungen geschrieben und zwei Romane angefangen. Die zum Tode Verurteilten tauschten sich über die letzten Monate ihres Lebens aus, über die siebzehn Bäume auf dem Hof, die jeder während der kurzen Hofgänge gezählt hatte, über den Kerzenstumpen, den jeder Gefangene abends von der Wache bekommen hatte. Dostojewski meinte, für einen kompletten Roman hätte die Kerze nicht gereicht, daher hätte er in der Zelle keine längeren Texte schreiben können.

Den ersten dreien, unter ihnen der Gründer des Petraschewski-Zirkels, wurde ein weißer Sack über den Kopf gezogen.

»Halten Sie Ihre Füße trocken«, sagte Petraschewski, ein Atheist, zu einem Kameraden, einem überzeugten Christen. »Nicht dass Sie verschnupft vor Ihrem Gott erscheinen. Sie könnten ihn anstecken.«

Die Soldaten richteten bereits ihre Gewehre auf die Männer, als ein Offizier mit einem Gnadenbrief des Zaren herbeigeeilt kam. Die Todesstrafe war bei allen durch Verbannung nach Sibirien von unterschiedlicher Dauer ersetzt worden. Einige der Begnadigten mussten gleich vom Erschießungsplatz weg die lange Reise in den Norden antreten. Sie durften sich nicht einmal von ihren Familien verabschieden.

»Sagen Sie meiner Mutter, ich fahre auf Staatskosten die Schönheiten Sibiriens erkunden«, witzelte Petraschewski.

Dostojewski bekam zwei Tage Zeit zur Vorbereitung seiner Deportation. »Überall leben Menschen, auch im Zuchthaus, vielleicht sogar bessere Menschen, bessere als ich«, schrieb er seinem Bruder. »Ich habe hier im Gefängnis so viel erlebt, und wie viel werde ich noch in Sibirien erleben! Wenn ich rauskomme, werde ich sicher viel zu schreiben haben.«

Am 24. Dezember, die Fenster St. Petersburgs waren weihnachtlich festlich beleuchtet, die Tannen geschmückt, begann seine Reise vom Tod zurück ins Leben.

In dem zwanzig Jahre später verfassten Roman *Der Idiot* lässt Dostojewski seine Hauptfigur Fürst Myschkin über eine Hinrichtung sprechen: »Was mag mit der Seele in diesem Augenblick vorgehen? In was für krampfhafte Zuckungen wird sie versetzt. Es gibt ein Gebot: ›Du sollst nicht töten!‹ Die Tötung auf Grund eines Urteilsspruches ist unverhältnismäßig schrecklicher als die von einem Räuber begangene. Derjenige, den Räuber töten, wird bei Nacht gemordet, im Walde, oder sonst auf irgendeine Weise; in jedem Falle hofft er noch bis zum letzten Augenblick auf Rettung. Aber hier ist einem diese ganze letzte Hoffnung, mit der das Sterben zehnmal so leicht ist, mit Sicherheit genommen. Hier ist ein Urteilsspruch, und die ganze schreckliche Qual besteht in dem Bewusstsein, dass man mit Sicherheit dem Tode nicht entgehen kann. Wie kann man denn glauben, dass die menschliche

Natur imstande sei, dies zu ertragen, ohne in Irrsinn zu geraten? Vielleicht gibt es auch einen Menschen, dem man das Todesurteil vorgelesen hat, den man sich hat quälen lassen, und zu dem man dann gesagt hat: ›Geh hin; du bist begnadigt!‹ Ein solcher Mensch könnte vielleicht erzählen. Nein, so darf man mit einem Menschen nicht verfahren.«

Im Winter 1989 kam ich Ende Dezember aus der sowjetischen Armee nach Moskau zurück und erkannte meine Heimatstadt nicht wieder. Ich hatte zwei Jahre im Wald als Soldat bei der Raketenabwehr verbracht und wenig von Gorbatschows »Perestroika« mitbekommen. Die Stadt hat mich überrumpelt. Auf einmal gab es viel mehr Autos und jede Menge Fußgänger, die mit einem besorgten Gesichtsausdruck hektisch durch die Straßen liefen, als kämen sie zu spät. Die Menschen redeten hektischer als zwei Jahre zuvor, sie gestikulierten mehr, und sogar die Katzen auf dem Müllplatz hinter unserem Haus, die früher durch angenehme Gelassenheit aufgefallen waren, schienen so aufgewühlt, als würde tief unter uns ein Vulkan zum Leben erwachen. Irgendetwas brodelte und kochte unter der Sowjetunion. Ich suchte einen Job als Tontechniker im Theater und fand etwas Besseres.

In einer »Künstlerwerkstatt des Theaterbundes der UdSSR« wurde auf Wunsch der Theaterinstitute eine Probebühne geschaffen, wo zukünftige Theaterregisseure, Bühnenbildner und Schauspieler ihre Diplomarbeiten anfertigten und vorführten. Ich bekam in dieser Einrichtung eine Stelle als »Verantwortlicher für die musikalische Begleitung«. Meine erste Produktion war eine Hommage an Dostojewski, die gewagte Interpretation von *Arme Leute* und *Schuld und Sühne* eines jungen Regisseurs. Beide Werke wirkten seltsamerweise sehr zeitgenössisch, obwohl sie im vorigen Jahrhundert entstanden waren. Dostojewskis Helden liefen auf der Bühne hektisch durcheinander, suchten händeringend nach der Wahrheit, redeten laut, gestikulierten und stritten für ihr Recht. Man merkte aber, dass sie wie kleine Feuerfunken auf dem Vulkan tanzten, um schließlich in der ewigen Kälte des Universums zu verlöschen.

»Ich glaube nicht an ein ewiges Leben«, sagte Raskolnikow.

Swidrigailow verharrte in Schweigen. »Was, wenn dort drüben lauter Spinnen sind?«, hob er plötzlich an. »Diese Ewigkeit erscheint uns als etwas ungeheuer Großes und Spannendes. Vielleicht besteht sie aber nur aus einem kleinen Zimmerchen, nicht größer als Ihr Keller, und überall Spinnen.«

»Ist Ihnen denn nichts Tröstlicheres eingefallen?«, schrie Raskolnikow aufgebracht.

»Wer weiß, vielleicht ist es genau das Richtige, ich würde es auf jeden Fall genau so einrichten«, meinte Swidrigailow und lachte.

Als Verantwortlicher für die musikalische Begleitung bot ich gute Punkmusik dazu auf. Die Studenten spielten großartig. Es waren junge, unverbrauchte Talente, die aus dem ganzen Land nach Moskau gekommen waren, um ihren Traum von der Schauspielerei zu verwirklichen. Beinahe jeder, der unser Stück sah, war zu Tränen gerührt. Es wurde als Diplomarbeit des Theaterinstituts anerkannt, doch der Regisseur und die Schauspieler wollten damit auf eine öffentliche Bühne. Die Leitung der Künstlerwerkstatt genehmigte uns schließlich, zehn Vorstellungen vor regulärem Publikum spielen zu lassen. Allerdings durften wir keine Karten verkaufen, die Inszenierung galt als Studentenstück. Umso besser, dachte die Regie, das Stück *Arme Leute* wird für arme Leute und für umsonst gespielt.

Unsere Künstlerwerkstatt befand sich in einem Kulturhaus in der Nähe des Weißrussischen Bahnhofs. Auch dort hatten wir mit unseren Plakaten Werbung für das Stück gemacht. In diesem Bahnhof saßen zu dem Zeitpunkt bereits viele arme Leute, die aus dem immer schneller fahrenden Zug des Lebens geflogen waren und nicht mehr wussten, wie die Fahrt weitergehen könnte. Manche lagen in den Bahnhofshallen auf dem Boden, andere hatten sich im Warteraum niedergelassen, obwohl sie eigentlich nichts mehr zu erwarten hatten. Später wurde es in Moskau verboten, in Bahnhöfen zu übernachten, und eine Zeit lang war das Betreten eines Bahnhofs sogar kostenpflichtig, um die armen Leute von den Bahnhöfen fernzuhalten. Doch 1990 hatte man mit den »armen Leuten« noch Mitleid. Der Winter 1989/90 war hart und schneereich.

Und auch im Bahnhofsgebäude war den Menschen trotz Heizung nicht wirklich warm geworden. Sie kamen daher zu uns ins Theater, gleich zur ersten Vorstellung. Im ganzen Raum verbreitete sich ein Gestank der Not. Die Leute vom Bahnhof saßen neben den Heizkörpern, einige von ihnen hatten Portweinflaschen dabei, andere schliefen und gaben im Traum komische Geräusche von sich, während sich die verkleideten armen Leute auf der Bühne alle Mühe gaben, authentisch zu wirken. Der Gestank war so intensiv, dass sich unsere Heldin, die sämtliche begehrenswerten Frauen in dem Stück spielte, hinter der Kulisse erbrach. Von zehn angekündigten Vorstellungen spielten wir drei.

Kurz darauf begann die Sowjetunion sich aufzulösen, und die Künstlerwerkstatt hörte auf zu existieren. Unser Raskolnikow reiste nach Kanada aus, blieb dort und spielte weiter Theater. Der Swidrigailow machte bei einigen Kriegsfilmen mit, wurde ein Sexsymbol des postsowjetischen Russlands und alkoholkrank. Unsere damalige feinfühlige Heldin, eine unwiderstehliche Frau, spielte eine Weile Theater, bis sie einen Neureichen aus Burjatien kennenlernte, ihn heiratete und mit ihrem Mann zusammen aufs Land zog. Der Regisseur ging nach England.

Ich wanderte nach Deutschland aus.

そ ❦

Fjodor Dostojewski

Aufzeichnungen aus einem Totenhaus

Fünfzehn Tage und Nächte dauerte Dostojewskis Reise nach Sibirien. Er hätte die Augen schließen und erst nach Tagen wieder öffnen können – die Landschaft vor dem Fenster hätte sich nicht verändert. Ganz so, als wäre sie mit der Kutsche mitgefahren.

Die Verbannten hatten Angst, in der Kälte zu schlafen. Ihre Finger erfroren, wenn sie sich nicht bewegten. Also nickten sie nur kurz ein und rüttelten einander nach wenigen Stunden wieder wach.

»Was habe ich verpasst?«, fragte der Aufgerüttelte.

»Hunderte Meilen Schnee«, bekam er zur Antwort.

Und doch, ein paar Veränderungen ließen sich nicht übersehen. Die wenigen Städte und Dörfer sahen, je weiter sie nach Norden kamen, zunehmend anders aus. Am Ural endete Europa, und ein anderes Russland begann. Ein Russland der Verbannten und Eingekerkerten, ein Russland der Zuchthäuser.

Am 9. Januar 1850 erreichte der Gefangenentransport die Hauptstadt dieses anderen Russlands: Tobolsk. Die Einheimischen standen entlang des Wegs, um die Neuankömmlinge zu begaffen. Das Gerücht war ihnen vorausgeeilt, die jungen Revoluzzer, die Sozialisten aus der Hauptstadt, die dem Zaren an die Gurgel wollten, würden bald hier eintreffen.

»Wir kamen am frühen Morgen an, meterdicker Schnee so weit das Auge reichte, hinter uns der leidensvolle Weg, vor uns das geheimnisvolle Sibirien, unser dunkles Schicksal. Uns war es mürbe ums Herz, viele weinten«, schrieb später einer der Gefangenen über ihre Ankunft in Tobolsk.

Dazu muss gesagt werden, dass die Hauptstadt der Zuchthäusler damals so viele hervorragend gebildete Aristokraten, Denker und Intellektuelle unter ihren Einwohnern hatte wie kaum eine andere Stadt Russlands. Seit 25 Jahren saßen hier nämlich die Dekabristen ein, einst die Elite des Landes, Offiziere, die nicht wegen Teetrinkens, sondern wegen eines angeblichen Putschversuchs gegen Zar Nikolaus I. nach Sibirien verbannt worden waren. Ihre Frauen verließen damals Kinder und Häuser und begleiteten ihre Männer freiwillig in die Verbannung. Diese Frauen halfen nun den Neuankömmlingen, sich an dem neuen Ort zurechtzufinden. Die politischen Überzeugungen der Neuen waren ihnen egal.

In Tobolsk wurden die Gefangenen vernommen und entsprechend ihrer Fähigkeiten und beruflichen Ausbildung auf verschiedene Zuchthäuser in der Region verteilt. Dostojewski attestierte man: »hochgebildet unqualifiziert«. Er wurde zu einer Backsteinfabrik nach Omsk abtransportiert. Solche und ähnlich lautende »Berufsatteste« waren keine Seltenheit bei politischen Gefangenen. Kriminelle, Diebe und Mörder, die mit ihnen zusammen im Knast einsaßen, waren dagegen oft laut Attest »Analphabet, handwerklich begabt«. Kein Wunder, dass sie bei der Verteilung der Jobs die bessere Arbeit bekamen. Universitätsstudenten beherrschten vielleicht drei Sprachen und waren gut in Mathematik, hatten jedoch während des Studiums keine handwerklichen Fähigkeiten erworben. Diebe hingegen konnten vielleicht nicht schreiben und lesen, dafür aber tischlern und mauern.

Die Backsteinfabrik in Omsk hatte unter den Gefangenen in Sibirien einen schlechten Ruf als Totenhaus. Hier hielt kaum jemand lange durch. Dazu kam: Dostojewski musste seinem Urteil entsprechend Fußfesseln tragen, die er weder zum Arbeiten noch zum Schlafen ablegen durfte. Seine Kinderkrankheit, die Epilepsie, kam zurück. Er bekam regelmäßig Anfälle, die seine Mitgefangenen erschreckten. Sie dachten, der Schriftsteller trage einen Dämon in sich. Obwohl unqualifiziert, musste er 250 Backsteine pro Tag schaffen und danach noch Schnee auf dem Hof wegschaufeln. Die schlimmste aller Strafen bestand für ihn jedoch darin, dass er nicht schreiben durfte.

Ein Schriftsteller ist ein besonderes Wesen. Er ist wie jeder von uns aus Fleisch und Blut, er leidet wie ein Mensch, ehrlich und aufrichtig, er weint vor Schmerz und schreit vor Wut. Doch irgendwo tief in seinem Inneren lebt ein Schreibtier, ein höchst lebendiges, waches und neugieriges Wesen, das sich sehr aufmerksam umsieht, zuhört, jede seelische Regung, jeden körperlichen Schmerz genau fixiert und in einer geheimen Ecke des Gehirns speichert, um am nächsten Tag

oder in zwanzig Jahren diese Momente der Freude, der Ohnmacht und des Hasses für eine Geschichte zu verwenden. In
gewisser Weise ist ein Schriftsteller ein Alien, ein Fremder.
Die Menschen, die er trifft, die Frauen, in die er sich verliebt, die Männer, mit denen er sich anfreundet, sind Futter
für sein Schreibtier. Anders als sein Wirt ist dieses Tier unsterblich, sein Durst nach neuen Geschichten ist nie gelöscht,
es braucht keinen Schlaf und keine Nahrung, nur ab und zu
ein Stück Papier und einen Stift. Das ist seine einzige wahre Belohnung. Genau diese Dinge fehlten Dostojewski in der
Backsteinfabrik.

1460 Tage verbrachte er im Totenhaus, ohne das Recht zu
schreiben, ohne die Möglichkeit, sein Tier zu füttern. Er war
dem Tod nahe, wurde von guten Menschen ins Hospital gebracht, klaute sich dort sofort ein paar Zettel und Stifte und
begann seine *Aufzeichnungen aus einem Totenhaus*. Von da an
ging es ihm besser.

Nach vier Jahren war seine Zeit im Zuchthaus offiziell zu
Ende. Laut seinen Auflagen sollte er danach Dienst als Soldat tun, und zwar dort, wo der Staat ihn brauchte. Der Staat
brauchte ihn in Semipalatinsk, einer weiteren wichtigen Stadt
des Zuchthäuser-Russlands. Mitten in der Schneewüste stand
diese militärische Burg, einst gebaut, um Mütterchen Russland Gott weiß gegen wen zu schützen. Fremde Menschen,
ob Freund oder Feind, kamen hier selten vorbei.

Für Dostojewski begann hier ein neues, besseres Leben. Als

ihm die Fußfesseln abgenommen wurden, hielt er sie lange nachdenklich in der Hand und wollte sie nicht gleich wegwerfen. In den vier Jahren Zuchthaus war er von einem Revoluzzer zum Konterrevolutionär geworden, vom Atheisten und Zweifler zum gläubigen Christen, der seine Verbannung als gerechte Strafe Gottes betrachtete. In Sibirien hatte ihm der Schöpfer seiner Meinung nach etwas sehr Wichtiges geben wollen, ein Wissen, das er als junger, in Mode gekommener Literat in den Salons und Clubs der Hauptstadt niemals hätte erwerben können.

Auch seinen naiven Glauben an die Möglichkeiten der Aufklärung, durch eine Verbesserung der allgemeinen Lebenslage auch die Menschen selbst zu verbessern, hatte er eingebüßt. Das wahre Schlachtfeld lag nicht länger draußen im politischen Kampf, es lag vielmehr im Herzen jedes Einzelnen. Recht und Unrecht, Gutes und Böses hatten darin ihren Sitz. Im Zuchthaus hatte er Menschen kennengelernt, die Unrechtes getan hatten, er hatte Mörder und Räuber kennengelernt, die eine reine Seele hatten und sich für andere opferten. Gut und Böse sind in jedem von uns unzertrennlich, sie hassen einander, sie bekämpfen einander und können keinen Augenblick ohne einander auskommen.

Dieses Bild der menschlichen Seele hatte ihm der Schöpfer offenbart und ihn heil aus dem Totenhaus entkommen lassen. Dostojewski sah darin einen Plan, gar einen Auftrag Gottes. Vielleicht war er auserwählt worden, der Menschheit

diese wichtige Botschaft zu übermitteln, seine Schriftsteller-
gabe dafür zu verwenden, die Ambivalenz des Menschen dar-
zustellen?

Verglichen mit seinem früheren Gefängnis war Semipalatinsk eine riesige Befreiung. Als Soldat bekam Dostojewski
ein kleines Gehalt und durfte sich bei einer Soldatenwitwe
sogar ein eigenes Zimmer mieten. Ein dunkles Zimmerchen
mit tiefer Decke und ganzen Armeen von Schaben, die sich
dort heimisch fühlten. Dieses schäbige Zimmerchen war für
ihn das Paradies. Die größte Befreiung jedoch bestand darin, wieder schreiben zu dürfen. Er musste seine Zettel nicht
mehr verstecken. Soldaten war das Briefeschreiben erlaubt
und auch das Verfassen von Romanen. Dostojewski lernte
aufs Neue, wie ein freier Mensch ohne Fesseln zu laufen.

Ein Glück kommt selten allein. Weniger als ein Jahr war
vergangen, da erreichte Semipalatinsk die frohe Botschaft
vom Tod des Zaren Nikolaus I., der aus Angst und Unver-
mögen das große Land für Jahrzehnte in die Dunkelheit eines
rüden Konservatismus getaucht hatte. Seinen Platz nahm der
junge Zar Alexander ein, ein moderater Aufklärer, der Reformen anstrebte, wie es Zaren öfter taten, solange sie noch
neu und jung waren. Der junge Alexander hatte keine Angst
vor den alten Gefangenen. Die Hoffnung auf eine politische
Amnestie war groß. Und sie ließ nicht lange auf sich warten.

1857 wurde Dostojewski wie viele seiner Mitinsassen
amnestiert. Er durfte Sibirien verlassen und bekam seine

bürgerlichen Rechte fast vollständig zurück, mit Ausnahme des Rechts auf Rückübertragung seines enteigneten Besitzes, versteht sich. Dieses Recht kümmerte den Schriftsteller wenig. Er hatte kein Eigentum besessen, außer einem Mantel und einem Schal. Beides durfte der Staat behalten.

Dostojewski wollte zurück in die Hauptstadt und seine Schriftstellerkarriere erneut beginnen. Sein neues Buch *Aufzeichnungen aus einem Totenhaus* war so gut wie fertig und für ihn schon so gut wie erledigt. In Sibirien hatte Dostojewski eine junge Offizierswitwe kennengelernt und geheiratet, eine gebildete, leidende Frau, die ihn in der schweren Zeit sehr unterstützt hatte. Zusammen mit ihr und ihrem Sohn fuhr er nach St. Petersburg.

Sein Buch schlug ein wie eine Bombe. *Die Aufzeichnungen aus einem Totenhaus* zeigten das andere Russland, ein Land, das für die Bewohner der beiden Hauptstädte – Moskau und St. Petersburg – weitgehend unbekannt war. Die Literaturzeitschriften standen Schlange, um das Recht auf Erstveröffentlichung zu ergattern, die Verleger versuchten einander mit Vorschüssen zu überbieten. Dostojewski erntete großes Lob und Aufmerksamkeit, wenn er in den Salons und Literaturclubs erschien, von Sibirien erzählte oder aus seinem Buch las. Niemand wollte ein solches Ereignis verpassen, die Beichte eines großen Talents über das nackte Überleben unter Verbrechern, Räubern und engelhaften, sich aufopfernden Frauen.

Auch die Figur des Autors, mit seinen dunklen

eindringlichen Augen in dem qualerprobten Gesicht und der
etwas heiseren Stimme hypnotisierte das hauptstädtische Publikum. Die Kritik verglich ihn mit einem russischen Dante,
der tief in die sibirische Hölle gestiegen war, alle Kreise des
Grauens durchlaufen und unversehrt zurückgekommen war,
um darüber nun zu berichten. Ein leichter Schwefelgeruch
folgte ihm. Dostojewski kam wieder in Mode, Snobs luden
ihn und seine Frau ein, Verleger und Journalisten überschüt-
teten ihn mit Fragen zu seinem nächsten Werk. Sein Buch
über das Leid brachte ihm Glück, es katapultierte den Autor
von ganz unten nach ganz oben.

Mit dem Geld, das er für das *Totenhaus* bekommen hatte,
konnte der Schriftsteller nicht nur seine Schulden begleichen,
er konnte sich 1862 auch seine erste Reise ins Ausland leisten.
Sie sollte nach Deutschland gehen. Ein Dresdner Verlag hatte vor, sein neues Buch unter dem Titel *Aus einem todten Hause* als erster ausländischer Verlag zu übersetzen und zu drucken. Mit Genuss stellte Dostojewski seine erste ausländische
Reiseroute zusammen: Dresden, Frankfurt am Main, Heidelberg, Mannheim, weiter den Rhein hinunter nach Köln.
Später vielleicht noch nach Brüssel und Paris. Er fuhr allei-
ne, ohne seine Frau. Sein Geld reichte angeblich nicht für
eine Reise zu zweit.

Fünf Tage nach seiner Abreise besuchte der Schriftsteller
Fjodor Dostojewski sein erstes Spielkasino – in Wiesbaden.
Dort lernte er eine sich schnell drehende Scheibe des Glücks

kennen: das Roulette. In Russland waren Spielkasinos vom Monarchen persönlich verboten worden, sodass Russen damals die Zeit höchstens am Billard- oder Pokertisch totschlagen konnten. Für Dostojewski kamen diese Spiele nicht infrage. Für Billard fehlten ihm das gute Auge und die ruhige Hand, für Poker die Fähigkeit, den Bluff seiner Gegenspieler einzuschätzen. Beim Roulette, so schien es dem Schriftsteller, ging es um das reine Glück.

Der Schriftsteller setzte auf Zero und gewann 12 000 Gulden. Damit verfiel er für den Rest des Lebens dem Glücksrad. Brüssel und Paris mussten verschoben werden, dafür erwachte sein Schreibtier und gierte nach neuen Geschichten, die Dostojewski im Drehen des Roulettes entstehen sah. Der Kasinoleiter kam an den Tisch, um seinen neuen Gast, den frischgebackenen russischen Glückspilz, persönlich zu begrüßen. Anschließend beruhigte er seine Mitarbeiter: »Heute schläft unser Geld auswärts.« Doch er irrte. Dostojewski ging nicht ins Bett, er setzte weiter auf Zero. Schon bald hatte er seine Gewinne wieder verloren, samt dem Honorar für die *Aufzeichnungen aus einem Totenhaus*.

Ich habe das Zuchthaus-Buch erst in Berlin gelesen. Hier angekommen, stellte ich in den ersten Monaten meines Berlin-Daseins eine kleine russischsprachige Bibliothek mit leidvollen Inhalten zusammen: den *Archipel Gulag* von Solschenizyn, die *Aufzeichnungen aus einem Totenhaus* von Dostojewski und die *Erzählungen aus Kolyma* von Warlam Schalamow. Mit nichts lässt sich Heimweh schneller und besser bekämpfen als mit der großen russischen Literatur.

Der Spieler

Mein erster Theaterjob in Berlin war ein Projekt mit Texten von Dostojewski. Ich war in jenem Sommer der Zwischenzeit nach Deutschland gekommen, als die arme DDR gerade die Einladung bekommen hatte, bei ihrer reichen Schwester, der BRD, einzuziehen. Sie packte nachdenklich die Koffer und überlegte, was sie in ihr neues Leben mitnehmen und was sie lieber entsorgen wollte. Die alte Bleibe musste aufgelöst werden. Sie hoffte auf ein eigenes Zimmerchen in der großen Wohnung und probierte bereits neue Kleider an, um ihrer Mitbewohnerin gleich zu gefallen. Die reiche Schwester schaute diskret zu Boden. Sie wollte der kleinen DDR nicht in die Augen sehen, weil sie genau wusste, es würde keinen Umzug geben, sondern einen Abschied für immer. Das letzte Kleid war weiß und hatte keine Taschen.

Der Abgang des sozialistischen Staates sollte aber möglichst geräuschlos verlaufen, die DDR-Gesetze wurden bis zum Tag der endgültigen Übernahme befolgt. Nach einem solchen DDR-Gesetz wurde mein sowjetisches Theaterdiplom

anerkannt, und ich wurde später vom kapitalistischen Arbeits-
amt als vorübergehend arbeitsloser Theatermacher übernommen.

Ein halbes Jahr war vergangen. Ich beendete gerade den
Deutschkurs Grundstufe II, als ich auch schon eine erste Einladung zu einem Vorstellungsgespräch bekam. Die Interna-
tionale Theaterwerkstatt plante eine Dostojewski-Produktion
mit deutschen und russischen Schauspielern, wobei man für
jede Rolle sowohl einen Deutschen als auch einen Russen en-
gagieren wollte. Diese sollten natürlich nicht wie Doppelgänger dasselbe spielen, sondern im Dialog agieren.

In Dostojewskis Romanen befinden sich die Helden permanent in einer Art innerem Dialog, als wollten sie sich selbst
überreden, die anderen von ihrem Recht zu überzeugen, so
zu denken und zu handeln, wie sie es taten. Sie wollen größer sein und im Leben mehr bewirken. Auch wenn sie sich
nur zum Trinken treffen, geht es gleich um das Schicksal der
Welt. Oft verzweifeln sie an ihrem Größenwahn und leiden.
Doch ihre Ideen bleiben ihnen stets wichtiger und teurer als
geistloser Wohlstand.

In unserer Theaterproduktion würde jede Figur zwei Stim-
men bekommen: die deutsche Stimme, eine der kleinbürgerlichen Vernunft, und die russische, eine des Größenwahns, erklärte der Regisseur.

Ich schwieg nachdenklich während des Vorstellungsge-
sprächs. Ich hatte nicht alles Gesagte verstanden, wollte aber

einen guten Eindruck machen. Man konnte in dieser Idee der
Inszenierung wahrscheinlich gewisse Parallelen zum Schicksal der DDR entdecken, deren Bürger die Ideen der fernen
sozialistischen Zukunft gegen das erweiterte materielle Angebot des Hier und Jetzt eintauschten. Zumindest verstand
ich damals das Konzept des Regisseurs so. Dem wiederver-
einigten deutschen Staat war damals in Berlin kein Geld für
die Kunst zu schade, besonders wenn diese Kunst irgendwie
die aktuelle Lebenslage reflektierte. Lieber auf der Bühne als
auf der Straße, dachte der Staat. Die Theaterwerkstatt bekam
eine großzügige Finanzierung. Im Zuge der Vorbereitung
des Stückes plante der Regisseur eine Reise zu den Orten in
Deutschland, die Dostojewski besonders gern und oft besucht
hatte. Immerhin habe er Jahre hier verbracht und viele seiner wichtigsten Romane geschrieben, meinte der Regisseur.

Ich hielt eine solche Reise für pure Geldverschwendung.
Genauso gut hätten wir in Berlin mit der ganzen Truppe in
eine Spielhalle gehen können, am besten täglich und das eine
Woche lang. Dabei hätten wir das Gleiche von Deutschland
gesehen wie Dostojewski damals.

Seine erste Reise nach Deutschland hatte den Schriftsteller
enttäuscht. In Briefen, die er nach Hause an seine kranke Frau
und seinen Bruder schickte, beschwerte er sich über ein »sau-
res Berlin« und über die teigigen Gesichter und dicken Hintern der Dresdner Frauen. Den Kölner Dom bezeichnete er
als »Bijouterie« – einen Billigschmuckladen. Heidelberg glich

ihm zufolge einem Haufen »verstaubter Steine«. Die Frauen seien langweilig, die Männer aufgeblasene »leere Windbeutel«, aus denen die ganze Creme, der Lebenssaft, längst ausgepresst worden war. Er hatte kein Interesse an Landschaft und Natur, historischen Denkmälern, Kunstwerken oder Sehenswürdigkeiten. Er verachtete das ganze bürgerliche höfliche Interesse eines Reisenden, er wollte die Charaktere einfangen.

Doch die Menschen in Deutschland schienen ihm ungesäuert und zahm. Dostojewski schlenderte auf den Markt, trank ab und zu ein Glas Wein und lauschte den Gesprächen. Nach Russland zurück wollte er nicht. Dort warteten seine an Tuberkulose erkrankte Frau, mit der er sich nicht mehr gut verstand, und sein armer Bruder, der in seiner Abwesenheit versuchte, Dostojewskis alten Traum von einer eigenen Literaturzeitschrift zu verwirklichen und sich dadurch in noch mehr Schulden stürzte.

»Gib mir einen Roman, Bruder, einen, der die Auflage unserer Zeitschrift mindestens verdreifacht. Setz Dich hin und schreib, Du kannst es! Wenn das in absehbarer Zeit nicht passiert, sind wir geliefert«, beschwor ihn sein Bruder. Abgesehen davon warteten in Russland auch eine Menge Kreditgeber und Verleger auf ihn, denen er Geld schuldete oder neue Romane oder beides.

Um die dringendsten Schulden und die Ärzte für seine Frau bezahlen zu können, schloss Dostojewski einen höllisch nach Schwefel riechenden Vertrag mit einem Halsabschneider aus der Verlagsbranche in St. Petersburg. Darin verpflichtete er sich gegen einen Vorschuss, innerhalb von drei Monaten einen Roman zu liefern, der seine früheren Erfolge übertrumpfte. Sollte er seine Verpflichtungen nicht einhalten, würde alles von ihm Geschriebene bis an sein Lebensende dem Verleger gehören.

Er musste also das Unmögliche schaffen: zwei Romane in kürzester Zeit zu liefern, ohne einen Plan oder eine Idee dafür zu haben. Für einen solchen Plan oder eine Idee brauchte man lebendige Menschen, die besessen waren, die ihre Dämonen bekämpften, die glücklich waren oder heiße Tränen vergossen, aber keine leeren Windbeutel. Wo ließen sich solche Menschen im verschlafenen Deutschland finden? Natürlich im Kasino. Der Schriftsteller fuhr nach Baden-Baden.

»Lieber Bruder, ich habe mir große Mühe gegeben, bin jeden Tag zum Roulette wie zur Arbeit gegangen und habe endlich das Geheimnis herausgefunden, das einen immer gewinnen lässt. Es ist recht einfach wie alles Geniale. Du kannst setzen, was du willst, darfst bloß nicht in Rage geraten und musst immer nach einem Gewinn, egal wie klein er ist, das Spiel unterbrechen. Wenn man nicht in Rage gerät, wird man sicherlich immer gewinnen. Man muss bloß jede Minute daran denken, denn es kann natürlich auch passieren, dass jemand, der das Geheimnis kennt und die Regeln des Glücks begriffen hat, sich trotzdem nicht an sie hält oder nicht in der Lage ist, sein Glück zu nutzen.«

Das Roulette in Baden-Baden brachte dem Schriftsteller einen üppigen Gewinn, 11 000 Gulden, die er sogleich wieder verspielte. Sein Bruder schlug ihm daraufhin ein anderes System vor.

»Du, Bruder, spielst falsch« schrieb er nach Baden-Baden. »Das richtige System wäre, wenn Du, sagen wir einmal, 10 000 gewinnst, mir sofort 7000 nach Hause schickst und ich die Summe für Dich auf die Bank lege. Den Rest kannst Du setzen, wie Du willst. Du hast die Hände frei und ein gutes Gefühl dabei. Es wird für Dich viel leichter sein zu spielen, als würdest Du die ganzen 10 000 riskieren.«

Es gibt unzählige Systeme für das Glücksspiel, sie haben nur eines gemeinsam: Das Spielerglück geht immer irgendwann verloren, und die Kugel fällt immer anders als erwartet. Das von Dostojewski favorisierte System war auf dünnes Eis gebaut. Aber auch das System seines Bruders wies deutliche Mängel auf. Der Bruder analysierte die Situation eines großen Gewinns, blendete aber die Situation einer alles zerschmetternden katastrophalen Niederlage, einer sogenannten Pechsträhne, völlig aus. Eines Tages trat aber genau diese Situation ein. Dostojewski ging am frühen Morgen ohne Frühstück ins Kasino, verbrachte fünf Stunden am Roulettetisch, gewann 3000 Gulden, ging mit dem Gewinn davon, kam aber nur bis zur Tür, kehrte um, setzte alles auf Zero und verlor. Die Anziehungskraft des Roulettes überwältigte ihn. Fast ohnmächtig, ohne einen Gedanken an das Morgen, setzte er wieder und wieder auf Zero und sah zu, wie sein Glück unter dem Schäufelchen des Croupiers in einem bodenlosen tiefen Loch unter dem Tisch verschwand.

Drei Tage nach der Katastrophe schrieb er seinem Bruder: »Ich sitze im Hotel in Unterwäsche, habe Uhr und Mantel verpfändet und bekomme nicht einmal mehr ein Mittagessen, nur Tee, der schrecklich fade schmeckt. Das Personal hasst mich. Der dicke Kellner schaut auf mich herab und sagt, ich hätte den Mittagstisch nicht verdient. Typisch deutsch, diese Armutsabscheu!«

Alle Schriftstellerkollegen in Russland und im Ausland wurden aufs Neue angefragt, die russische Stiftung der »Solidarischen Hilfe für mittellose Autoren« ebenfalls. Aber niemand half.

»Warum spiele ich? Drei Gründe. Ich habe viele Menschen in der Familie, die auf meine Hilfe angewiesen sind. Ich habe große Schulden. Um sie abzuzahlen, reicht es nicht, einer regelmäßigen Arbeit nachzugehen. Ich brauche viel Geld auf einen Schlag. Um eine Bank auszurauben, fehlt mir die Gesundheit, eine reiche Frau zu heiraten, ist nicht möglich. Ich muss gewinnen. Der zweite Grund: Ich habe ein System. Ich weiß, ich kann das Roulette bezähmen. Es ist möglich zu gewinnen, wenn man sich an das System hält. Und der wichtigste Antrieb: Ich brauche diese Erfahrungen für meinen neuen Roman. Ich plane eine ziemlich exzentrische Sache, einen Roman in drei Monaten zu schreiben, das reizt mich sehr. Am besten arbeite ich unter Druck«, teilte er seinem Bruder mit.

Er bekam etwas Geld für die Rückreise in die Heimat. Am nächsten Tag im Kurkasino sah er einen Engländer, der die Kugel genau beobachtete, zweimal präzise auf Zero setzte und gewann. Dostojewski versuchte dasselbe und musste am nächsten Tag wieder neu verhandeln. Er verkaufte seine ungeschriebenen Romane an noch nicht existierende Verlage, vorausgesetzt, sie konnten ihm Geld schicken.

»Ich habe meine Situation nun anders überdacht. Die Mediziner sagen, das menschliche Gehirn habe zwei besonders helle aktive Phasen, am frühen Morgen zwischen 10.00 und 12.00 und am späten Abend nach 18.00 Uhr. Meine Idee ist, es hört sich, zugegeben, etwas hektisch an: Ich möchte parallel zwei Romane schreiben, einen am Morgen und einen abends. Und beide in zwei Monaten abgeben. Am Morgen schreibe ich über einen versauten, verlorenen Menschen und abends über einen reinen, einen heiligen. Das kann scheitern, scheint mir aber der einzige Ausweg aus der finanziellen Misere zu sein«, berichtete er in die Heimat.

Die Zeit lief ihm davon. Mit jedem verstrichenen Tag nahte der Abgabetermin. Im Fall eines Versagens konnte er seine schriftstellerische Karriere an den Nagel hängen, denn er hätte die Rechte an all seinen Werken für immer verloren. Vor Ablauf der Frist brauchte er noch eine ganze Woche, um nach Russland zurückzukehren. Seine Frau erlag der Tuberkulose, und das Begräbnis raubte Dostojewski die letzten Kräfte. Seine »exzentrische Sache« schien ein Ding der Unmöglichkeit: zwei Romane in 28 Tagen zu schreiben.

Auf Anraten von Freunden lud er eine Stenografin zu sich, ein zwanzigjähriges Mädchen, das gerade sein Studium als Jahrgangsbeste abgeschlossen hatte, den Schriftsteller verehrte und bereit war, morgens, abends und nachts für ihn zu arbeiten. Jeden Tag stand sie um 7.00 Uhr früh vor seiner Tür, die beiden schlossen sich ein, und Dostojewski diktierte. Die Arbeit ging dreimal so schnell voran wie sonst. Er diktierte und diktierte, erzählte und redigierte und heiratete zuletzt die Stenografin, damit er ihr auch nachts diktieren konnte. Am Morgen schrieb er *Der Spieler* und abends *Der Idiot*.

Beide Romane erschienen rechtzeitig zum angekündigten Termin und wurden vom Publikum mit großer Aufmerksamkeit und Lobgesängen und von der Kritik mit Flüchen aufgenommen. Dostojewski hatte seinen Ruf als spannendster russischer Autor seiner Zeit bestätigt. Gleichzeitig erlebte er mit der Stenografin ein noch nie zuvor erfahrenes Glück. Die junge Frau hing an seinen Lippen und umgab ihn mit Sorge und Respekt. In ihren Augen war er Zeus, der bedeutendste Gott im literarischen Pantheon.

Dostojewski hatte alle Chancen, nach dem Erscheinen des *Spielers* von seiner Spielsucht wegzukommen. Unter Literaten gilt es als ausgemachte Regel, dass alles, was man in seinen Werken beschreibt, den Autor in der Realität nicht mehr bekümmert, wenn das Buch erst einmal erschienen ist. Seine Dämonen lassen den Autor los, sie verschwinden aus seinem Kopf, sobald sie zwischen zwei Buchdeckeln ihren Platz für die Ewigkeit ergattert haben. Aus eigener Erfahrung weiß ich, dass dem so ist. Nur in seltenen Fällen kann das beschriebene Leid das wirkliche noch verstärken.

Mit seiner neuen Frau und dem Geld, das Dostojewski für die Romane bekommen hatte, fuhr er nach Bad Homburg ins Kasino. Die junge Ehefrau war ziemlich verblüfft. Sie hatte nicht gewusst, dass auch Götter nicht perfekt waren, sondern Mängel und Schwächen hatten.

»Hier ist meine Erfahrung, Anna«, klärte sie der Ehemann geduldig nach zwei Tagen im Bad Homburger Spielkasino auf. »Wenn ich vernünftig und kalt wie eine Marmorplatte bleibe, unmenschlich vorsichtig und stets auf der Hut, dann werde ich zweifellos gewinnen, so viel, wie ich möchte. Man muss dafür aber sehr lange spielen, viele Tage, vielleicht gar Monate. Es ist einem Menschen aber kaum möglich, es hier länger als eine Woche auszuhalten.«

Am liebsten wäre Dostojewski damals zu einer Roulettekugel geworden, die mal hier und mal dort liegen blieb, die die einen gewinnen und die anderen verzweifeln ließ. Er schickte seine Frau nach Hause, zog von Bad Homburg wieder nach Baden-Baden und verbrachte dort volle fünfzig Tage. Er ging erneut so diszipliniert und gewissenhaft ins Kasino wie ein Beamter ins Büro und nahm die Sache sehr ernst.

Der Gewinn aus bereits geschriebenen Romanen, Vorschüsse für ungeschriebene, das Geld der Stenografin, ihre Mitgift, ihr Schmuck und die Geschenke zur Hochzeit, die Anleihen der Schwiegermutter, Eheringe, Mantel und Frack, alles wurde der Spielbank Baden-Baden überlassen.

»Diese Deutschen haben mir die Nerven vollkommen ruiniert«, beschwerte er sich bei seinem Verleger, der ihm daraufhin sofort eine Fahrkarte in die Heimat schickte.

Unsere Berliner Dostojewski-Produktion fand im Prater statt. Die deutschen Schauspieler waren sehr nervös, sie verstanden rein gar nichts und liefen mit lautem Geschrei hin und her, als würden sie unter großen seelischen Schmerzen leiden, und wälzten sich auf der Bühne. Meine russischen Kollegen, zwei Männer und eine Frau, wirkten mürrisch. Sie hatten sich bereits bei den Proben geprügelt. Es war unklar, ob es dabei um die Gunst der Frau oder um Politik gegangen war oder um beides. Auf jeden Fall war es hinter den Kulissen zu einer Schlägerei gekommen. Der eine Schauspieler hatte ein blaues geschwollenes Auge, der andere ein zerkratztes Gesicht. Die Frau war sehr blass und hielt sich an ihrem Tetrapack-Weißwein fest. Aber dann spielten sie wie die Götter und umarmten sich am Ende herzlich.

Ich hatte in diesem Stück eine eigene kleine Sprechrolle mit Text. Ich saß in einem Offiziersmantel auf der Bühne in einer dunklen Ecke an einem runden Kneipentisch neben einem Schild, auf dem »Untergrund« stand, und deklamierte mit einer vor Nervosität höher klingenden Stimme meinen Text. Dabei hatte ich große Angst, zum falschen Zeitpunkt oder zu leise oder zu unverständlich zu sprechen, und schwitzte vor Aufregung. Obwohl mein Text nur aus einem einzigen Satz bestand: »Die Revolution ist unvermeidlich.« Das Stück war ein Riesenerfolg.

∂∘ ∘∂

Die Dämonen

Das russische Klima hat zwei Jahreszeiten: einen langen frostigen Winter, der das Land in eine dicke Schneedecke hüllt und einschlafen lässt. Die Menschen sitzen während dieser Zeit zu Hause im Warmen. Wenn sie ausgehen, sollten sie sich nicht zu lange an der frischen Luft aufhalten, sonst riskieren sie, sich die Nase abzufrieren.

Nach dem endlosen Winter, wenn man jede Hoffnung auf Sonne aufgegeben hat, kommt ein schräges, schlampiges Tauwetter, das die Schneehaufen in schmutzigen Matsch verwandelt. Der Boden taut, alles fließt und blubbert, riesige Eiszapfen fallen von den Dächern, und die Bürger haben nasse Füße, aber gute Laune. Sie glauben, die Sonne werde Freiheit und Veränderung bringen, die Gemüter wärmen, und das Leben werde einen lustigeren Verlauf nehmen. Doch die Sonne ist ein seltener Gast, sie bleibt nie lange. Irgendwann verschwindet sie hinter den Wolken, die Ursuppe friert wieder ein und wird mit neuem Schnee befestigt.

Ähnlich funktioniert russische Politik. Nach einem Vierteljahrhundert der Herrschaft eines konservativen Despoten, der alle menschliche Regungen einfriert und jede öffentliche Diskussion über die Zukunft des Landes als Attentat auf die staatliche Ordnung begreift, kommt eine Tauwetterzeit, die den Bürgern den Kopf verdreht und ihnen Hoffnung auf eine mögliche Veränderung macht. Doch das Tauwetter gerät in Russland immer zu kurz, es reicht nie aus, um das Land zu reformieren, und der nächste Schneesturm klopft bereits an die Tür. Im langen Winter danach rätseln die besten Köpfe, was sie in der kurzen Wärmeperiode falsch gemacht haben und was sie besser hätten machen sollen. Aber die Geschichte kennt keinen Konjunktiv.

Dreißig Jahre stagnierte die russische Gesellschaft unter der strengen Kontrolle von Zar Nikolaus I. Die Zensurkomitees schnitten jedes freie Wort aus der Presse. Als der Monarch todesbedingt abdankte, bestieg sein reformfreudiger Sohn den Thron. Er wollte Russland eine neue Verfassung geben, seine eigene feudale Macht beschränken und schaffte sogar die Leibeigenschaft, das schädliche russische Sklavengesetz, ab.

Die Leibeigenschaft wird in Russland oft als »innere

Kolonisierung« bezeichnet. Die Gründe dafür liegen auf der Hand. Verglichen mit anderen Ländern und Völkern, die ebenfalls Sklavenhandel betrieben, weist die russische Variante nämlich eine Besonderheit auf. Während Spanier, Portugiesen, Briten oder Amerikaner sich in Schiffe setzten, um fremde Länder, weit entfernt von der Heimat, zu erobern und deren Bewohner zu versklaven, machten die Russen dasselbe mit dem eigenen Volk.

Ein amerikanischer Plantagenbesitzer konnte jederzeit seinem Gewissen einreden, seine Sklaven seien eine andere »Rasse«, eine andere »Spezies«. Sie hatten eine andere Hautfarbe, sie sprachen eine andere Sprache und beteten andere Götter an. Das gab dem Plantagenbesitzer das Gefühl, sie mit Recht nicht für seinesgleichen zu halten.

Die russischen leibeigenen Bauern hatten dieselbe Haut- und Augenfarbe, sie trugen die gleichen Bärte wie ihre Besitzer und sprachen dieselbe Sprache. Sie gingen in die gleiche Kirche und beteten denselben Gott an, wurden jedoch trotzdem geschändet und geschlagen, verkauft und am Kartentisch verspielt. Diese unsägliche Ungerechtigkeit schaffte der neue Tauwetter-Zar aus der Welt.

Die böse Ironie des Schicksals wollte es jedoch, dass ausgerechnet unter diesem liberalen Zaren der Widerstand der revolutionären Kräfte in Russland mit nie da gewesener Kraft ausbrach. Die Jugend hatte das Blut der Freiheit geleckt und verlangte nach mehr. Für sie waren die Reformen zu lasch und gingen nicht schnell genug. Beinahe jeden Monat spalteten sich die revolutionären Gruppen, die das Regime mit Attentaten bekämpften, und versuchten einander an Radikalität zu übertrumpfen. Sie nannten sich »Die Volksrache«, »Boden und Wille«, »Schwarzer Umbruch« oder »Revolutionärer Volksbund« und lagen mit ihren politischen Forderungen weit auseinander. Die einen wollten eine parlamentarische Republik, die anderen die Enteignung und Kollektivierung des Privateigentums. Doch in einem waren sich alle einig: Die Monarchie musste mit Gewalt bekämpft werden. Reihenweise flogen Gouverneure und hohe Beamte in die Luft, und der Zar hatte Schwierigkeiten, einen neuen Polizeichef zu finden, da dieses Amt einen radikalen Einschnitt in die Lebenserwartung des Beamten bedeutete.

Die Bürger wunderten sich. Woher kamen auf einmal all diese Dämonen, die das Leben des schneereichen Schlaflandes zur Hölle machten? Der Verdacht fiel auf Dostojewski. Er habe sie sich mit seinem Roman *Die Dämonen* ausgedacht und dann ins Leben gerufen. Seine Kritiker meinten, er habe sie zu realistisch beschrieben und die Idee des Terrors für die Leser zu schmackhaft gemacht. Manchmal überschreitet die Kunst die Grenzen der Fantasie und erobert die Wirklichkeit. Dostojewski war in seinem Ton zu eindringlich gewesen. Seine Figuren seien zu menschlich, zu echt geraten, daher hätte das Buch nie erscheinen und die Gemüter der jungen Leute verwirren dürfen, schrieben die Kritiker.

Dostojewski verteidigte sich, er habe diese Entwicklung zur Radikalität vorausgesehen und habe die Gesellschaft nur warnen wollen.

»Wenn die Schauspieler in einem Theaterstück plötzlich das Spiel unterbrechen und auf die Zuschauer losgehen, ist das kein Theater mehr. Dann müssen die Zuschauer fliehen oder sich verteidigen«, bekam er daraufhin zu hören. Dostojewski wurde unterstellt, er habe die Romanform missbraucht, um zweifelhafte politische Botschaften zu verbreiten. Dabei hatte er bloß das verschlafene Nest der Monarchie wachrütteln wollen. Terroranschläge überzogen das Land. Mehrmals versuchten revolutionäre Gruppen sogar, Zar Alexander II., »den Befreier des Volkes«, persönlich zu ermorden.

»Woher kommt dieser Hass?«, fragte Dostojewski in einem Artikel. »Wir sind doch alle Russen, wir sind vom gleichen Stamm. Wir wollen das Beste für unsere Kinder und unser Land. Oh, wie oft träume ich von einem solidarischen Russland, in dem die Bauern und der Zar, die Studenten und die Gottesdiener sich einigen, umarmen und gemeinsam eine Gesellschaft freier und glücklicher Menschen aufbauen.«

Die einen lachten über seine Träume, die anderen meinten, der Schriftsteller sei verrückt geworden. Dostojewski fühlte sich von der Literaturkritik und dem Regime missverstanden und von den dicken intellektuellen Zeitschriften und Verlegern über den Tisch gezogen. Er beschloss, sich über die

Köpfe der Verleger und Meinungsmacher hinweg direkt an das Lesepublikum zu wenden, und begann, seine »Tagebücher des Schriftstellers« in einer Wochenzeitung, deren Leitung man ihm übertragen hatte, zu veröffentlichen. Darin erklärte er seine Sicht auf die Dinge. Er schrieb über die Bedeutung von Bildung, über soziale Ungerechtigkeit, das Misstrauen aller gegen jeden, über die Sauferei, die Russland zugrunde richte, und darüber, dass man die befreiten Bauern auch aufklären, ihnen eine Alternative anbieten solle. Sie müssten erst einmal lernen, als freie Menschen zu leben und die dazugehörende Verantwortung für sich zu tragen.

Seine Tagebücher wurden mit Begeisterung gelesen. Die Leser teilten seinen Schmerz und seine Liebe zu ihrem Land. Doch Dostojewski spürte, dass ihm die Zeit davonlief. Im April 1880 erkrankte er schwer und erlitt Lungenblutungen.

Am 28. Januar 1881 starb Dostojewski.

Sofort begann seine junge Frau, eigene Tagebücher, die Tagebücher der Schriftstellerfrau, zu veröffentlichen, um ihn nicht als verzweifelten Außenseiter, der er sein Leben lang gewesen war, sondern als liebenswerten, wunderbaren Ehemann und Vater im Gedächtnis der Russen zu verankern. Mit keinem Wort erwähnte sie seine Spielsucht, seine Frauengeschichten, seine Zweifel und Ängste.

»Er mochte den Wald ... Er träumte von einem eigenen Gutshaus ... Er liebte schwarzen Kaviar, Schweizer

Käse, geräucherten Stör und frische warme Würstchen zum Frühstück. Blaue Weintrauben, Kirschmarmelade und Früchtegelee. Er trank roten Wein, ab und zu einen Wodka und ein kleines Glas Cognac zum Dessert. Er mochte Kaffee.«

Im Jahr seines Todes wurde sie 35 Jahre alt. Sie lebte noch 37 Jahre und heiratete nicht wieder. »Wen soll ich nach Dostojewski noch heiraten? Etwa Tolstoi?«, witzelte sie.

Einen Monat nach dem Tod des Schriftstellers wurde Zar Alexander II., der Befreier, nach sieben überstandenen Attentaten doch noch von Terroristen erwischt. Die erste Bombe detonierte unter seiner Kutsche. Sie zerfetzte den Bombenwerfer, das Pferd und etliche Passanten. Der Zar stieg unbeschadet aus der Kutsche, ging zu dem tödlich verletzten Attentäter und wollte ihm helfen.

»Warum?«, fragte er.

»Freuen Sie sich nicht zu früh«, stieß der sterbende Mann aus, eine zweite Bombe wurde aus der Menge geschleudert und landete direkt vor den Füßen des Zaren. Sie zerfetzte ihn in Stücke.

Sein Sohn Alexander III. ängstigte sich furchtbar vor dem revolutionären Terror. Sämtliche gefangenen Attentäter, deren Helfer und vermeintliche Gönner wurden gehängt und alle Reformen eingefroren. Das Land versank in einem langen dunklen Winter der staatlichen Repressionen, der bis 1917 anhielt.

Fjodor Dostojewski

»Ich träumte von einer weltübergreifenden Einigkeit der Menschen. Einstige Feinde sollen einander umarmen, die Menschen sollen sich gegenseitig helfen, besser zu werden, dafür müssen sie einander lieben lernen.«

Dostojewskis Träume sind Träume geblieben.

TEIL II

Leo Nikolajewitsch Tolstoi

1828–1910

Von einem, der auszog,
die Welt zu verbessern

Tolstois Bart

Früher waren Schriftsteller in Russland nicht nur Teil der Unterhaltungsbranche. Sie waren mehr: der moralische Kompass der Gesellschaft, ihr Verstand, ihre Ehre und ihr Gewissen. Schriftsteller waren die Weichenwärter ihrer Zeit, alle hatten sie zu fürchten und zu respektieren. Die orthodoxe Kirche sah in ihnen eine ernst zu nehmende Konkurrenz, die Monarchen suchten ihre Freundschaft, und die Jugend durchstöberte ihre Bücher, um ihre Neugier auf Weisheit zu stillen. In ihren Werken suchten und fanden die Leser Antworten auf die brennendsten Fragen, die sie quälten. Wozu überhaupt und wenn ja – wie leben? Warum tun so viele Menschen Böses und wollen doch nur das Beste? Wieso müssen wir alle sterben, und was passiert danach? Russische Schriftsteller wussten darüber Bescheid oder taten zumindest so. Die Enttäuschten fanden in der Literatur Trost, die Kämpfer fanden dort ihr Schlachtfeld und die Grübler eine philosophische Begründung für ihr Nichtstun.

Diese Schriftsteller waren berühmter, als es heute Fernsehstars sind. Jeder, der lesen konnte, kannte, liebte oder hasste sie. Der magische Schlüssel, der ihnen so viel geistige Macht verlieh und die Tür in die Köpfe der denkenden Bevölkerung öffnete, dieser Schlüssel lag in ihren Bärten. Das ist zumindest meine persönliche Theorie, die sich ziemlich einfach belegen lässt. Es reicht ein Blick auf die Porträts dieser Klassiker, um festzustellen, dass sie sich nicht rasierten. Alle bedeutenden russischen Autoren trugen Bärte, und je länger der Bart, desto bedeutender der Schriftsteller. Die seltenen Ausnahmen wie Gogol, mit seinem kleinen Schnauzbärtchen, bestätigen nur diese belletristische Regel.

Russische Dichter waren in dieser Hinsicht anders gestrickt als die großen Prosaschriftsteller. Sie waren schräge Vögel mit fein geschnittenen Koteletten an den Backen, die ihren Leichtsinn verrieten. Sie hatten aber auch keine gesellschaftliche Verantwortung zu tragen. Ein echter Schriftsteller hingegen musste sehr viel Haar im Gesicht haben, um ernst genommen zu werden.

In meiner Schulklasse hingen die Schriftstellerporträts oben an der Wand – streng nach wachsendem Bartvolumen: Zuerst Maxim Gorki mit seinem großen Schnurrbart, gefolgt von Tschechow mit mittelgroßem europäischem Bärtchen, danach kam der vollbärtige Dostojewski, und gegenüber der Klassentür hing Tolstoi, der Gott unter den russischen Schriftstellern. Sein ganzes Gesicht war eigentlich ein Bart mit Stirn und zwei glühenden Augen, die durch die Haare leuchteten und jeden Schüler durchbohrten, der das Klassenzimmer betrat.

Es gab sehr viele Bilder von ihm in unseren Lehrbüchern.

Das war auch verständlich. Von allen russischen Schriftstellern war Tolstoi am leichtesten zu malen. Man brauchte bloß mit einem Kugelschreiber auf dem Papier eine Zeit lang hin und her zu schmieren, die Ähnlichkeit war garantiert. Der Tolstoi in unserem Klassenzimmer blickte so böse, als wollte er mit seinen Augen der ganzen Menschheit Löcher ins Hemd brennen.

Ich fand den Unterricht oft langweilig, schweifte in Gedanken vom Thema ab und betrachtete die Porträts an den Wänden. Besonders interessierte mich Graf Tolstoi. Laut unserem Lehrbuch für Literatur war dieser Mann der Spiegel der Russischen Revolution. Er hatte gegen die Unterdrückung gekämpft. Er war der Freund aller Armen und Feind der Monarchie gewesen. Lenin hatte ihn gemocht, und Stalin hatte ihn gemocht.

Natürlich glaubte ich diese Propaganda nicht. Ein Mensch mit einem solchen Bart war als Spiegel nicht zu gebrauchen. Tolstoi war ganz bestimmt ein schwieriger Mensch gewesen, ein Außenseiter, ein verrückter alter Mann, so dachte ich damals. Die Vorstellung, dass dieser Mann auch einmal ein Junge, gar ein Kind gewesen war, diese Vorstellung wollte mir nicht in den Kopf. Für mich war er so wie auf dem Porträt auf die Welt gekommen, mit Bart und Augenglut. Seine Eltern erschraken wahrscheinlich fürchterlich. Die Mutter fiel womöglich sogar in Ohnmacht, der Vater zündete sich eine neue Pfeife an und sagte: »Gratuliere, meine Liebe, wir haben einen

Schriftsteller gemacht.« Ich malte mir aus, wie schwer eine Kindheit mit einem solchen Riesenbart gewesen sein musste. Der kleine Leo konnte nicht mit anderen Verstecken spielen, denn überall, wo er sich verbarg, ragte ein Stück seines Bartes hervor. Es konnte weder in Ruhe essen noch auf der Toilette sitzen. Ich stellte mir die jungen Jahre von Tolstoi ausgesprochen schwierig vor.

Dann las ich seine *Kindheit* und änderte meine Meinung. Tolstoi hatte eine glückliche Kindheit. Er wuchs wohlbehütet in einem reichen, adeligen Haus auf, hatte drei Brüder und eine Schwester und bekam eine hervorragende Ausbildung. Doch schon als Kind interessierten ihn das Glück und Unglück der Menschen mehr als alle Kinderspiele. Natürlich hatte Tolstoi als Kind auch keinen Riesenbart, sondern nur einen ganz kleinen Schnauzer. Das war aber damals nichts Besonderes, also ganz normal.

Tolstois Vorväter

1903 fing Graf Leo Tolstoi auf Drängen seiner großen Fangemeinde an, seine Biografie zu schreiben. Diese Erinnerungen hätten in der Länge alle seine bisherigen Werke übertreffen können, umfassten schließlich aber nur drei Bände und endeten mitten in der Kindheit abrupt an der Stelle, als Gérome, der Lieblingsjagdhund der Familie, die Spur eines Fuchses verliert und die Kinder deswegen stinksauer sind. Er könne keine Biografie schreiben, schimpfte Tolstoi, diese Arbeit nehme ihn »nicht mit«.

Historiker setzten später bei seiner Biografie viel früher an. Die Familie Tolstois ist seit dem 16. Jahrhundert in der russischen Geschichte präsent, so waren Leos Vorväter beispielsweise Heeresführer unter Iwan dem Schrecklichen. Und bei allen Umstürzen und Liebesgeschichten am Zarenhof war immer mindestens ein Tolstoi dabei.

Der Ururgroßvater des Schriftstellers diente unter Peter dem Größten als russischer Konsul in Konstantinopel. Dieser Diplomat beharrte darauf, jedem stets die ganze Wahrheit und nichts als die Wahrheit ins Gesicht zu sagen. Eine wahrhaft undiplomatische Einstellung. Dafür wurde er abwechselnd mal vom Sultan und mal vom eigenen Zaren beinahe geköpft. Peter der Große soll gesagt haben: »Zu klug ist dieser Kopf, sonst hätte ich ihn längst abgeschlagen, wegen seines Scheißcharakters.« Dabei hatte jener Graf Tolstoi ihm einen großen Dienst erwiesen, als er den entflohenen Sohn des Zaren aus Neapel zurück nach Russland gebracht und dadurch einen Putsch gegen Peter den Großen verhindert hatte. Außerdem unterstützte er die Reformen des Zaren, obwohl er dessen Rauheit nicht mochte. Der Zar führte nämlich gern eigenhändig Hinrichtungen durch – bevorzugt mit einem Schwert statt einer Axt. Das hatte er irgendwo auf seinen Auslandsreisen gesehen. Einem solchen Zaren wollte Tolstoi letztlich nicht dienen, ging vorzeitig in Rente, sammelte italienische Malerei und übersetzte Ovid ins Russische. Nach dem Tod des Zaren wurde er allerdings trotz seiner Loyalität nach Sibirien verbannt.

Leo Tolstoi schrieb einmal, seiner Familie seien schon immer Gradlinigkeit und eine gewisse Wildheit eigen gewesen. Ein herausragendes Beispiel ist in dieser Hinsicht der Bruder des Großvaters von Leo Tolstoi: Fjodor Tolstoi, mit Spitznamen »der Amerikaner«. Dieser Fjodor war eine Zeit lang die größte lebende Sehenswürdigkeit von St. Petersburg. Als junger Mann unternahm »der Amerikaner« zusammen mit Admiral Adam Johann Baron von Krusenstern die erste von Russen durchgeführte Weltumseglung. Die beiden, Baron und Graf, zerstritten sich allerdings während der Reise im Pazifik. Der Grund ihres Streites war nichtig, seine Folgen jedoch verheerend. Bei einem Zwischenhalt in einer exotischen Stadt kaufte sich der Graf einen Orang-Utan, den er zu Ehren des Kapitäns Adam nannte. Adam terrorisierte mehrere Wochen lang das ganze Schiff, verwüstete die Kajüte des Kapitäns und kackte ihm auf den Nachttisch. Der Baron forderte den Graf auf, sich des Affen zu entledigen, sonst sähe er sich gezwungen, das Tier über Bord zu werfen. Er wundere sich im Übrigen über diese enge Beziehung zwischen einem Mann und einem Tier.

Der Graf verstand keine Witze. Mit geladener Pistole lief er dem Baron hinterher, beschimpfte ihn und seine Mutter und gefährdete damit dessen Autorität. Mit den vereinten Kräften aller Matrosen wurde der Unruhestifter überwältigt und in einer abgelegenen Gegend Kamtschatkas samt seinem Orang-Utan ausgesetzt. Zum Glück war der Ort nicht unbewohnt. Fjodor Tolstoi nahm Kontakt zu einem wilden Stamm auf und machte bei ihm Karriere. Laut eigener Auskunft wurde er zum Stammesführer gewählt und verbrachte eine höchst vergnügliche Zeit bei diesen Menschen.

Die Geschichte verschweigt uns, wie lange Graf Tolstoi sich in der Fremde aufhielt und wie es ihm gelang, nach etlichen Jahren wieder die russische Burg Petropawlowsk zu erreichen. Von dort reiste er unverzüglich weiter nach St. Petersburg, wo er für mehrere Monate die Attraktion in allen Salons war.

Seine Jahre auf der Insel waren jedoch nicht spurlos an ihm vorübergegangen. Seinen Körper zierten nun Dutzende von Tätowierungen, die ihm die dankbaren Wilden zur Erinnerung an die gemeinsame Zeit auf ihrer Insel verpasst hatten. Wenn sich die Reichen und Schönen von St. Petersburg zu einer Vernissage oder einem geselligen Abend versammelten, baten sie Fjodor Tolstoi immer wieder, seine Hautmalerei zu präsentieren. Der Graf verschwand hinter einer spanischen Wand, entledigte sich dort seines Fracks und Hemds und kam mit freiem Oberkörper wieder heraus. Um seine

Arme und Schultern ringelten sich Dutzende kleine Schlangen, ein Schmetterling saß ihm im Nacken, und auf seiner breiten Brust hockte ein riesiger Papagei. Wenn der Graf ein wenig mit seiner Brustmuskulatur spielte, bewegte der Papagei seine Flügel. Die Damen fielen vor Aufregung umgehend in Ohnmacht, während die Männer blass vor Neid wurden und nervös in einer Ecke rauchten.

Während des Ersten Vaterländischen Krieges ging »der Amerikaner« freiwillig an die Front und wurde sogar zum Kriegshelden. Er konnte mit beiden Händen gleich gut schießen und spießte außerdem bei der Verteidigung Moskaus elf Franzosen mit seinem Degen auf, nachdem er sie zuvor überaus höflich und in akzentfreiem Französisch zum Kampf aufgefordert hatte. Für diesen Schneid bekam der Graf den Orden des Heiligen Georg vierter Klasse und einen hohen Offiziersrang verliehen.

Aber auch das machte ihn nicht ruhiger. Nach dem Krieg wurde er professioneller Kartenspieler, tötete mehrere Gegner in Duellen, die eigentlich verboten waren, und überraschte mit vierzig noch einmal die vornehme Petersburger Gesellschaft, indem er eine Zigeunerin aus dem Chor heiratete und sich zu einem radikalen Christen mauserte.

Sein Neffe, der Vater von Leo Tolstoi, geriet in der Völkerschlacht bei Leipzig in deutsche Gefangenschaft und kam mit großem Glück unversehrt nach Hause zurück. Er heiratete die Fürstin Wolkonskaja, die Mutter von Leo Tolstoi. Sie

starb, als der kleine Leo zwei Jahre alt war. Tolstoi behauptete in seinen Erinnerungen, er könne sich trotzdem noch erinnern, wie sie ausgesehen habe.

ॐ ॐ

Tolstoi und die Tschetschenen

In reichen russischen Familien gingen die Kinder nicht zur
Schule, vielmehr wurden die Lehrer zu ihnen nach Hause gebracht. Ich stelle mir eine solche Hausschule sehr entspannt
vor, das reinste Kinderparadies. Die kleinen Adligen durften wahrscheinlich ihre Lehrer sogar schlagen oder sich zumindest aussuchen, wann sie welchen Unterricht genießen
wollten. Sie konnten ihren Studienplan nach eigenen Wünschen zusammenstellen – vor dem Essen ein wenig Mathematik, nach dem Dessert Französisch und Gymnastik –, und
bestimmt mussten diese Kinder nicht jeden Tag um halb sieben aufstehen. Prüfungen, Noten und Diktate bekümmerten
sie kein bisschen. Was bedeuten schon Prüfungen, wenn man
die Prüfer aus eigener Tasche bezahlt? Nach einer solchen
Ausbildung schickte der Vater des zukünftigen Schriftstellers ihn nach Kasan an die dortige Universität. Diese Kasa-
ner Hochschule hatte den besten Ruf unter den Studenten im
Land, sie galt als Hotspot des frivolen Lebens, als Mekka für

Partygänger. Die halbe Stadt bestand aus Bordellen, Kneipen und studentischen Auditorien. Generationen reicher Söhnchen lernten in Kasan den Leichtsinn des Lebens und ließen die Puppen tanzen. Andere, wie beispielsweise Lenin, wurden dort umgekehrt revolutionär.

Der junge Graf fühlte sich in Kasan unwohl. Seine Zeitgenossinnen erinnern sich an den Studenten Tolstoi als an jemanden, der nie tanzte, sondern bloß immer in der Ecke stand und alle Anwesenden mit großem Ernst in den Augen betrachtete. Jekaterina Sagoskina, die Leiterin der Mädchenschule, die Tolstois Schwester Maria besuchte, schrieb, Tolstoi benehme sich wie ein *sac de farine*, wie ein Sack Mehl, nicht wie ein Kavalier.

Seit er schreiben gelernt hatte, führte Leo ein Tagebuch, dem er alle Geschehnisse des Tages sowie seine wichtigsten Gedanken anvertraute. Er machte sich täglich Notizen, doch von seinem Studentenleben findet sich darin kaum etwas. Während die anderen Studenten darauf aus waren, ihre Jungfräulichkeit zu verlieren, schrieb Tolstoi über »das moralische Gesetz in uns«. Er philosophierte über die ständige »Selbstverbesserung als einzig moralische Lebenshaltung«. Als Siebzehnjähriger quälte er sich bereits mit dem Sinn des Lebens ab. »Was ist das Ziel des menschlichen Lebens?«, fragte er sein Tagebuch und antwortete sogleich: »Das Ziel ist die bestmögliche Beihilfe zur allseitigen Entwicklung aller Wesen. Dafür haben wir die unsterbliche Seele. Unglücklich und arm sind Menschen, die es nicht fühlen.« Danach folgte das Selbstverbesserungsprogramm, das er sich für die nächsten zwei Jahre verpasste: fünf Sprachen lernen, Betriebswirtschaft, Geschichte, Jura und Naturwissenschaft studieren und dazu noch die »mittlere Vollkommenheit« beim Musizieren und in der Malerei erreichen.

Dieses Programm wurde nie realisiert. Gleich nach dessen Zusammenstellung flog Tolstoi nämlich von der Uni, da er bei den Prüfungen durchgefallen war. Leichten Herzens verließ er die Universität. Sein Bruder Nikolaj hatte inzwischen das Studium in Kasan abgeschlossen und diente als Fähnrich in einer Bergdivision im Kaukasus. In den Auseinandersetzungen mit den sogenannten »nichtfriedlichen Tschetschenen« hatte er sich bereits einen Orden der Heiligen Anna vierter Klasse verdient. Leo Tolstoi beschloss, zu ihm in den Kaukasus zu fahren.

Die Romantik des Krieges, die Abenteuer, blutrünstige Bergbewohner, ehrenhafte Offiziere, wilde Schönheiten und scharfe Säbel – dieser ganze Romankram, der nichts mit der Realität des Krieges zu tun hatte, von dem man damals aber in zahlreichen Zeitschriften lesen konnte, verflüchtigte sich gleich nach der ersten Kriegshandlung, an der Tolstoi als Freiwilliger beteiligt war. Es ging um Vergeltungsmaßnahmen gegen ein tschetschenisches Bergdorf. Die russischen Soldaten raubten und vergewaltigten, zündeten die Häuser an und schossen auf Frauen. Die Offiziere ließen es zu. In der nächsten Nacht zog ein Trupp tschetschenischer Rebellen durch eine russische Siedlung und hinterließ eine blutige Spur der Rache.

»Ist uns etwa die Erde zu eng geworden, haben wir zu wenig Platz unter diesem unendlichen Sternenhimmel?«, schrieb Leo Tolstoi in seinen ersten Aufzeichnungen aus dem Kaukasus. »Woher kommt dieser Zorn? Niemand kann die Antwort geben, es ist still in den Bergen, nur eine unsichtbare Wachtel pfeift im Gras. Den kleinen Vogel juckt es nicht, auf welchem Boden er singt, ob das Tschetschenien oder Russland sei, der dumme Vogel glaubt, dass es nur eine Erde für alle gibt.«

Dort im Kaukasus fing Tolstoi ernsthaft an, sich mit Literatur zu beschäftigen. Er beschloss, den Zivilisten die Wahrheit über den Krieg zu erzählen, der Gesellschaft die Augen zu öffnen, ihre Illusionen über einen Krieg, der Frieden bringt, zu zerstören. Denn Krieg und Gewalt, egal unter welcher Fahne sie geführt werden, säen nur Krieg und Gewalt, so viel glaubte Tolstoi bereits zu wissen. Er verfasste kurze Erzählungen, Berichte von der Front, die er als »Kaukasische Briefe« betitelte und an die hauptstädtischen Literaturzeitschriften schickte. Er unterschrieb mit »L. T.«, nicht mit vollem Namen. Seine Erzählungen wurden von den Lesern und der Zensur mit großer Aufmerksamkeit verfolgt, noch nie hatte jemand so nüchtern und vernünftig über den Krieg geschrieben. Der Kaukasus hatte aus einem Studenten einen Mann gemacht. Tolstoi lernte in dieser Zeit viel über menschliche Beziehungen und

Qualitäten, die in extremen Situationen deutlicher hervortreten. Er lernte Freundschaft und Verrat kennen. Er lernte, die Todesangst zu zähmen.

Die Taktik der Tschetschenen war damals die gleiche wie heute. Sie ließen den Feind in ihr Dorf eindringen, während sie sich eine Zeit lang in die Berge verdrückten. Sie wussten, dass die Russen sich bald wieder zurückziehen würden. Auf dem Rückweg lauerten sie dem Feind auf und nahmen ihn unter Kreuzfeuer. In einem solchen Hinterhalt wurde das Pferd unter Tolstois Bruder mit einer Kanonenkugel in Stücke gerissen. Der Bruder, obwohl am Bein verletzt, zündete sich ruhig seine Pfeife an, als wäre nichts geschehen, und sagte, er würde ohne seine Steigbügel und seinen Lieblingssattel nicht gehen. Die Rebellen schossen aus allen Richtungen, die Soldaten ergriffen die Flucht, Leo Tolstoi konnte seinen Bruder unmöglich allein lassen. Zu zweit lösten sie unter dem Kreuzfeuer der Bergkrieger die Steigbügel und den Sattel. Am nächsten Tag schrieb Tolstoi in sein Tagebuch: »Ich habe keine Angst vor dem Tod, bloß Angst vor den Leiden und Schmerzen, die ihn begleiten. Gestern war ich schwach und mit mir unzufrieden.«

Diese Unzufriedenheit mit sich wurde beinahe täglich größer. Trotz seiner mutigen Haltung ist aus ihm nie ein richtiger Offizier geworden. Kartenspielen, Saufen und die ewige Kühnheit, mit dem Tod auf freundschaftlichem Fuß zu stehen, konnten Tolstoi nicht imponieren. »Warum liebt mich eigentlich keiner?«, schreibt er wenig später in seinem Tagebuch. »Ich bin nicht dumm, nicht hässlich, nicht ungebildet … Unbegreiflich. Oder gehöre ich nicht hierher?«

Nach dem Kaukasusabenteuer zog er in einen noch größeren, noch blutigeren, noch sinnloseren Krieg. Der damalige Zar, Nikolaus I., hatte die Befreiung aller christlichen Völker vom Joch des Osmanischen Reiches verkündet. Tolstoi nahm an der Verteidigung der Burg Sewastopol am Schwarzen Meer teil und verfasste regelmäßig Berichte aus dem von den Türken umstellten und belagerten Sewastopol. Diese Berichte wurden zu seinem ersten Buch »*Sevastopoler Erzählungen*« zusammengestellt. Er wollte darin die Wahrheit über das Leiden und die Einsamkeit schreiben, über die Grausamkeit des Krieges, über das Leben und den Tod.

Tolstoi und die Frauen

Im zaristischen Russland waren die leibeigenen Bauern rechtlos und der Willkür ihres Gutsherrn ausgeliefert. Ihr Leben und Sterben hing vom Zufall ab. Hatte man einen liberalen Gutsbesitzer erwischt, musste man allerlei Wirtschaftsexperimente über sich ergehen lassen. Hatte man dagegen einen Konservativen, wurde man auf strenge Ordnung und Pietät

gedrillt. Ein geiziger Herr ließ seine Bauern in einem schlechten Jahr verhungern, ein Kartenspieler konnte sie samt ihrer
Häuser und Familien an einem Abend verspielen, und fast
alle Gutsherren nutzten das Leibeigenenrecht zur Befriedigung ihrer sexuellen Wünsche. Ein Erotomane als Gutsherr
terrorisierte seine Bauern schlimmer als ein Liberaler und ein
Konservativer zusammen. Die russische Literatur ist daher
voll von Liebes- und Leidensgeschichten dieser Art. Wurde eine Bäuerin von ihrem Gutsherrn geschwängert, suchte
er für sie einen Bräutigam im Dorf und gab dem jungen Paar
etwas Geld. Einige wenige wie Turgenew finanzierten ihren
unehelichen Bauernkindern darüber hinaus eine vernünftige
Ausbildung im Ausland.

Graf Tolstoi, der seine Jungfräulichkeit nach altem studen-
tischem Brauch während des kollektiven Besuchs eines Bor-
dells in Kasan verloren und dabei angeblich geweint haben
soll, pflegte enge Kontakte zu den Leibeigenen im Dorf seiner
Eltern. Er war ein empfindsamer junger Mann, der beim An-
blick eines Rocks sofort entflammte. Seine erotischen Abenteuer dokumentierte er fleißig in seinem Tagebuch. Darin geißelte er die eigene Geilheit, schrieb über die Schwierigkeit,
sich zu beherrschen, über die Gewissensbisse, über das Leid
und die Gewalt, die Männer seiner Meinung nach den Frau-
en antaten.

Mit der Akribie eines Buchhalters dokumentierte er daneben seine Bordellbesuche: wann er wem wie viel und wofür

gcnau bezahlt hat. Gleichzeitig träumte Tolstoi vom Heiraten und von einer Familie als der endgültigen und vernünftigen Lösung, um seine Leidenschaften ein für alle Mal zu zähmen. Er sehnte sich nach einer wahren zwischenmenschlichen Beziehung, wollte lieben und geliebt werden, und das nicht nur ein paar Stunden lang, sondern für ein ganzes Leben.

Eine Heirat stellte sich Tolstoi allerdings als schwieriges, beinahe unmögliches Unterfangen vor. Er zählte zu jener Sorte Männer, die sich bei der Suche nach der richtigen Braut zu viele Gedanken machen. Sie wollen nichts dem Zufall überlassen. Sie wissen genau, wen sie suchen. Klug soll die Frau sein, aber nicht zu klug, um ihren Mann nicht zu überschatten. Schön soll sie sein, treu, nachsichtig, schwach und stark, ruhig und emotional, zärtlich und robust, erfahren und rein. Außerdem muss sie aus einer reichen Familie stammen und georgisch kochen können. Das Wichtigste zuletzt: Sie muss sich in ihren zukünftigen Ehemann unsterblich verlieben, all seine Schwächen ausblenden und seine Stärken hervorheben.

In der Regel bleiben Männer mit solchen Fantasien zeit ihres Lebens allein. Mit ihren Ansprüchen verscheuchen sie alle jungen Frauen und werden mit zunehmendem Alter verbittert und langweilig. Sie spielen nur noch Karten im Club. Graf Tolstoi bildete an diesen Tischen der anspruchsvollen Freier eine Ausnahme. Ob die magische Anziehungskraft seines Bartes oder sein Ruhm als aufkommende Sonne der russischen Literatur ihm half? Auf jeden Fall fand er bereits mit

34 Jahren die Frau, die er suchte. Sie hieß Sofja Behrs, war knapp 18 Jahre alt und entsprach ziemlich genau dem Bild, das Tolstoi sich von einer perfekten Ehefrau gemacht hatte. Der Graf barst schier vor Glück.

Bevor sie heirateten, gab er der jungen Braut alle seine Tagebücher zu lesen, auch die mit seinen sexuellen Abenteuern. Er wollte nicht, dass ihr Zusammenleben mit Lügen begann, sondern von Anfang an reinen Tisch machen. Die junge Frau war auf diese Offenbarungen nicht vorbereitet. Sie weinte die ganze Nacht hindurch bitterlich über diese Tagebücher und nannte sie »furchtbare Hefte«. Danach verzieh sie dem Grafen die vergangenen Sünden und ging mit ihm zum Altar in der schönsten Kathedrale des Moskauer Kreml.

Trotz ihrer großzügigen Geste ging die Lektüre der furchtbaren Hefte an der Gräfin nicht spurlos vorüber. Die nackte Wahrheit der Tagebücher trug dazu bei, dass die Gräfin Sofja eine übertriebene Eifersucht entwickelte, die mit den Jahren zu einer psychischen Erkrankung führte. Sie lauschte hinter der Tür, während ihr Mann arbeitete oder Gäste empfing, sie spionierte und stellte Untersuchungen an, wenn der Graf sich fünf Minuten länger in der Küche aufhielt, bezichtigte ihn sogar homosexueller Kontakte mit seinem Sekretär, schrieb Briefe an den Zaren, verwüstete regelmäßig seine Archive im Arbeitszimmer, suchte nach einem Tagebuch, das er ihr angeblich verheimlichte, und fand es schließlich nach 48 Jahren Familienleben im Stiefel des Grafen versteckt.

Die Wahrheit, die Tolstoi über alles liebte, die allein seiner Meinung nach die Menschen glücklich machte, diese Wahrheit hat seiner Frau nicht gutgetan. Außerdem zeigten die Bediensteten im Haus immer wieder einmal auf die eine oder andere Bäuerin, mit der ihr Mann früher angeblich ein Verhältnis hatte, und nährten dadurch Sofjas Eifersucht noch mehr.

Die ersten fünfzehn Jahre ihres Zusammenlebens verliefen trotz dieser kleinen Schwierigkeiten zur beiderseitigen Zufriedenheit. Sofja Tolstaja war gemäß den damaligen Sitten praktisch ununterbrochen schwanger und bekam ein Kind nach dem anderen: Sergej, Tatjana, Ilia, Lew, Maria, Andrej Michail, Alexandra, Ivan usw. Manche starben sehr früh, andere lebten sehr lange und führten Tagebuch, sobald sie das Alphabet beherrschten. In diesem Haus mussten selbst noch die Küchengehilfen ein Tagebuch führen. Abends nach dem Essen lasen sie einander daraus vor.

Neben dem Kinderkriegen unterstützte die Gräfin die literarische Arbeit ihres Mannes. Sie konnte seine schwierige Schrift gut entziffern und schrieb die Manuskripte sauber ab. Tolstoi stieg schnell zum populärsten Schriftsteller seiner Zeit auf. Was aus seiner Feder kam, verkaufte sich in hohen Auflagen. Die Familie, die jedes Jahr größer wurde, brauchte Geld. Außerdem glaubte Sofja, solange der Graf in seinem Arbeitszimmer saß und an einem neuen Roman schrieb, hätte er keine Zeit für seine erotisch-landwirtschaftlichen Übungen und Experimente.

Tolstoi selbst war in den ersten Ehejahren noch weit davon entfernt, sein Familienleben anzuzweifeln. Auf seiner Prioritätenliste stand das Glück der Familie auf Platz eins. Danach folgten das Glück seiner Leibeigenen, die er »das Volk« nannte, und dann das Glück der ganzen Menschheit. Erst auf Platz vier kam die Literatur. Tolstois Lebensphilosophie war die Verherrlichung des Privaten. »Wenn jeder sich nach Kräften bemüht, sich selbst und seiner Familie Glück zu tun, so werden alle Menschen just glücklich sein, die Kriege werden aufhören, alle werden in Frieden und Liebe miteinander leben«, schrieb er.

Seine Frau machte sich trotzdem Sorgen wegen seiner Prioritätenliste. Ihr gefiel der zweite Platz – »das Volk« – nicht. Sie wollte ihren Mann mit keinem Volk der Welt teilen. Voller Eifersucht schrieb sie in ihrem Tagebuch (in dieser Familie führten, wie gesagt, sogar die Küchenmäuse Tagebuch): »Ich hasse seine Volksliebe. Ich sagte gestern: Entscheide dich, Leo, entweder ich oder das Volk. Ja, ja, ich weiß, das ist egoistisch. Na und? Ich liebe ihn, ich liebe ihn so sehr. Ich lebe für ihn, er ist mein Ein und Alles! Kein Volk dieser Erde hat in unserer Beziehung etwas zu suchen!«

Das schrieb Sofja schon zwei Monate nach ihrer Hochzeit. Später, als sich die Prioritäten auf der Liste des Grafen verschoben und Tolstoi aus Gründen der Nächstenliebe beschloss, sein ganzes Hab und Gut unter den Bauern zu verteilen, bekam der Kampf seiner Frau mit »dem Volk« wahrhaft epische Züge. Doch damals, frisch verheiratet, war Tolstoi noch nicht so weit. Er schrieb gerade *Krieg und Frieden* zu Ende, seinen bis dahin wichtigsten und größten Roman, der das Lesepublikum in Russland stark polarisierte. Sein angeblich unpatriotischer Umgang mit der Geschichte Russlands, die meisterhaft geschilderte Sinnlosigkeit des Krieges, riefen Begeisterung, Wut und anregende Diskussionen hervor.

Zur gleichen Zeit kümmerte sich Tolstoi um sein »Volk«. Er eröffnete in seinem Dorf die erste kostenlose Schule für Bauernkinder, brachte gute Pädagogen aus der Stadt mit und unterrichtete selbst, obwohl er als Student mehrmals durch die Prüfungen gefallen war.

Mit den Reaktionen der Kritik und der Leser auf seinen Roman war Tolstoi in höchstem Maße unzufrieden. Mit *Krieg und Frieden* hatte er den Menschen seine Philosophie der Gewaltlosigkeit nahebringen und sie auf die wahren ewigen Werte des Lebens hinweisen wollen, die im Schatten der pseudowichtigen Aktualität übersehen werden. Doch die Leser wollten keine Philosophie, sie wollten Liebes- und Gewaltszenen und fanden gerade die blutrünstigen Beschreibungen der Kriegsschlachten und die schwülstigen Beziehungsdramen besonders gelungen. Nach Beendigung dieses Romans legte Tolstoi eine vier Jahre lange Pause ein. Er war von der Wirkung der Literatur enttäuscht. »Nie wieder werde ich einen solchen wortreichen Quatsch schreiben. Diese verfluchte Kunstliteratur!«

Er schrieb in der Tat vier Jahre lang keine Literatur, stattdessen ackerte er auf dem Feld, unterrichtete in der Schule, erntete und säte. Er half den Bauern in den Jahren des Hungers, er schrieb kritische Aufsätze für Zeitungen. Er wollte sogar eine Zeitschrift gründen mit dem Titel »Unzeitgenosse« als Alternative zum damaligen »Zeitgenossen«, dem Sprachrohr der liberalen russischen Intellektuellen. Doch seine »ewigen Werte« fanden kaum Absatz, die Menschen waren auf die aktuellen Debatten scharf.

Ein sehr aktuelles gesellschaftliches Thema war damals die sogenannte »Frauenfrage«. Es ging darum, ob Frauen vollwertige und mündige Mitglieder der Gesellschaft sein konnten oder sich doch lieber in der Küche verkriechen sollten. Die Mehrheit der Männer war der Meinung, eine Frau müsse ihre Tätigkeiten auf die Gründung einer Familie, die Erziehung ihrer Kinder und die Unterhaltung ihres Mannes reduzieren. Die Mehrheit der Frauen wagte nicht, überhaupt etwas dazu zu sagen.

Damals hatte es eine Frau nicht leicht. In Deutschland durften Frauen zum Beispiel nicht einmal Schlittschuh laufen, weil man der Meinung war, sie könnten aufgrund ihres Körperbaus unmöglich das Gleichgewicht halten. Auf dem Eis würden sie ständig nach vorne oder nach hinten kippen, was an sich schon unsittlich wäre. In Frankreich unterbreitete zur selben Zeit Alexandre Dumas, Autor des Romans *Die Kameliendame*, in seinem Traktat »Mann und Frau« den Vorschlag, untreue Bräute zu enthaupten.

Graf Tolstoi, der für Dumas Verständnis hatte, leistete seinen Beitrag zu dieser Debatte, indem er den Roman *Anna Karenina* schrieb. Er wollte mit diesem Werk die Tragödie einer Frau schildern, die sich von der Familie lossagt und ihren Leidenschaften nachgibt. Daraus resultierte nichts Gutes. Es sollte eine hochmoralische Botschaft werden, doch heraus kam ein grandioser Liebesroman, der sogar den Selbstmord aus Liebe rechtfertigte, geschrieben mit einer solchen Leidenschaft, dass Männer wie Frauen über dieses Buch weinten. Tolstoi fühlte sich schon wieder missverstanden. Immer, wenn er etwas Bestimmtes erreichen wollte, kam etwas völlig anderes dabei heraus. So lebte er, ohne zu wissen, was er war und wozu er auf die Welt gekommen war. Er litt unter diesem Unwissen, dachte häufig über den Tod nach und ging dabei doch seinen eigenen, nur für ihn bestimmten Weg. Und Gott führte ihm die Feder.

Tolstoi und Gott

Eine Midlife-Crisis, wachsende Unzufriedenheit mit sich und den anderen, die erfolglose Suche nach dem Sinn des Lebens, Enttäuschung in der orthodoxen Kirche, die statt einer klaren geistigen Ansage bloß die Seelen der Analphabeten mit unverständlichen Gebeten und Bräuchen vernebelte, all das hatte zur Folge, dass Graf Tolstoi mit Mitte vierzig seine literarische Arbeit zur Seite legte und sich mit der ganzen Kraft seines Intellektes einem Ziel widmete: dem Glück der Menschheit. Zu diesem Zweck feilte er an einer neuen menschenrettenden Religion. Diese Religion sollte Christen helfen, zurück zu den Wurzeln des Christentums zu finden. Sie musste außerdem universal, also für die Vertreter aller Konfessionen annehmbar sein. Sie sollten sich aufs Gröbste auf einen Gott einigen. Alles andere würde sich schon ergeben.

Auf der Suche nach einem reinen und wahren Glauben prüfte Tolstoi die Realitäten des russischen Lebens mit dem Maß des Christentums. Sie passten vorne und hinten nicht. War etwa ein Staat mit dem Christentum zu vereinbaren, der seine Bürger in sinnlosen Schlachten umbrachte, der sie in Gefängnissen und Zuchthäusern schmoren ließ und sie mundtot machte? Tolstoi verwarf den Staat. War etwa der Kapitalismus mit dem Christentum zu vereinbaren? Wie soll das gehen – seinen Nächsten lieben und ihn gleichzeitig ausbeuten? Tolstoi schlug ein Kreuz über den Kapitalismus. Waren vielleicht die Kunst, die Literatur, das Theater mit dem Christentum zu vereinbaren, diese Späße der reichen Meute, die das Volk ausgeraubt und belogen hatte, um sich ein goldenes Leben in der Theaterloge zu gönnen, während vor ihrer Haustüre Kinder hungerten? Tolstoi verdammte die Kunst. Mit Philosophen und Theologen, die im Dienste der herrschenden

Klasse die Welt als von Natur aus ungerecht und unveränderbar beschrieben, wollte er ebenfalls nichts zu tun haben. Und die Kirche, die russische orthodoxe Kirche, die das klare Wort Jesu usurpiert hatte, um daraus ein unverständliches langweiliges Papperlapapp zu machen, das besonders die armen Geister verwirrte, diese Kirche hatte in seinen Augen am wenigsten mit dem wahren Glauben zu tun.

Eine Zeit lang dachte der Graf, alles Unglück Russlands käme davon, dass die heiligen Schriften – das Neue Testament und die Evangelien – schlecht ins Russische übersetzt worden waren. Die Lösung dieses Problems lag auf der Hand. Tolstoi startete ein ehrgeiziges Projekt, eine Neuübersetzung der heiligen Schriften, die selbst dem letzten Analphabeten die Reinheit und die Weisheit der christlichen Religion verdeutlichen würde. Alle Wunder und Märchen wollte er aus den Texten entfernen und stattdessen Jesus Klartext reden lassen. Der Sinn sollte nicht länger vom Unsinn überdeckt werden. Die Bibel musste zu einer Gebrauchsanweisung werden: Was hat der Mensch auf Erden zu tun, woher kommt er, wohin geht er, und wie hat er sich zu benehmen. Punkt.

Dieses Projekt kostete Tolstoi viele Jahre und brachte ihm viele graue Haare ein. Die Leserschaft zeigte sich enttäuscht. Sie wollte keine Testamente, sie wollte Liebesromane lesen. Die orthodoxe Kirche fluchte und verdammte Tolstoi als falschen Propheten im Dienste des Satans, als Teufel, der Menschen mit süßen Reden ins Verderben führte, als den Reiter der Apokalypse. Beim »Volk« stieß seine Arbeit ebenfalls auf wenig Begeisterung. Ohne Wunder machte das Bibellesen keinen Spaß. Tolstoi suchte die Schuld für die ernüchternde Resonanz bei sich selbst, er hielt seine Übersetzung für nicht gut genug gelungen.

Er kapitulierte aber nicht, sondern schrieb zahlreiche Aufklärungsaufsätze mit Titeln wie »Woran glaube ich?«, »Was sollen wir tun?«, »Über den Sinn und Unsinn des Lebens«, »Das Leben in Wahrheit« usw. Diese Aufsätze wurden zwar von einem Teil der Gesellschaft abgelehnt, von einem anderen Teil jedoch mit Begeisterung aufgenommen. Sie erschienen in zahlreichen Sprachen, wurden für ein paar Groschen oder gar umsonst verteilt, waren in einer verständlichen Sprache verfasst und brachten Tolstoi jedes Jahr neue Anhänger. Seine Arbeit »Das Reich Gottes ist in euch« brachte Mahatma Gandhi später auf die Idee des gewaltfreien Widerstands zur Befreiung Indiens von der britischen Kolonialmacht.

Tausende von Tolstoi-Anhängern pilgerten durch Russland, sie predigten Gewaltlosigkeit und eine gerechte Verteilung der Ernte. Die Soldaten im Kaukasus verbrannten nach dem Lesen dieser Schriften mitten im Krieg ihre Waffen und zerrissen ihre Uniformen. Sie wurden als Deserteure vom zaristischen Regime verfolgt und hätten nach dem Kriegsgesetz zum Tode verurteilt werden können. Tolstoi schrieb verzweifelt Briefe an die Weltregierungen, die seine Anhänger retten sollten. Kanada erklärte sich bereit, Tolstoi-Anhänger aufzunehmen, allerdings brauchte man für diese Aktion viel Geld, um die notwendigen Schiffe zu chartern. Tolstoi schrieb im Schnellverfahren Liebesromane, um die Umsiedelung seiner Leute nach Kanada zu finanzieren. Tausende gingen auf diese gefährliche Reise über den Ozean, um die geistigen Postulate ihrer Religion zu schützen.

Tolstoi selbst blieb im Land. Er hatte auf seinem eigenen Landgut, Jasnaja Poljana, auf gut Deutsch »Lichtenfeld«, einen viel schwierigeren Kampf auszutragen. Denn mehr als der russische Staat, mehr als die orthodoxe Kirche setzte ihm seine eigene Frau zu, die mit seiner neuen Religion, besonders was die gerechte Aufteilung der Ernte betraf, nicht einverstanden war. Sie bat ihren Mann, auf diese Art Gerechtigkeit zu verzichten. Doch für Tolstoi führte kein Weg mehr zurück. Nach Jahrzehnten der Suche, tausenden Stunden anstrengender Lektüre, nach schlaflosen Nächten, zahlreichen Enttäuschungen, nach Selbstmordgedanken und Verzweiflung erblickte er endlich mit 53 Jahren Gott.

»Mein Gott!«, schrieb er in sein Tagebuch. »Seit ich Dich erblickt und Deinen Namen endlich ausgesprochen habe, ist mir so leicht ums Herz geworden. Ich fliege, ich schwebe über die Erde vor Freude. Wie schwer es für mich gewesen war, Dich zu finden, und wie leicht scheint mir jetzt das Leben. Mein lieber Gott! Wir werden uns nie mehr verlieren. Es bleibt mir nur noch eine Kleinigkeit zu erledigen, den anderen Deine Anwesenheit zu verkünden.«

Tolstoi wollte allen zeigen, wie glücklich das Leben mit einem Gott im Herzen machte. Der Gott in seinem Herzen duldete aber keine Kompromisse. Ab sofort musste das Vermögen des Grafen samt der Einnahmen aus dem Buchverkauf sowie sein Land und Besitz unter den Armen und Bedürftigen aufgeteilt werden. Dies teilte Tolstoi seiner Frau schriftlich mit, obwohl sie in einem Haus zusammenlebten.

»Außerdem bitte ich Dich, meine Liebe«, so schrieb er seiner Frau auf einem Begleitzettel, »die Kutsche und das Klavier dem Dorfältesten zu übergeben.«

»Ich denke nicht dran«, schrieb ihm Sofja zurück. Sie hielt die Freigiebigkeit ihres Mannes für eine vorübergehende Verstimmung und bat seine Freunde, unter denen einige gute Ärzte waren, um Hilfe. Doch keiner von ihnen wagte es, mit Tolstoi über sein Verhalten zu sprechen. Zu groß war die Autorität des Erleuchteten.

Tolstoi vereinfachte seinen Lebensstil. Er lief nun barfuß, kämmte den Bart nicht mehr, trug ein Bauernhemd, schlief auf dem Boden und aß nur noch trocken Brot. Seiner Frau schlug er vor, in ein Bauernhäuschen umzuziehen. Sie sollte ihm außerdem beim Pflügen helfen, denn jeder Mensch, egal welchen Standes oder Geschlechts, musste sich nach Überzeugung des Grafen im Schweiße seines Angesichts seine tägliche Mahlzeit erarbeiten. Nun drehte die Gräfin endgültig durch. Die Kinder wiederum teilten sich in zwei Parteien. Die einen wollten mit dem Vater in selbst gewählter Einfachheit leben, die anderen nahmen die Seite ihrer Mutter ein und kämpften für ihr Recht, später als reiche Erb-Schmarotzer zu leben. Tolstoi schrieb heimlich ein Testament, in dem er verfügte, dass die Rechte an seinen sämtlichen Werken ab sofort der von ihm gegründeten Hilfsorganisation gehören sollten, die damit Analphabetismus und Hunger bekämpfte.

Für seine große Familie war das ein GAU. Sie ließ nichts unversucht, um das Testament anzufechten. Nach langem Hin und Her handelten beide Seiten einen Kompromiss aus: Die Rechte an jenen Werken, die Tolstoi geschrieben hatte, bevor er Gott erblickt hatte, blieben bei der Familie. Die Rechte an den späteren gehörten dem Volk und Gott. Für Letztere war das ein schlechter Deal, denn gerade die frühen Romane brachten das meiste Geld. Die später verfassten Aufsätze wurden zum größten Teil kostenlos verteilt.

Der Ruhm des barfüßigen Grafen sprengte unterdessen alle geografischen Grenzen. Pilger aus der ganzen Welt besuchten Tolstoi auf seinem Gutshof Lichtenfeld, während sich der Umzug in das Bauernhäuschen aus technischen Gründen verzögerte. Japaner, Inder, Chinesen, Amerikaner und Deutsche kamen zu Tolstoi, um seinem der Wahrheit verschriebenen Leben Respekt zu zollen. Die normalen Leute blieben allerdings zu Hause, selbst wenn sie Tolstoi bewunderten. Die meisten Pilger, die kamen, hatten einen

Knall. Es waren Spinner, Wanderphilosophen und Sinnsuchende.

Da gab es zum Beispiel einen Rumänen, der sich unter dem Einfluss von Tolstois Werken eigenhändig kastriert hatte, um den Frauen keine Gewalt mehr anzutun. Er hoffte in Lichtenfeld auf einen Asketen zu treffen, stattdessen erlebte er eine beinahe italienisch wirkende Familie: einen Mann mit vielen Kindern, eine hysterische Ehefrau und viele andere Frauen und Männer drum herum. Der Rumäne war sichtlich geschockt. »Was erzähle ich bloß zu Hause?«, fragte er die Anwesenden ratlos.

Es gab auch einen tibetischen Lama, der ein Werk von Tolstoi gelesen hatte und zum Erfahrungsaustausch nach Lichtenfeld gepilgert war, sowie einen schwedischen Professor, der herausgefunden haben wollte, wie sich ein Mensch von einem Quadratmeter Land das ganze Jahr über ernähren konnte. Der Professor war ein lustiger Kerl unbestimmten Alters. Er hatte den weiten Weg aus Stockholm bis nach Russland zu Fuß zurückgelegt, sein Bart war noch länger als der von Tolstoi, er schlief im Winter wie im Sommer unter freiem Himmel, benutzte keine Hygieneartikel und aß nur rohe Körner. Tolstoi mochte ihn und sah in ihm einen Mitstreiter. Nur eine Angewohnheit des Professors störte ihn, nämlich am helllichten Tage und in Anwesenheit von Damen nackt im Lichtenfelder Brunnen zu baden. Der Schwede fand Nacktheit ganz natürlich, Tolstoi nicht.

In dieser Zeit verschlimmerte sich der geistige Zustand der Gräfin. Man konnte sie verstehen. Ihr Haus, ihre Familie, ihr ganzes Leben wurden zugunsten einer lächerlichen, ketzerischen Religion zerkrümelt. Sie saß in ihrem Schlafzimmer und heulte vor Hilflosigkeit. Wagte sie sich aus dem Haus, zeigte sich ihren Augen folgendes Bild: Der Graf predigte barfuß den Bauern im Garten, sie könnten alles mitnehmen, was sie wollten. Unter dem Apfelbaum meditierte der Tibeter. In der Sommerküche lag der nackte Schwede auf dem Boden und kaute seine Körner. Und als wäre das Ganze nicht horrorhaft genug, irrte auch noch der kastrierte Rumäne durch den Garten, der nicht wusste, was er zu Hause erzählen sollte. Man musste Nerven aus Stahl haben, um in dieser Situation ruhig zu bleiben.

Sofja hatte keine Nerven aus Stahl. Sie war bloß ein Mensch, schwach, ängstlich, leicht reizbar. Sie machte dem Grafen das Leben zur Hölle. Er zerriss sich zwischen seiner Familie und seinem Gott. Er wollte beide, aber das war unmöglich. Als es zu Hause unerträglich wurde, fasste er den Entschluss zu fliehen. Daran hatte er schon früher gedacht, genau genommen hatte er schon die letzten zehn Jahre nichts wie weggewollt. Er sah seine Zukunft als Wanderprediger. Nur musste er die Reise immer wieder verschieben. Aber auf einmal war er so weit.

Mit 82 Jahren zog Graf Tolstoi im Herbst 1910 in einer Nacht-und-Nebel-Aktion in Begleitung seiner treuesten

Tochter Alexandra und seines Sekretärs los. Er beeilte sich, wechselte mehrmals die Züge und die Fahrtrichtung, weil er Angst hatte, seine Frau würde ihn verfolgen. Im Zug fuhr er in einem Waggon der dritten Klasse – zusammen mit dem »Volk«. Er predigte und diskutierte mit den Passagieren, schwitzte neben einem kaputten Fenster, erkältete sich, bekam eine Lungenentzündung und verstarb acht Tage nach Antritt der Reise im gottverlassenen Astapowo, gar nicht weit von seinem Landgut Lichtenfeld entfernt, im Haus des Bahnwärters. Seine letzten Worte waren: »Warum wollen sie nicht? Das ist doch so einfach! Ich liebe sie alle.«

Die Nachricht von seinem Tod ging schnell um die Welt. Viele Anhänger wollten sie allerdings nicht glauben, sie hielten den Tod von Tolstoi für eine Falschmeldung. Zudem gab es Berichte von Zeugen, die ihn an verschiedenen Orten mit einem Stock in der Hand und einem Sack über der Schulter gesehen haben wollten, mal im Süden und mal im Norden am Ufer großer russischer Flüsse. Noch Jahre später kursieren im Volk handgeschriebene Briefe, die der entflohene Graf angeblich während seiner Reisen geschrieben hatte. Sie trugen lustige Titel: »Wie sollen wir leben?«, »Was ist die letzte Wahrheit?«, »Mein Gott und ich«.

Man schrieb das Jahr 1910. Die Familie Nabokov machte gerade Urlaub an der französischen Riviera. Der junge Vladimir hatte eine zu enge Hose an und erlebte seine erste Erektion, die ihn etwas überforderte. Sein Vater versuchte den Jungen über die Natur und die Ursachen dieses Phänomens aus Sicht der Biologie aufzuklären. Die Mutter blätterte währenddessen im Strandkorb in einer französischen Zeitung: »Tolstoi ist tot«, fasste sie die Nachrichten des Tages zusammen. »Wir müssen sofort nach Russland zurück«, sagte der Vater.

TEIL III

Anton Pawlowitsch Tschechow

1860–1904

Wer das Leben begreifen will,
muss es beobachten

Tschechows Schuhe

Über den großen russischen Schriftsteller Anton Tschechow wusste ich früher nicht viel. Nur dass er viel kürzer gelebt und sich auch beim Schreiben kürzer gefasst hat als die meisten anderen großen russischen Schriftsteller, die seine Zeitgenossen waren. Statt Romane und langatmige Erzählungen zu schreiben, die damals in Mode waren, hat Tschechow nur extrem kurze Kurzgeschichten und Theaterstücke verfasst. Als hätte er Angst gehabt, einen längeren Text aus Mangel an Lebenszeit nicht zu Ende bringen zu können.

Tschechow studierte an der Moskauer Universität Medizin und diagnostizierte bei sich selbst mit vierundzwanzig Jahren Tuberkulose. Antibiotika waren noch nicht erfunden, und Ärzte behandelten die Krankheit schlicht mit Eiswürfeln. Sie verschrieben jedes Mal eine genaue Anzahl von Eiswürfeln, die man vor dem Schlafengehen fest an die Lunge pressen musste. Ihre Patienten starben wie die Fliegen.

Tschechow war ein guter Diagnostiker. Das Gefühl der eigenen Vergänglichkeit, des zu kurz geratenen Lebens, der akut fehlenden Zeit sorgte dafür, dass er wenig schlief und viel arbeitete. Auf Fotos sieht er stets abgemagert aus. Heute würde man ihn sicher als magersüchtig einstufen. Der erwachsene Tschechow war 186 cm groß und wog sechzig Kilo.

Tschechow wurde in Taganrog geboren, einer südrussischen Hafenstadt zwischen der Steppe und dem Asowschen Meer, dem kleinsten und schmalsten Meer Russlands. Sein Vater betrieb dort einen Gemischtwarenladen.

Mein Urgroßvater väterlicherseits hatte übrigens ebenfalls einen Laden in Taganrog, einen Schuhsalon mit eigener Werkstatt. Er war Schuhmacher, ein herausragender Meister, so lautet zumindest die Familienlegende. Vielleicht hat Anton Tschechow sogar einmal bei meinem Urgroßvater Schuhe gekauft. Bei einer Körperlänge von 186 Zentimetern müsste er, so schätze ich, Schuhgröße 45 gehabt haben.

Von meinem Urgroßvater ist ein Foto geblieben. Darauf sieht man einen stark behaarten Mann in weißem Hemd mit Fliege, der ein Paar Schuhe in der Hand hält. Leider kann man auf den meisten Fotos von Tschechow dessen Schuhe nicht erkennen. Die Fotografen haben sich mehr auf sein Gesicht konzentriert, auf seine Stirn, seinen Schnurrbart, seine Brille. Es gibt viele Fotos, die Tschechow mit Hut zeigen, aber ich kenne kein einziges Foto von ihm mit Schuhen. Ein solches Foto würde ich vergrößern lassen, Freunden und Verwandten zeigen und behaupten, mein Urgroßvater hätte diese Schuhe gemacht und sie dem großen Schriftsteller verkauft.

Die Kunst der Schuhmacherei hat sich von meinem Urgroßvater sogar teilweise auf seine Nachkommen vererbt.

So konnten noch mein Vater und sogar ich perfekt Schuhe nachzeichnen, obwohl wir sonst gar nicht zeichnen können. Ich bekomme auch Enten ganz gut hin, das hat mir ein Kumpel im Kindergarten beigebracht. Aber sogar meine Enten sehen manchmal aus wie Schuhe. Daraus schließe ich, dass mein Urgroßvater in Taganrog mit so großem Talent gesegnet war, dass es noch für drei weitere Generationen reichte.

Als der junge Tschechow zu ihm in den Laden kam, hat mein Urgroßvater bestimmt gespürt, dass es sich bei ihm um einen besonderen Kunden handelte, möglicherweise um einen Schriftsteller, also einen Menschen, der besonders sensibel und detailversessen ist. Deswegen hat mein Urgroßvater dem jungen Tschechow sein bestes Paar verkauft. Zuerst ließ er sich aber mit seinem Meisterwerk vom örtlichen Fotografen ablichten. Auf diese Weise landete das weltweit einzige Foto von Tschechows Schuhen in meinem Familienarchiv. Tschechow war dermaßen von seinem neuen Schuhwerk begeistert, dass er es nicht einmal nachts ausziehen wollte. Tagsüber erzählte er bei jeder Gelegenheit und überall von seinen neuen Schuhen, zeigte sie anderen Schriftstellern, und die hatten bald von seinen Erzählungen die Nase voll. Als Tschechow versuchte, seinen alten Freund Leo Tolstoi zu überreden, sofort nach Taganrog zu reisen, um ebenfalls ein Paar Schuhe bei meinem Urgroßvater zu kaufen, wurde Tolstoi dermaßen wütend, dass er sich schließlich sogar seiner eigenen Schuhe entledigte und nur noch barfuß durch die Gegend lief aus Protest gegen die Besessenheit seines Freundes.

Mein Urgroßvater hat von alldem nie erfahren, sein Leben fand abseits der großen Literatur statt. Sein Sohn, mein Großvater, wurde von den Kommunisten aus Taganrog in die Ukraine geschickt, um eine Schuhfabrik zu leiten. Dort haben sie dann aber keine Modeware, sondern nur noch Gummistiefel produziert. Das mussten Tolstoi und Tschechow, Gott sei Dank, nicht mehr erleben. Der Enkel meines Urgroßvaters verließ die Ukraine und ging nach Moskau, um dort zu studieren. Er produzierte dann in der Hauptstadt in einem Betrieb der Binnenschifffahrt ausklappbare Pontonbrücken. Sein Sohn (das bin ich) ging später von Moskau nach Berlin und wurde deutscher Schriftsteller. So ungefähr sah die Entwicklung der männlichen Linie unserer Familie vom 19. bis ins 21. Jahrhundert aus: Schuhe – Gummistiefel – ausklappbare Pontonbrücken – Literatur.

In Tschechows Familie sah es ähnlich aus: Sein Großvater war ein leibeigener Bauer, der sich selbst freikaufte. Das durfte man damals schon in Russland, doch nur wenige wagten diese Freiheit. Sich freizukaufen war damals für leibeigene Bauern so risikoreich, wie es heute für Kleinunternehmer ist, Aktien zu kaufen, die sie nicht verstehen. Die Freiheit unter dem Zaren war eine solche Aktie, eine heikle Angelegenheit mit schwer durchschaubarem Inhalt und anspruchsvollem Namen. Die meisten Leibeigenen wollten außerdem für ihre Freiheit nicht bezahlen, sie spekulierten darauf – und Gerüchte bestätigten sie –, dass die Leibeigenschaft sowieso in der nächsten Zeit von der Regierung abgeschafft werden sollte. Also warteten sie mehr oder weniger geduldig auf ihre kostenlose Freiheit.

Nur wenige besonders unruhige Menschen wie Tschechows Großvater glaubten, dass jeder Tag in Unfreiheit ein verlorener Tag sei. Sie taten alles, um der Knechtschaft so schnell wie möglich zu entfliehen und selbstständig zu arbeiten. Aus einem Bauern wurde ein Arbeiter und letzten Endes ein Dienstleistungsunternehmer: Der Großvater von Tschechow verdiente sein Geld noch als Verkäufer in einem Gemischtwarenladen. Der Sohn des Großvaters, also Tschechows Vater Pawel Jegorowitsch, besaß bereits ein eigenes Geschäft: Er wurde zum Gemischtwarenladenbesitzer. Tschechow selbst studierte Medizin und wäre ein guter Arzt geworden, wäre er nicht ein noch besserer Schriftsteller geworden. Die Entwicklung seiner Familie ist beeindruckend: leibeigener Bauer – Arbeiter – Dienstleister – Gemischtwarenhändler – Schriftsteller.

Das Literarische scheint auch hier die höchste Form des Daseins zu bilden. Man sieht, dass diese Menschen ihr Leben nicht als Spaziergang in einer unbekannten Parkanlage betrachteten, sondern einiges vorhatten.

Bereits als Kind war Anton Tschechow ein vielbeschäftigter Mensch. Außer dem Gemischtwarenladen unterhielt sein Vater nämlich mit großem Ehrgeiz einen Kirchenchor, in dem er auch seine Kinder einsetzte. Überall, ob im Laden oder in der Kirche, wollte Tschechows Vater der Beste sein und folglich auch den besten Chor in Taganrog besitzen. Damals war ein Kirchenchor ein Prestigeobjekt für aufsteigende Geschäftsleute. Pawel Jegorowitsch Tschechow dirigierte seinen Chor natürlich selbst, und auch beim Singen konnte er sich nicht richtig auf andere verlassen. Fremde hatten zu allem immer eine eigene Meinung, gaben ständig ungefragt dumme Ratschläge, und für alles wollten sie bezahlt werden. Tschechows Vater fiel es schwer, mit solchen Leuten zu arbeiten. Nur auf die eigene Familie war Verlass, und glücklicherweise hatte Pawel Jegorowitsch mit seinen sechs Kindern – Anton war das dritte – auch ausreichend Familienmitglieder zur Verfügung. Der Laden und der Chor waren Familienunternehmen.

Der Laden hatte sechzehn Stunden am Tag geöffnet, im Chor wurde ebenfalls jeden Tag geprobt. Der junge Tschechow lief tagein, tagaus zwischen dem Gemischtwarenladen, dem Gymnasium und der Kirche hin und her. Dazu kam noch Privatunterricht in Französisch und Altgriechisch, da der Vater wollte, dass seine Kinder Fremdsprachen lernten.

Auf seine Kindheit angesprochen, antwortete Tschechow später, er hätte keine gehabt. Noch der erwachsene Anton litt unter Albträumen, in denen er seine Angst vor Prüfungen, schlechten Noten, unzufriedenen Kunden im Gemischtwarenladen und falsch singenden Chormitgliedern im Schlaf immer wieder durchlebte. Zeit seines Lebens hat er nie wieder gesungen.

Tschechows Zweifel

Ein mitteleuropäisches Land ist in der Regel übersichtlich und klar geordnet. Nach spätestens zwanzig Jahren kennt man hier alles und jeden. Die Bahnhofstraße kreuzt sich mit der Hauptstraße, neben einem Friseursalon ist immer die Apotheke, von 15.00 bis 17.00 Uhr wird nur Kuchen gegessen, und die Bevölkerung ist zahm und lässt sich leicht herumkommandieren.

Russland ist anders. Es ist groß, unübersichtlich und verwinkelt, die Menschen sind eigensinnig und aufsässig. Der Staat und das Volk verstehen einander schlecht. Und weil sie einander nicht verstehen, haben sie voreinander Angst. Vor allem die Mächtigen haben Angst, dass die Bürger sie für nicht mächtig genug halten und sich über sie lustig machen, dass sie sie ignorieren oder, noch schlimmer, stürzen. Deswegen ist der Staatsapparat in Russland sehr auf die Resultate von Meinungsforschern erpicht. Jedes Jahr werden groß angelegte Untersuchungen eingeleitet und fantasievolle Umfragen durchgeführt. Aus den Antworten, die meine Landsleute

in den Untersuchungen des Nationalen Statistischen For-
schungszentrums (NSF) geben, das unter anderem auch für
Volkszählungen zuständig ist, wird allerdings niemand schlau.
Die Russen sind ein rätselhaftes Volk, sie reden mit gespalte-
ner Zunge und lassen sich nicht in die Karten schauen. Und
sie lassen sich nicht zusammenzählen.

So hat das Statistische Forschungszentrum vor einiger Zeit
eine lebenswichtige Umfrage in der Bevölkerung gestartet.
Die Frage lautete: »Wovor haben Sie am meisten Angst?« Auf
den ersten Plätzen standen Armut, Krankheit, Tod und die
Wiederwahl der Kommunistischen Partei. Auf dem letzten
Platz stand die Angst vor der »Bedeutungslosigkeit des Lebens«. Nur 0,5 % der Befragten hatten davor Angst.

Dieses Forschungszentrum ist aber bereits lange genug tätig, um die Spinnereien der Bürger richtig deuten zu können.
Laut seinen Erfahrungen fürchten die Bürger das am meisten, wovor sie angeblich keine Angst haben. Sie fürchten es
so sehr, dass sie Angst haben, ihre Furcht sich selbst oder anderen gegenüber einzugestehen. Im Klartext ergab die Untersuchung also, dass die Russen eigentlich vor nichts Angst
hatten, außer vor der Bedeutungslosigkeit ihres Lebens. Ihr
Dasein war lange genug einer Idee, einem Glauben unterge-
ordnet. Die orthodoxe Kirche und die große russische Literatur arbeiteten unermüdlich daran, die Bürger von der Bedeutungslosigkeit ihres Daseins zu befreien. Dieser Glaube
und die Ideen dienten stets dem Staat. Sie hielten die Leute

zusammen, schafften eine gemeinsame Identität und verhinderten, dass das Land auseinanderfiel oder dem Staat seine Bürger davonliefen.

Die Kirche behauptete in diesem Sinne, das irdische Treiben sei nur ein kurzer Zwischenaufenthalt auf dem Weg ins Gottesreich, vergleichbar etwa einer Pinkelpause an einer Raststätte. Man konnte sich entspannen, eine Stulle essen, eine Zigarette rauchen, ein wenig herumlaufen. Hauptsache, man kam nicht zu spät zum Bus zurück. Außerdem durfte man sich nicht zu weit von der Gruppe entfernen und musste immer schön den Fahrer im Auge behalten, da die Reise ins Gottesreich jederzeit weitergehen konnte – eine Reise, die man nur gemeinsam bewältigen konnte, mit einem kompetenten Reiseleiter und dem richtigen Baedeker. Die Kirche erklärte, man dürfe sich auf keinen Fall allein zu Gott auf den Weg machen, auf eigene Faust, oder wie ein einsamer Irrer ohne Visum über die deutsch-polnische Grenze wollen. Das konnte nicht gut ausgehen.

Die Literatur bemühte sich ebenfalls, den Menschen die Angst vor der Bedeutungslosigkeit ihres Lebens zu nehmen. Sie lieferte ihnen die richtigen Ideen zur Verbesserung der irdischen Gesellschaft, gleichzeitig versuchte sie, die Bürger vor falschen Ideen zu warnen. Ob Tolstoi oder Dostojewski, jeder russische Schriftsteller, der etwas auf sich hielt, hatte ein Rezept zur Rettung der Welt parat. Er wusste, welcher Gott der wahre war und welcher nur ein Angeber, wie der richtige Glaube sich vom falschen unterschied, was böse und was gut war, was man zu tun und wie man zu sterben hatte. Die Literatur in Russland war diktatorisch, totalitär, wegweisend. Erst mit Tschechow kam eine andere auf: eine Literatur des Zweifels.

Tschechow begann früh mit dem Schreiben. Bereits im Gymnasium, quasi noch vor Erreichen der Volljährigkeit, verfasste er kurze Erzählungen, die er an humoristische Zeitschriften schickte, die Namen trugen wie »Der Wecker«, »Die Scherben« und »Die Libelle«. Tschechow machte sich in seinen ersten Texten vor allem über Lehrer lustig, über Direktoren, Beamte, Herrscher aller Art. Oder anders gesagt: über alle, die von sich behaupteten, etwas zu wissen, was die anderen nicht wussten, und etwas zu sein, was die anderen nicht waren. Seine Botschaft aus der Zeit kann man in einem Wort zusammenfassen, es lautet: »Zweifelt!«

Während die Helden der großen russischen Romane nach allumfassenden Lebenskonzepten gierten, litten die Tschechowschen Helden unter der Last allzu schwerer Ideen und Konzepte. Tschechow selbst trat für ein Leben ohne Konzept ein. Dabei störten ihn nicht die großen Ideen an sich, mit denen man die Menschheit retten wollte, sondern der Umgang mit diesen Ideen, der Eifer, den die Menschen an den Tag legten, um sie zu verwirklichen.

Besonders skeptisch war Tschechow Politikern und Hellsehern gegenüber, die Visionen hatten und oft und gern über die Zukunft anderer Menschen und deren Länder plauderten. Tschechow bezweifelte nämlich, dass Menschen fähig waren, auch nur einen Tag ihres Lebens zu verstehen, geschweige denn, in die Zukunft zu blicken. »Dafür hat der Mensch zu wenig Wissen und Gewissen«, schrieb er.

Aus allen gesellschaftlichen Diskussionen hielt sich Tschechow heraus. Trotzdem genossen seine humoristischen Erzählungen bereits seit den ersten Veröffentlichungen große Popularität. Das Publikum und die Literaturkritik amüsierten sich prächtig, wunderten sich gleichzeitig aber, dass der Autor selbst nicht lachte und auch nicht orakelte.

Man muss dazu sagen, dass Russland damals ein sehr fruchtbarer Boden für alle möglichen Ideen war: Ideen von sozialer Gerechtigkeit, von Marxismus und Anarchismus, von allen möglichen Konzepten zur Beglückung der Massen. Eine Gesellschaft, die nicht auf Ausbeutung, sondern auf Solidarität setzte, schien im armen Russland gar nicht so schwer umsetzbar zu sein. Man musste eigentlich nur die Rahmenbedingungen schaffen, die es jedem ermöglichten, das Gutmenschsein als Vorteil zu empfinden. Spätestens in der zweiten Generation würde auch die Begründung des Gutmenschseins überflüssig, da jeder bereits als Gutmensch auf die Welt käme. So dachten die russischen Sozialisten. Nur Russen konnten die notwendige Naivität aufbringen, sich diesen Ideen zu verschreiben.

Was meinen Landsleuten im Umgang mit solchen oder

ähnlichen Ideen fehlte, war der notwendige Abstand, die Skepsis, die innere Freiheit und das Wissen um die Beschränktheit jeder Theorie und jedes Glaubens. Jemand, der seine Idee oder seinen Glauben für der Weisheit letzten Schluss hält, kann kein freier Mensch sein. Er verwandelt sich in einen Sklaven seiner Überzeugungen. Er muss immer im Recht sein und ist nicht bereit, dieses Recht mit dem des anderen zu teilen.

»Wer von sich behauptet, alles zu wissen und zu verstehen, ist entweder ein Dummkopf oder ein Scharlatan«, schrieb Tschechow einmal in einem Brief. Die Umstände des russischen Lebens unter der Zarenherrschaft waren tragisch und bargen dennoch Stoff für Komödien. Tschechow, ein ernster junger Mann, lachte in seinen Erzählungen die Welt aus. Gleichzeitig zollte er ihr aber Respekt. Er suchte nach dem verbindenden Element, nach etwas, das die Menschen zusammenbrachte. Und das war nicht Reichtum, nicht Wissen, sondern die Schwere des Lebens. Sie machte die Menschen solidarisch. Und was die Bedeutung des Lebens betraf – nicht immer hatte ein konkretes Leben einen erkennbaren Sinn. Aber jedes Leben hatte seine Gründe und Abgründe.

Tschechows Hund

In der Reihe der russischen Klassiker steht Anton Tschechow irgendwie quer. Er passt mit seinem bitteren Humor und dem völligen Fehlen praktischer Lebensrezepte nicht in diese Reihe. Deswegen wurde er oft als erster »Europäer« unter den russischen Schriftstellern bezeichnet, als ein »Kuckuckskind« im Nest der russischen Literatur. Seine Anerkennung und schließlich Sakralisierung durch die Literaturkritik dauerte lange und kostete die Kritiker und Literaturwissenschaftler große Mühe. Es war nicht leicht, die »slawische Seele«, das »typisch Russische« bei Tschechow auszumachen und seine Rolle im »Fortschreiben der Geschichte des russischen Volkes« zu erklären. Denn anders als bei Dostojewski oder Tolstoi sind Tschechows Helden keine richtigen Helden. Mehr noch, es sind unglaubliche Luschen und Versager, die nur reden und nichts tun. Es sind Menschen, die unsicher sind, sich selbst nicht mögen, einem geordneten Leben mit Sicherheitsgarantien entgegenstreben und dabei scheitern. Sie wollen geschützt werden vor schlechtem Wetter und allen Zufällen, sie erwarten einen Mindestlohn als Garantie für ihre Anstrengungen, doch egal was sie suchen oder tun, sie werden in ihren Erwartungen maßlos enttäuscht.

Tschechows Helden sind traurige Menschen, die im Sommer Wintermäntel anziehen, für alle Fälle, die Angst haben vor Frauen, die Fahrrad fahren, weil so etwas nicht gut gehen kann. Oft gehen diese Menschen gar nicht erst aus dem Haus, um das Schlimmste abzuwehren. Sie bleiben im Bett liegen. Aber auch dort warten Gefahren auf sie. Wenn sie sterben, dann aus Angst, wie der Beamte, der seinem Vorgesetzten im Theater zufällig aus der hinteren Reihe auf die Glatze niest, sich aufdringlich entschuldigt und dabei einen Herzinfarkt bekommt. In einer anderen Tschechowschen Erzählung wird ein Geschäftsmann erwähnt, der sich auf dem Sterbebett sein ganzes Vermögen in großen Scheinen nach Hause kommen lässt, es mit Honig übergießt und aufisst, damit sein Geld nicht in die Hände seiner ihm verhassten Verwandtschaft fällt.

Sehr viele Figuren in Tschechows Büchern leiden unter Nervenkrankheiten. Sie sind depressiv, äußerst reizbar und schießen bei den ersten Anfällen von Melancholie mit einem Gewehr um sich. Die Leser lachten sich natürlich krank über diese traurigen Gestalten. Und je tragischer die Geschichte, umso lauter war ihr Gelächter. Schon die alten Griechen wussten, dass jede Tragödie eine gescheiterte Komödie ist und dass die Menschen lieber lachen als weinen. Wenn sie in einem Buch jemanden komisch finden, sehen sie in ihm natürlich ihren Nachbarn, nie sich selbst.

Nach seiner schwierigen Kindheit unter dem Diktat des Vaters, seinem anstrengenden Medizinstudium und schnellen Schreiberfolg hatte Anton Tschechow selbst eine starke

Melancholie entwickelt. Als junger Mann hatte er davon geträumt, ein großer und beliebter Schriftsteller zu werden. Nun war er einer geworden – aber was jetzt? Nichts hatte sich in seinem Leben verändert. Gut, er hatte nun Geld und konnte sich ein paar Träume aus seiner Kindheit erfüllen. Und er wollte einen Hund und einen Garten.

Schon als Kind hatte Tschechow von einem eigenen Garten geträumt. 1892 erwarb er achtzig Kilometer südlich von Moskau ein kleines Landgut namens Melichowo mit einem großen Garten. Die halbe Familie zog dort ein, genauer gesagt seine Eltern und seine Schwester Maria.

Als Zweites kaufte sich Tschechow einen Hund, einen Dackel, den er Sternchen nannte. Als Kind hatte er keinen Hund besitzen dürfen, weil seine Eltern dagegen waren. Besonders die Mutter schimpfte über die wilden Köter, Straßenhunde, die der junge Tschechow manchmal fütterte. Sie streunten anschließend Tag und Nacht um ihren Hof in Taganrog herum. Tschechows Mutter hatte ihrem Sohn daraufhin ausdrücklich verboten, diese Tiere zu füttern, und ihm mit Prügeln gedroht. Auch jetzt war sie von dem Dackel alles andere als begeistert und bat ihren Sohn, Sternchen ihr zuliebe wegzugeben.

Warum wohnte Anton Tschechow als erwachsener Mann weiterhin mit den Eltern unter einem Dach? Wo er doch finanziell längst unabhängig war und seine Eltern ebenso gut aus der Entfernung unterstützen konnte. Und wer waren seine Kumpel, seine Saufgenossen, seine Frauen? Beim Studieren einer Anzahl von Biografien beschlich mich das Gefühl, dass Tschechow die Menschen zwar beobachtete, verarztete und beschrieb, aber sie nicht mochte. Er war ein wenig wie seine Helden, versuchte er doch, sich vor seinen Zeitgenossen zu verstecken. Er liebte seinen Garten, die Blumen und seine Obstbäume, außerdem Tiere einschließlich aller Vögel und Insekten. So hätte nach Tschechow eine ideale Welt ausgesehen: wie ein ordentlich beschnittener Schrebergarten namens Eden mit blühenden Rosen, sauber gefegten Wegen, gemähtem Gras, mit Nutztieren und Vögeln, vielleicht sogar mit einem Baum der Erkenntnis, an dem Weisheiten aller Art herunterhingen. Aber ohne Adam und Eva.

In unserer Familie bezeichnen wir solche Menschen als »Tierschützer«: Sie würden unter Umständen ihren Nächsten töten, um eine Forelle zu retten. So kannte ich beispielsweise eine Frau in Bremen, die nicht einmal mit ihrer Mutter ein paar Worte wechselte, sie sprach nur mit ihren Papageien. Meine Bekannte arbeitete in Bremen in einem sogenannten Papageienhaus, einer sozialen Einrichtung für entflohene Papageien aus schwierigen Familienverhältnissen. Es waren gequälte und gefolterte Vögel, sexuell missbraucht oder psychisch unterdrückt. Manche hatten keine einzige Feder mehr am Körper, waren von ihren früheren Besitzern gezwungen worden, rechtsextreme Parolen zu lernen, und standen unter Schock. Meine Bekannte fütterte sie, strickte Wollsocken für die federlosen Exemplare, damit sie nicht froren, und kaufte für einsame Papageien von ihrem letzten Geld im Zooladen einen Partner, weil Papageien keine Einsamkeit ertragen. Für keinen Menschen, weder für Familienangehörige noch für ihren Freund, brachte sie so viel Zuneigung, Verständnis und Mitleid auf wie für diese Vögel.

Tschechow hatte keine Freude an Papageien, er mochte Hunde. Aber er war nicht stark genug, um sich durchzusetzen. Selbst im Zenit seines Erfolges, als neue Sonne der russischen Literatur, als meistgelesener Autor seiner Zeit, der dem St. Petersburger Verleger Adolf Marx gerade die Rechte an all seinen Werken – inklusive der noch gar nicht geschriebenen – für sagenhafte 75 000 Rubel verkauft hatte, durfte Tschechow keine Hunde füttern. Seine Mutter meinte, dass die Viecher nur Schmutz und Ungeziefer ins Haus brächten. Sie wollte keine Hunde auf dem Hof sehen und schimpfte, er solle sich gefälligst die Hände waschen und lieber weiter Gedichte schreiben. Tschechows Mutter war nämlich seltsamerweise davon überzeugt, ihr Sohn wäre Lyriker. Nach langem Kampf musste Tschechow klein beigeben und seinen Dackel einem Nachbarn, dem Gutsbesitzer Semenkowitsch, schenken. Es gibt Menschen, die einfach nicht Nein sagen können, und Tschechow gehörte dazu.

Sein ältester Bruder Alexander war von ganz anderem Schlag und jedes Mal empört, wenn er Anton und seine Eltern in ihrem Gartenhaus in Melichowo besuchte. »Du tust mir so leid mit deinem Leben. Siehst du denn nicht, dass die

Familie dich nicht versteht und dich für unfähig hält, ohne sie auszukommen? Dabei wollen sie alle nur das Beste für dich. Es kommt nur genau das Gegenteil dabei heraus. Lass die Eltern und komm nach Moskau!«, schrieb Alexander immer wieder in seinen Briefen. In Biografien über Tschechow wird der fünf Jahre ältere Bruder von Anton Tschechow oft als Trinker und Bohemien dargestellt, als das schwarze Schaf der Familie, als Rebell, der das väterliche Haus in Taganrog samt Gemischtwarenladen anzuzünden versuchte, früh wegging, ebenso früh zu trinken begann und mit all seinen Vorhaben auf ganzer Linie scheiterte. Sein Bruder Anton wird natürlich als der Erfolgreiche dargestellt.

Es war aber nicht ganz so. Alexander studierte Naturwissenschaften und Mathematik an der Moskauer Universität, heiratete, wurde Vater und musste als Student ständig Ausschau nach zusätzlichen Verdienstmöglichkeiten halten. Er war unter anderem auch Schriftsteller. Alexander Tschechow hatte als junger Mann hundert Jobs: Er gab Kindern Privatunterricht in Mathematik, schrieb Erzählungen für hauptstädtische Zeitschriften unter fünf verschiedenen Künstlernamen, arbeitete in Taganrog beim Zoll, redigierte die Zeitschrift der Blinden- und Schwachsehendengesellschaft »Der Blinde«, redigierte die Zeitschrift »Der Bote der Feuerwache«, arbeitete als Journalist für die Zeitungen »Tagesnachrichten« und »Taganroger Telegraph« und leitete die Halbjahreszeitschrift »Der Bote der russischen Tierschutzgesellschaft«. Alexander

Tschechow verfasste Krimis, Romane sowie wissenschaftliche Aufsätze und übersetzte ausländische Autoren. Seine Monografie *Die Entstehung der Feuerwehr in Russland* gilt bis heute als fundierteste Geschichte des russischen Brandschutzes. Sicher hat Alexander Tschechow in bestimmten Abschnitten seines Lebens etwas zu viel getrunken, doch selbst die Sauferei ging bei ihm als Recherche durch. Sein Buch *Die Offenbarungen der psychisch Kranken in St. Petersburg: Alkoholismus und die Möglichkeiten seiner Bekämpfung* wird noch heute an den Medizinschulen studiert.

Diesem Bruder schickte Anton Tschechow seine ersten Erzählungen, und Alexander ermutigte ihn zum weiteren Schreiben. Er half außerdem, die Erzählungen des damals noch unbekannten jungen Anton in verschiedenen Zeitschriften unterzubringen.

Mit fünfundvierzig lernte Alexander Tschechow Finnisch und kaufte sich eine finnische Insel. Er organisierte dort die erste russische Entzugsklinik für Schweralkoholiker. Zu neunzig Prozent finanzierte der russische Staat das Projekt, und der damalige Finanzminister der Zaren – Graf Witte – fungierte als Schirmherr der Klinik. Die restlichen zehn Prozent zahlte Anton Tschechow. Die Klinik wurde 1903 eröffnet und war bereits vor ihrer Eröffnung restlos ausgebucht.

Außer in Kliniken und Krankenhäuser investierte Anton Tschechow auch viel Geld in Schulen und Bibliotheken. Die Büchersituation glich im damaligen Russland dem Zustand in

Deutschland heute. Die Verleger druckten in riesigen Mengen *Das ausführliche Alphabet der Liebe, Das Geheimnis der Befriedigung* und *Die Diamanten der Königin*. Sie schickten Tonnen von »Bestsellern« unters Volk, doch gleichzeitig hatten die Dorflehrer gerade einmal drei Fibeln für fünfzig Kinder zur Verfügung, und nur jeder zehnte Schüler wusste, warum es eigentlich am Tage so hell und nachts immer dunkel wurde.

In den Augen der russischen Öffentlichkeit war Tschechow schon als Mittdreißiger eine große moralische Autorität. Nur zu Hause wurde er nicht für voll genommen. »Hör auf, die Hunde zu füttern«, schimpfte seine Mutter, und sein Vater erzählte ihm am Frühstücktisch ständig seine nächtlichen Träume. In der Regel ging es dabei um eingelegtes Gemüse.

Anton Tschechows Nachbar Semenkowitsch, dem er unfreiwillig seinen Dackel Sternchen zum Geburtstag geschenkt hatte, entwickelte sich zu einem leidenschaftlichen Jäger. Sooft er konnte, ging er mit dem Dackel auf Pirsch. 1917, nach der Oktoberrevolution, machte er Karriere. Er unterstützte die Bolschewiki, arbeitete zusammen mit Sigismund Dominikowitsch Krschischanowski am Großen Plan zur Elektrifizierung Russlands (GOELRO) und leitete die sowjetische Inspektion der Seen- und Forstwirtschaft. Er starb in der Silvesternacht 1932.

☙ ❧

Die Insel Sachalin

Bereits mit dreißig Jahren wurde Anton Tschechow in das Pantheon der russischen Literatur aufgenommen. Er hatte nun alles, was sich ein Schriftsteller wünschen konnte: Ruhm und Geld, die Verehrung seiner Leser und die Aufmerksamkeit der Kritik.

Im Pantheon war Tschechow ein Novum, eine ungewöhnliche Erscheinung. Denn er war der erste russische Schriftsteller, der nicht aus gutem Hause kam, kein Fürst, kein Beamter, kein Gutsbesitzer. Er schrieb Kurzgeschichten statt Romane und nahm aus Prinzip nicht an Debatten in Zeitungen und öffentlichen Diskussionen über das Schicksal Russlands teil, in denen es um die besondere Aufgabe des russischen Volkes im Allgemeinen und die der russischen Literatur im Besonderen bei der Entwicklung der Weltkultur ging.

Auf den Sinn des Lebens angesprochen, empfahl Tschechow Gänsebraten und einen kalten Wodka dazu. Man missverstand allerdings seinen Unwillen, die Welt mit hausgemachten Weisheiten zu drangsalieren, und stempelte Tschechow als Zyniker ab. Es kam der Verdacht auf, dass er seine Figuren – ob Männer, Frauen oder Hunde, allesamt unglückliche Quälgeister – auslachte.

Eine Zeit lang genoss Tschechow die Rolle des großen Schriftstellers. Er verfasste Theaterstücke, die er als

Zwischenform, als eine Art verlängerte Kurzgeschichte betrachtete. Er lernte durch seine Arbeit auch verschiedene Schauspielerinnen kennen. Damals waren Theaterschauspielerinnen die interessantesten und begehrtesten Frauen Russlands. Nun mussten sie Tschechows Texte auswendig lernen und auf der Bühne alles tun, was er sich für sie ausgedacht hatte. Diese Arbeit erwärmte Tschechows Herz. Doch ziemlich schnell wurde ihm auch diese Rolle lästig. Tschechow erschrak immer wieder über die Unvollkommenheit der Welt. Er zweifelte daran, dass Literatur und Theater irgendetwas bewirken konnten.

Schon damals hatten sich die russischen Hauptstädte und die Provinz auseinandergelebt. Die Großstadtrussen der Moskauer und St. Petersburger Gesellschaft wussten so gut wie nichts über den Rest des Landes. Umgekehrt verstand die Provinz das großstädtische Leben nicht und konnte die hochnäsigen Großstädter mit ihren seltsamen Marotten nicht leiden. Tschechow wollte weg, weit weg von all dem, wusste jedoch nicht, wohin. Ihn zog es einfach auf eine Reise.

Jeder gute Schriftsteller ist ein Nomade. Die Sesshaftigkeit mag bei anderen Berufsgruppen nützlich sein, bei Landwirten, Beamten oder Zahnärzten, die sich ihre Kundschaft mühsam über Jahrzehnte aufbauen und jeden Zahn, den sie behandeln, persönlich begrüßen. Für einen Schriftsteller ist es jedoch lebenswichtig, sich zu bewegen, unterwegs zu sein, um mehr zu sehen und zu hören. Deswegen reisen die meisten Schrift-

steller unablässig durch die Welt. Kaum bleiben sie einmal ir-
gendwo länger, schon haben sie eine Schreibkrise. Alle russischen Schriftsteller, mit Ausnahme von Puschkin, waren ihr
Leben lang unterwegs. Gogol stürmte die ganze Zeit durch
Italien, Tolstoi lief barfuß von Dorf zu Dorf, Turgenew und
Dostojewski fuhren regelmäßig nach Baden-Baden. Tschechow wählte für seine erste große Reise die Insel Sachalin.
Es war eine äußerst seltsame Wahl. Diese Insel galt damals
als größtes Gefängnis des russischen Imperiums. Mehrere
Tausend Häftlinge lebten dort in insgesamt 23 Zuchthäu-
sern. Und bereits der Weg dorthin war mehr als beschwerlich.

Am 21. April 1890 begann Tschechow seine Reise. Drei
Monate später erreichte er die Stadt Alexandrowsk auf Sachalin. Dieser Ort war bis dahin von Touristen gänzlich verschont geblieben. Tschechow war der Erste, der freiwillig und
ohne Handschellen nach Alexandrowsk reiste. Es gab damals
in der Stadt kein Hotel – und übrigens gibt es auch heute
nur ein einziges. Ein Holiday Inn brannte noch während der
Fertigstellung ab, und der Auftraggeber verschwand. Auch
nach Tschechow hat es nicht viele Touristen auf die Insel gezogen. Damals, vor 130 Jahren, mietete Tschechow ein pri-
vates Quartier auf der zentralen Straße von Alexandrowsk,
der Handschellenstraße, heute Leninprospekt. Er wohnte zur
Untermiete bei Karl Landsberg, einem berühmten Offizier
und Helden des Balkankrieges, der für einen Doppelmord
fünfzehn Jahre Zuchthaus bekommen hatte. Nach drei Jahren

durfte er sich auf der Insel frei ansiedeln und einen Süßwarenladen auf der Handschellenstraße betreiben.

Die Gerichte der russischen Monarchie verhängten zwar gerne langjährige Haftstrafen, wollten sich aber eigentlich nicht lebenslänglich um die Gefangenen kümmern. Deswegen durften damals die meisten Inhaftierten auf Sachalin selbst entscheiden, ob sie weiter im Knast sitzen und nichts tun oder sich außerhalb der Gefängnisse auf der Insel ansiedeln und selbst für sich sorgen wollten. Die meisten entschieden sich für das Nichtstun. »Man zog dem unvorteilhaften Tun ein unvorteilhaftes Nichtstun vor«, schrieb Tschechow in dem Buch über seinen Aufenthalt.

Die politischen Gefangenen genossen auf Sachalin sogar unter dem Gefängnispersonal, diesen »Wachhunden des Regimes«, große Autorität. Man erzählte sich zum Beispiel, dass Iwan Juwaschew, der zusammen mit Lenins älterem Bruder Alexander am gescheiterten Attentat gegen den Zar Alexander II. teilgenommen hatte und nicht hingerichtet worden war, sondern lebenslänglich bekommen hatte, von der Insel-Administration gesiezt wurde. Er bekam ein eigenes Haus mit einer Putzfrau und aß gelegentlich mit dem obersten Aufseher zu Abend.

Tschechow suchte auf der Insel Kontakte. Um mit seinem Vermieter, dem Offizier Landsberg, ins Gespräch zu kommen, kaufte Tschechow in seinem Laden Süßigkeiten. Obwohl selbst die einfachsten Bonbons fünfmal so viel kosteten wie die edelsten Pralinen in St. Petersburg. Die Preise auf Sachalin waren gewöhnungsbedürftig. Alles, von Fleisch bis Zucker oder Gemüse, war drei- bis fünfmal so teuer wie auf dem Festland. Aber auch das Gehalt war höher, sofern man denn eines bekam.

Tschechow fürchtete sich anfangs auf der Insel. »Ich will nach Hause«, lautete eine der ersten Eintragungen in seinem Tagebuch. Aber er blieb schließlich ganze drei Monate und schrieb einen ausführlichen Bericht über die Insel und seine Reise. Diesem 1895 erschienenen Buch, *Die Insel Sachalin*, ist zu entnehmen, dass Tschechow in drei Monaten so ziemlich jeden auf Sachalin kennengelernt hatte. Er hatte sogar eine Volkszählung durchgeführt.

Wer heute nach Sachalin fährt und sich auf die Spuren von Tschechow begibt, wird von den 23 Gefängnissen nicht einmal mehr Fundamente finden. In dem berühmten Alexandrowsk gibt es nur noch ein Untersuchungsgefängnis, in dem einheimische Randalierer isoliert werden. Der Staat hatte nämlich irgendwann ausgerechnet, dass die Verpflegung eines einzigen Gefangenen auf der Insel so viel kostete wie die von fünf Gefangenen auf dem Festland. Außerdem waren die Gefangenen alles andere als enthusiastische Arbeiter. Und so war das Projekt der Kolonisierung Sachalins durch Zuchthausbau letztlich gescheitert.

Später schickte der neue sozialistische Staat Geologen statt Gefangene nach Sachalin. Sie wurden mit allerlei

Anton Tschechow

Vergünstigungen, Geldprämien und verlängerten Urlaubs-
zeiten geködert. Meine Schwiegermutter kam mit 21 Jahren
auf die Insel – und blieb für dreißig Jahre. Damals, in den
Sechzigern des vorigen Jahrhunderts, stieg Sachalin schnell
zum begehrtesten Arbeitsplatz in der Sowjetunion auf. Nirgends konnte man so schnell so viel Geld verdienen. Und an
schlechtes Wetter ist der Russe ohnehin gewöhnt. Dabei war
es nicht leicht, nach Sachalin zu kommen, nicht einmal zu Besuch. Die Insel galt als Grenzgebiet, sie lag dem kapitalistischen Japan extrem nahe. Bei stillem Wetter konnte man an
bestimmten Stellen sogar das japanische Ufer sehen. Meine
Schwiegermutter war auf Einladung ihrer älteren Schwester
Raissa auf die Insel gekommen. Raissa war wie sie Geologin
und arbeitete bereits seit Gründung der ersten sowjetischen
Spedition 1956 auf Sachalin.

Raissa war 1956 wie Tschechow per Schiff nach Sachalin
gelangt, es gab damals noch keine Flugverbindungen. Meine
Schwiegermutter konnte später aus dem Kaukasus mit dem
Flugzeug anreisen. Genauer gesagt mit fünf kleinen Maschinen nacheinander und viermaligem Umsteigen. Es war die
erste Flugreise ihres Lebens. Sie hatte zwar keine Angst, aber
gewisse Bedenken wegen der Höhe. Der Pilot hatte sie streng
angewiesen, nicht mehr als zwanzig Kilo Gepäck mitzuneh-
men, sonst könnte das Flugzeug wegen des Übergewichtes
abstürzen. Meine Schwiegermutter warf vorsichtshalber eine
ganze Tasche mit süßem Gebäck, das ihre Mutter für sie und

ihre Schwester gebacken hatte, in den Mülleimer am Flughafen. Erst als sie schon in der Maschine saß, begriff sie, dass der Pilot sich über sie lustig gemacht hatte. Es konnte unmöglich sein, dass die Maschine nur wegen ein paar zusätzlicher Kilos Gebäck abstürzte, wo sie sich noch nicht einmal die Mühe gemacht hatten, die Passagiere zu wiegen. Die Schwiegermutter wog damals 48 Kilo, ein Passagier zu ihrer Rechten mindestens dreimal so viel. Seitdem traut meine Schwiegermutter Piloten nicht mehr über den Weg.

Auf Sachalin gefiel es ihr dann, anders als Tschechow, vom ersten Augenblick an sehr gut. Ihre Schwester und sie arbeiteten am Geologischen Institut der Stadt Ocha. Sie lernten dort männliche Geologen kennen, heirateten und bekamen Kinder. Raissa hatte zwei Jungs, und meine Schwiegermutter brachte meine zukünftige Frau auf die Welt. Sie wohnten alle laut und lustig in einem Haus auf der gleichen Etage Tür an Tür und fuhren alle zwei Jahre zusammen in Urlaub. Sie verdienten nach sozialistischen Maßstäben mehr als genug, und wenn auf der Insel alle Möglichkeiten, dieses Geld auf den Kopf zu hauen, erschöpft waren, flogen sie auf die Krim. Dort ging das Geld schnell zur Neige. Auf Sachalin konnte man dagegen nicht viel kaufen und brauchte es auch nicht. Die meisten Lebensmittel wie Wild, Beeren und Pilze kamen aus der Taiga, der Fisch aus dem Meer, und ihren Balkon konnten sie das ganze Jahr über als Kühlschrank nutzen. Nach dem Fall des Sozialismus wurden die geologischen

Projekte auf Sachalin eingefroren, und die meisten Geologen verließen die Insel. Auch meine Schwiegermutter ging weg, sie pendelt seitdem zwischen dem Nordkaukasus und Berlin. Meine Frau, die auf Sachalin geboren wurde und dort zur Schule ging, musste Tschechows Buch *Die Insel Sachalin* beinahe auswendig lernen, es gehörte zur Pflichtlektüre aller Sachaliner Schulen. Sie kann das Werk daher nicht leiden.

Tschechow ist auf Sachalin bis heute eine Art heilige Instanz. Ein Dorf an der Westküste wurde nach ihm benannt, außerdem mehrere Straßen und Schulen, es gibt ein Tschechow-Museum und etliche Tschechow-Denkmäler.

Zunächst hatte der Schriftsteller die Öffentlichkeit mit seinem Buch über Sachalin allerdings irritiert. In den Großstädten verstand so gut wie niemand, warum er diese Reise überhaupt unternommen hatte: drei Monate hin, drei Monate dort bleiben und drei Monate zurück – von Wladiwostok über Hongkong und Singapur, über den Indischen Ozean und den Suezkanal nach Konstantinopel und von dort nach Odessa. Obwohl man doch viel bequemer und vergnüglicher beispielsweise nach Venedig hätte fahren können.

Kaum wieder zu Hause, reiste Tschechow tatsächlich nach Venedig. Eine große Reise Richtung Westen war geplant: Wien, Venedig, Florenz, Rom, Neapel, Nizza, Monte Carlo, Paris, ein Tag pro Stadt und schnell weiter, als ob er sich beeilen wollte, die ganze Welt zu sehen. Seine Sachalin-Expedition wurde von der Öffentlichkeit unterdessen als

»Forschungsreise« begriffen. Die Petersburger Akademie der Wissenschaften nahm Tschechow für diese Forschung und sein Buch *Die Insel Sachalin* in die Akademie auf und verlieh ihm einen Ehrendoktortitel – für alle Fälle.

ॐ ॐ

Tschechows Husten

Die Tuberkulose zersetzte Tschechows Lunge. Nichts half. Tschechows Hustenanfälle hinderten ihn sogar am Ausgehen. Einmal hatte er einen heftigen Hustenanfall in einem Restaurant, spuckte Blut, und am nächsten Tag stand es in der Zeitung. Unter solchen Umständen traute er sich nicht mehr, aus dem Haus zu gehen. Als sensibler Mensch hasste es Tschechow, im Zentrum der Aufmerksamkeit zu stehen und die mitleidigen Blicke der Leute ertragen zu müssen. Wenn er ins Theater ging, zog er es vor, den Saal mit leichter Verspätung zu betreten, wenn alle Zuschauer bereits saßen und das Licht erloschen war. Aß er in einem Restaurant zu Mittag, nahm Tschechow gerne einen Tisch am Fenster, damit man ihn im Gegenlicht nicht erkannte. Kurzum, er wollte still und unerkannt durchs Leben gehen. Das Husten verriet ihn aber auf Schritt und Tritt. Egal wo er sich aufhielt, er fiel sofort auf.

Nach seiner Sachalin-Reise verschlechterte sich Tschechows

Gesundheitszustand weiter. Dazu entwickelte er eine seltsame Marotte: Ihm schien, dass er die Menschen nicht nur mit seinem Husten belästigte, sondern dass er obendrein auch immer dasselbe schrieb. In gewisser Weise stimmte es sogar. Tschechow schrieb immer das Gleiche. In seinen Erzählungen und Theaterstücken ging es stets um dieselben Städte, und die Menschen, die darin wohnten, teilten das gleiche Schicksal. Sie wurden geboren, lernten etwas, verdienten ihr Brot, plagten sich mit Ängsten hinsichtlich einer ungewissen Zukunft, strengten sich an, um weiterzukommen, bekamen Kinder, starben und wurden zum Friedhof getragen.

»Ich schreibe immer dasselbe«, schrieb Tschechow in immer denselben Briefen an dieselben Freunde und Verwandten. Sie beruhigten ihn nach Kräften.

Neu in Tschechows späten Werken war, dass er viel über den Tod schrieb. Wie für alles andere brauchten seine Helden auch für das Sterben bestimmte Fähigkeiten, die sie oft nicht besaßen und selbst darin noch scheiterten. »Aus dem Leben zu gehen mit erhobenem Haupt, mit Anstand seinen Platz räumen für die Besseren, die nach uns kommen, das ist eine ganz große Sache. Vielleicht die größte, die wichtigste überhaupt. Unglückselig sind diejenigen, die das nicht können«, schrieb er seinem Bruder.

Die Todesgedanken hinderten ihn im Übrigen nicht daran zu heiraten, eine Frau, in die er schon lange verliebt war – eine Schauspielerin namens Olga, eine interessante und kluge

Frau. Die Hochzeit fand unter Ausschluss der Öffentlichkeit statt.

Viele Kollegen hielten Tschechow aufgrund seiner zurückhaltenden Art für abweisend, hochnäsig und kalt. Sie sahen in ihm einen Streber, einen, der auf der Karriereleiter der Literatur zu schnell zu weit nach oben geklettert war und sich dabei auch noch als Ausgeburt an Bescheidenheit feiern ließ. Folglich konnten sie ihn nicht ausstehen. Leo Tolstoi vergötterte ihn jedoch. »Ach, was für ein netter, bescheidener, stiller Mann. Er blickt wie die Jungfrau Maria, er geht wie die Jungfrau Maria, und er redet wie sie. Ein Wunder der Natur!«, schrieb Tolstoi über Tschechow in seinem Tagebuch.

Doch die Zeit lief ab für dieses »Wunder der Natur«. Im Jahr 1904, mit 44 Jahren, näherte sich Tschechows Leben seinem Ende.

Zu Tschechows Zeit fuhren viele Russen zum Sterben nach Deutschland, es entstand eine gewisse Tradition. Ihre Heimat war bloß zum Feiern geeignet, zum Singen, Tanzen und Saufen. Das hektische russische Leben taugte aber nicht, wenn es um Momente der Nachdenklichkeit und Trauer ging, die eine ordentliche Vorbereitung brauchten und von den Mitmenschen einen respektvollen Abstand verlangen. Ungefähr die Hälfte aller berühmten Russen, die in Deutschland gestorben sind, wurde anschließend zurück nach Russland transportiert. Die andere Hälfte hat man in Deutschland begraben. Deswegen gibt es in vielen deutschen Städten russische Friedhöfe. In Berlin ist er besonders groß.

Tschechow starb in Badenweiler, einem kleinen süddeutschen Nest zwischen Freiburg und Basel. Ursprünglich sollte er sich dort einer Kur gegen Tuberkulose unterziehen. Es ist mir ein Rätsel, warum Tschechow, der selbst Arzt war und sich mit seiner Krankheit bestens auskannte, in diesen merkwürdigen Kurort fuhr. Badenweiler liegt tief in einem Tal zwischen halbhohen Bergen, wo es im Sommer oft regnet, die Sonne das Wasser verdampfen lässt und die Luft so feucht und schwer über den Köpfen hängt, als wäre man in Thailand. Man hätte in ganz Deutschland keinen Ort finden können, der zur Heilung von Tuberkulose weniger geeignet gewesen wäre.

»Ich habe hier einen sehr guten Doktor. Herr Schwörer ist ein erfahrener Mann und mit einer Russin verheiratet«, schrieb Tschechow seiner Schwester nach Moskau. Tschechow und seine Frau Olga mussten in Badenweiler mehrmals die Hotels wechseln: Sein Husten störte die anderen Gäste und deutschen Nachbarn, die nicht schlafen konnten und sich bei der Kurverwaltung über den »Russenhusten« beschwerten.

Der Sommer 1904 war besonders heiß. Im letzten Brief an seine Schwester Maria beschrieb Tschechow seine Lage wie folgt: »Diese Hitze hat mich voll erwischt. Ich habe nur Winteranzüge dabei, bekomme überhaupt keine Luft und träume nur noch davon, so schnell wie möglich von hier zu verschwinden. Am liebsten würde ich noch heute abfahren.

Doch die Eisenbahn macht mir ehrlich gesagt Angst. Bei dem Wetter würde ich im Waggon wahrscheinlich sofort ersticken. Die einzige Möglichkeit, die Hitze zu überstehen, ist, sich so wenig wie möglich zu bewegen. Ich sitze den ganzen Tag im Zimmer, gehe nicht aus dem Haus und beobachte aus dem Fenster die hiesige Promenade. Furchtbar! Du kannst Dir nicht vorstellen, wie scheußlich die Deutschen sich kleiden. Keine einzige sympathische Frau ist mir in der ganzen Zeit im Schwarzwald begegnet. Alles, was sie tragen, ihre Hüte und ihre Röcke, zeigen den Triumph der Kleinbürgerlichkeit und der Geschmacklosigkeit. Es ist hier sogar schlimmer als in Berlin.«

Die schlecht angezogenen deutschen Frauen hatten Tschechow während seiner ganzen Reise nach Badenweiler zugesetzt. Bereits in Berlin hatte er sich beschwert, keine einzige interessante Frau gesehen zu haben. Er bemerkte, dass die jungen Mädchen etwas auf dem Kopf trugen, das wie ein Kochtopf aussah, und kein einziges elegantes Kleid besaßen, sondern nur irgendwelche komischen Mäntel mit einem am Saum angenähten unsinnigen bunten Band. Gleichzeitig lobte Tschechow Deutschland für seine Ordnung und Ehrlichkeit, dafür, dass die Züge pünktlich fuhren, die Menschen nüchtern und ernst waren und die Pferde und Hunde wohlgenährt aussahen. Trotzdem fand er das russische, französische und italienische Leben ungleich besser. Selbst auf Sachalin wäre mehr losgewesen, schrieb er.

»Bald, mein lieber Doktor, sehr bald werde ich sterben«, meinte Tschechow zu Doktor Schwörer jeden Tag zur Begrüßung. Am 15. Juli 1904 war es so weit. Dr. Schwörer brachte statt eines Sauerstoffkissens eine Flasche Champagner, Tschechow setzte sich aufs Bett, seine Frau Olga, der Arzt und er stießen an. Tschechow sagte laut und bedeutungsvoll auf Deutsch »Ich sterbe«, trank aus, legte sich auf die linke Seite und starb.

»Sie werden niemals alles erfassen, vergessen Sie es einfach! Gehen Sie essen! Trinken Sie einen! Lernen Sie eine nette Frau kennen, fahren Sie ans Meer. Es kommt auch ohne Ihre Hilfe alles gut zusammen, glauben Sie mir! Warten Sie ab, bis Sie sterben, dann wird alles gut, ich verspreche es Ihnen. Alles, was Sie geschrieben haben, wird dann in ein neues, ganz anderes Licht getaucht, Ihrer Arbeit wird eine weitaus größere Bedeutung zuteil. Die Persönlichkeit des Autors kommt endlich zu ihrem Recht. Wirklich. Sonst werden Sie ein Leben lang hören: ›Wo ist denn hier die Persönlichkeit des Autors, er hat doch keine Individualität, keine eigene Meinung, keinen moralischen Kern.‹ Machen Sie sich keine Sorgen. Sterben Sie nur, und alles wird gut.« Das schrieb Tschechow dem russischen Schriftsteller Iwan Bunin, als dieser sich über die unfähige und bösartige russische Literaturkritik erregte.

TEIL IV

Michail Afanassjewitsch Bulgakow

1891–1940

Der Arzt, die Zensur
und der Tod

Opium fürs Volk

Auf meinen vielen Lesereisen quer durch Deutschland sah ich vom Fenster aus immer wieder das Schild »Bamberg«. Entweder fuhr mein Zug weiter nach Würzburg oder hielt erst in Schweinfurt. Es war mir aber immer klar: Irgendwann würde ich auch hier aussteigen. Ein Besuch Bambergs schien unausweichlich.

»Sind Sie zum ersten Mal bei uns? Willkommen in der besten Stadt Deutschlands!«, begrüßte mich der Taxifahrer, der glatt rasiert war und in viel zu großem Hemd und kurzen Hosen in einem Mercedes saß, der ihm ebenfalls deutlich zu groß war. »Oder haben Sie schon mal etwas Schöneres gesehen? Ich nicht«, hakte er nach.

»Wenn man sein ganzes Leben in Bamberg verbringt, dann ist es nur verständlich, dass man diese Stadt für die beste der Welt hält«, dachte ich bei mir, sagte aber diplomatisch nichts.

Meine Lesung fand im ETA Hoffmann Theater statt, benannt nach dem berühmten Schriftsteller, der ein paar Jahre in Bamberg gelebt hat und den die Russen besonders mögen. Nach getaner Arbeit ging ich mit meinem Gastgeber, einem Buchhändler, in der Innenstadt spazieren, den Bamberger Dom anschauen und das berühmte Bamberger Rauchbier kosten, das gar nicht nach Bier, sondern nach flüssigem Schinken schmeckt. Dabei gerieten wir in einer politisch-religiösen Diskussion aneinander.

Der Buchhändler hatte ein spannendes Leben hinter sich. Nach eigenem Bekunden war er in den Sechzigerjahren Katholik und Marxist gewesen, obwohl Karl Marx gemeint hatte, Religion sei Opium für das Volk. Dann hatte er einen Wandel durchgemacht, war von Köln nach Oberfranken gezogen, weil er von dem sogenannten »Rheinischen SPD-Klüngel« die Nase voll hatte, und landete schließlich in Bamberg, wo er zu einem Atheisten und FDPler wurde. Nun lehnte er die Existenz eines Schöpfers entschieden ab und plädierte für einen grenzenlos freien Markt, der sich selbst regelte.

Ich war verblüfft und wusste nicht, wie ich mit einem mehrfachen Großvater darüber sprechen sollte, dass nichts einfach so aus dem Chaos entstand, sondern alles einen Grund hatte, eine Ursache, eine Folge und einen, wenn auch für uns vielleicht nicht erkennbaren Sinn. Sei es ein Vulkanausbruch oder der morgendliche Klobesuch.

»Alles hat einen Grund und jede Schöpfung einen Schöpfer«, sagte ich und genierte mich sofort für dieses großspurige Pseudowissen.

»Ich kann mir nicht vorstellen, dass Sie tatsächlich an diesen Unsinn glauben«, wunderte sich der Buchhändler seinerseits.

»Das tue ich aber!«, bestätigte ich unerschrocken.

Das Gespräch erinnerte mich stark an den Autor Michail Bulgakow und seinen magischen Roman *Der Meister und Margarita*, den ich als Vierzehnjähriger verschlungen hatte. Es war damals das wichtigste russische Buch und hat meine Generation wie kein anderes Werk geprägt und für den Rest des Lebens beeinflusst. Es beginnt damit, dass ein paar Atheisten durch ihren aggressiven Atheismus in eine heikle Lage geraten. Sie glauben an nichts, also landen sie auch im Nichts. Denn jeder lebt nach seinem Glauben, und jedem wird nach seinem Glauben gegeben, behauptet der charismatische Satan in diesem traurigen Buch.

»Wie können Sie als erwachsener Mensch im Ernst behaupten, diese mit Milliarden verschiedener Wesen und Schicksalen prall gefüllte Welt, in der alle voneinander abhängen und miteinander auf eine kaum nachvollziehbare Art verwandt sind, diese Welt, in der kein Schlüssel ›zufällig‹ in ein Schlüsselloch passen würde, wäre einfach so dem kosmischen Chaos entsprungen?«, fragte ich.

»Warum denn nicht?«, entgegnete mein Buchhändler. »Ich liebe das Chaos, ich finde Chaos schön.«

Dieser Streit über die mögliche Existenz eines Schöpfers brachte den Buchhändler dermaßen auf, dass er noch am nächsten Tag zum Frühstück ins Hotel kam, um mich zu fragen, wer denn meiner Meinung nach der Schöpfer des Schöpfers sein könnte. Ich wollte die Sache nicht noch weiter vertiefen, schüttelte nur den Kopf und meinte: »Na ja, die

Natur halt.« Der Buchhändler nickte zufrieden. Er mochte die Natur und fand sie spannender als die Kultur, worin ich ihm sofort recht gab. Es war mir bloß unklar, warum er dann Buchhändler und nicht zum Beispiel Förster oder Ameisenforscher geworden war. Oder Imker.

Der Imker ist für die Bienen ein Gott, gewissermaßen ein Schöpfer, von dessen Existenz sie allerdings nichts wissen. Es ist inzwischen etwas aus der Mode gekommen, Bienen dafür zu bewundern, was für ein hoch organisiertes Volk sie sind, dass sie bei der Aufteilung der Aufgaben jedem menschlichen Kollektiv überlegen sind. Sie teilen sich in Arbeiterinnen und Drohnen und haben eine Mutter, die Königin, die allein für den Nachwuchs des Volkes sorgt. Und sie haben einen klar definierten Lebenssinn – den Honig, den sie aus Blütenstaub zaubern, zu verarbeiten und zu horten. Die zivilisierten Bienen wohnen in speziellen Bienenhäuschen, die ihnen vom Imker-Gott zur Verfügung gestellt werden. Sie wissen nicht, wie ihre Häuschen gebaut wurden oder dass diese Häuschen in Wirklichkeit Waagen sind, die dem Imker zeigen, wie viel Honig produziert wurde. Eines Tages, wenn die Waage das erwünschte Gewicht anzeigt, nimmt der Imker den Bienen ihren Honig auf eine hinterhältige Art weg, die den Bienen höchst rätselhaft bleibt. Es kommt immer unerwartet, wie aus heiterem Himmel – plötzlich ist der Sinn des Lebens verschwunden. In dem nun fast leeren Häuschen durchleben die Bienen eine tiefe Sinnkrise. Sie krabbeln aus ihren Parzellen heraus, fliegen aber nicht, summen nicht und stechen nicht. Sie sitzen nur nachdenklich und schweigsam auf dem Dach ihres Hauses und trauern. Wie konnte es passieren, fragen sie sich wahrscheinlich, dass in einer so hoch organisierten Gesellschaft wie der unseren, die an eine perfekt funktionierende Maschine erinnert, in der an alles gedacht und alles geregelt wurde, plötzlich der ganze Honig verschwunden ist?

Und der Imker? Er setzt Tee auf, nascht ein wenig frischen Honig dazu und denkt wahrscheinlich, wie wenig ein Mensch braucht, um glücklich zu sein.

Ich glaube, dass unsere menschliche Zivilisation ähnlich wie die der Bienen organisiert ist und auch hier etwas gesammelt und regelmäßig entnommen wird. Nur was ist das für eine Substanz, was ist der Honig, den Menschen produzieren? Wie sieht er aus, wie schmeckt er? Unsere Geschichten sind unser Honig. Auch Menschen verteilen Aufgaben untereinander wie die Bienen. Es gibt Krieger, Soldaten, Arbeiter, Reisende und Mütter, die für den Nachwuchs sorgen. Sie alle produzieren Geschichten. Und dann gibt es da noch einige Schriftsteller, die diese Geschichten aufschreiben und in Buchstabenhonig verwandeln. Sie sorgen für die Nachhaltigkeit in der Welt, dafür, dass unsere Taten und Worte, unsere Geschichten, dieser ganze Buchstabenhonig ein anderes, uns unbekanntes Leben versüßt, wenn wir selbst nicht mehr da sind.

Leider sind die meisten Schriftsteller keine großen Meister.

Michail Bulgakow

Es gibt nur ganz wenige, die richtig guten Honig herstellen und deren Werke Unsterblichkeit beanspruchen können. Einer von ihnen ist Michail Bulgakow.

໖ ໖

Michail Bulgakow kam 1891 in einer christlich-orthodoxen Familie zur Welt. Sein Vater, ein Professor der Theologie, unterrichtete in der Kiewer Theologischen Akademie, die Mutter stammte ebenfalls aus einer geistlichen Familie. Eigentlich sollten Bulgakow und seine zahlreichen Geschwister in einer besonderen Weise religiös erzogen werden. Es kam aber anders.

Um die Jahrhundertwende durchlebte Russland gerade eine progressive Phase. Alle Augen und Ohren der Intelligenz waren auf Europa gerichtet, und die Ideen der europäischen Aufklärung fielen in Russland auf fruchtbaren Boden – zwar etwas spät, aber besser spät als nie, wie russische Briefträger zu sagen pflegen. Die Kindererziehung nach europäischem Stil stand besonders hoch im Kurs. Auch die Familie Bulgakow wurde von dieser Mode nicht verschont: Man erzog die sieben Kinder »nach Fröbel«.

Friedrich Wilhelm August Fröbel ist als Erfinder des Kindergartens in die deutsche Geschichte eingegangen, einer Erziehungsanstalt, die mit Arbeitseinsätzen und klugen Spielen die Kinder herausfordern wollte. Fröbel ist als Autor von mindestens zwei Dutzend Erziehungsratgebern bekannt, die lustige patriotische Titel trugen wie *Ueber deutsche Erziehung überhaupt, Durchgreifende dem Deutschen Charakter erschöpfend genügende Erziehung ist das Grund- und Quell-Bedürfniß des Deutschen Volkes, An unser deutsches Volk* und so weiter.

Mag sein, dass in den preußischen Kindergärten jede Menge Genies hochgezüchtet wurden. Ich persönlich bin froh, dass meine Eltern keine Zeit hatten, Erziehungsratgeber zu lesen. Mir ist dadurch einiges erspart geblieben. Kinder, die nach einem System erzogen wurden, haben in der Regel Schwierigkeiten, sich später als Erwachsene zurechtzufinden, weil die Welt nicht nach Fröbel, Montessori oder Steiner erschaffen wurde. Die Welt ist keine Waldorfschule, obwohl viele das gerne hätten. Die ganze Entwicklung der Pädagogik schreit buchstäblich danach, seine Kinder endlich in Ruhe zu lassen. Trotzdem werden beinahe jedes Jahr neue Erziehungskonzepte entworfen von Menschen, die glauben, es besser zu wissen.

So war vor einiger Zeit beispielsweise windellose Erziehung angesagt. Eine Kanadierin hat ein Buch darüber geschrieben, dass man Kinder nicht wickeln soll, weil sie dadurch angeblich unterdrückt werden, ihr Selbstbewusstsein verlieren, später ihre Persönlichkeiten nicht entfalten können und wie eingewickelt durchs Leben gehen. Kinder ohne Windel dagegen sind zwar für ihre Eltern anfangs eine Herausforderung, dafür wachsen sie später zu herausragenden Persönlichkeiten heran. So weit, so gut.

Meine Nachbarn aus der Parterrewohnung haben ihre Tochter nach dieser windelfreien Methode erzogen. Inzwischen geht sie in die erste Klasse Grundschule. Große Schwierigkeiten zeichnen sich ab. Das Kind will nicht lernen, versteckt sich auf der Toilette, wirft mit Toilettenpapier um sich, hat ein riesiges Selbstbewusstsein entwickelt und will nur eins: seine Haare rot färben. Diese mit System erzogenen Kinder fühlen sich wie Könige. Sie glauben, die ganze Welt sei ihnen etwas schuldig, und wundern sich, wenn ihr System nicht von allen respektiert wird.

Michail Bulgakow wuchs als kritischer Geist auf. Er stritt mit seinen Eltern über die Wahrheit der Religion, über Politik und Wissenschaft, über Darwin und Nietzsche und wollte auf keinen Fall wie sein Vater Theologie studieren. Stattdessen schrieb er sich an der Kiewer Universität für das Fach Allgemeinmedizin ein, heiratete mit 22 Jahren und wollte im Ersten Weltkrieg als freiwilliger Arzt an die Front. Genau genommen wollte er auf dem ersten russischen U-Boot dienen, wurde aber zum Glück wegen seiner schwachen Gesundheit nicht genommen.

Michail Bulgakow

Morphium für die Ärzte

Mit fünfzehn kam Bulgakow zu dem Schluss, dass die einzig richtige Sicht auf die Welt eine ironisch-zurückhaltende sei. Gleichzeitig stellte sein Vater bei seinem Blick auf die Welt eine merkwürdige Sehschwäche fest, die sich als erstes Zeichen einer seltenen Nierenkrankheit entpuppte. Bulgakows Vater starb ein Jahr später kurz vor seinem 48. Geburtstag.

Die Mutter wollte kein trauriges Witwendasein führen und zog mit dem Doktor zusammen, der ein Freund der Familie war und ihren verstorbenen Mann bis zum letzten Augenblick zu heilen versucht hatte. Dieser Doktor war ebenfalls Witwer, es passte also alles perfekt zusammen. Überhaupt muss man sagen, dass es in Russland unter Ärzten, aber auch unter Schriftstellern beinahe Tradition war, mehrmals zu heiraten. Alexei Tolstoi sagte zu Bulgakow in einem freundschaftlichen Gespräch, ein echter Schriftsteller solle in seinem Leben mindestens dreimal heiraten. Michail Bulgakow, der als Arzt anfing und als Schriftsteller endete, heiratete dann auch prompt dreimal.

Tatjana Nikolajewna, seine erste Frau, hat die meisten Erinnerungen hinterlassen, weil sie am längsten lebte. Sie wurde fast neunzig. Unter anderem erinnerte sie sich daran, wie Bulgakow, kurz vor Beginn des Ersten Weltkrieges, Kokain nach Hause brachte. Sie probierten es zusammen aus. Ihr wurde erst schlecht, dann wurde sie müde, aber von irgendeiner Euphorie keine Spur. Auf Bulgakow wirkte das Kokain jedoch aufbauend und erfrischend. Die meisten Biografen des Autors verbinden diese Drogenerfahrung mit dem Erscheinen seiner ersten Erzählung. Sie trägt den Titel »Die Feuerschlange« und handelt von einem Alkoholkranken, der in seinem Zimmer auf dem Boden liegend eine Feuerschlange halluziniert, die ihn erdrückt.

Als Medizinstudent blieb Michail Bulgakow von einem Einsatz an der Front des Ersten Weltkrieges verschont, stattdessen landete er in einem Feldlazarett des Roten Kreuzes, wo er sich laut seiner ersten Frau fast ausschließlich mit Beinamputationen beschäftigte. Tatjana erinnerte sich, dass der junge Michail bis zu dreißig Beine pro Tag absägte, sie selbst assistierte ihm dabei. Oft wurde ihr davon schlecht. Dann ging sie kurz an die frische Luft, roch an einem Fläschchen Ammoniak, um wieder zu sich zu kommen, und ging wieder an die Arbeit.

Im Februar 1916 bekam Bulgakow den Doktortitel und eine Versetzung an eine neue Arbeitsstelle in das Dorf Nikolskoje, ein kleines Kaff mitten in der grenzlosen russischen Schneewüste, weit weg von jeglicher Zivilisation. Bulgakow war zu diesem Zeitpunkt 25 Jahre alt. Aufgewachsen in einer der schönsten Städte Russlands, umgeben von klugen Theologen, schicken Offizieren, selbstbewussten Studenten und reizenden Damen, fand er sich nun zum ersten Mal in der

Provinz, die ausschließlich von misstrauischen Bauern bevölkert war.

Seine erste Patientin war eine Frau in den Wehen, deren Mann dem jungen Doktor gleich sagte, dass er ihn an der nächsten Espe aufhängen würde, sollte der Frau oder dem Kind etwas zustoßen. Als Hebamme unerfahren, legte Bulgakow ein Lehrbuch über Geburtshilfe neben das Bett und blätterte während der Entbindung darin.

Das Leben auf dem Lande hasste er vom ersten Tag an. Es bestand aus Langeweile, obwohl er viel zu lesen hatte, aus Einsamkeit, obwohl seine Frau ihn begleitete, und aus Sehnsucht nach der großen Stadt.

Einmal brachte man ein Kind mit Rachendiphtherie zu ihm, das an seinem Husten zu ersticken drohte. Bulgakow saugte den Schleim aus dem Hals ab, um eine tödliche Membranbildung zu verhindern, und bekam etwas von dem infektiösen Schleim ab. »Pass auf«, warnte ihn seine Frau, »du kennst die Symptome, Haut- und Nervenentzündungen, verbunden mit hohem Fieber und Schmerzen.« Bulgakow ignorierte diese Warnungen und versuchte nicht, sich vorbeugend mit Medikamenten zu schützen. Wenige Tage später lag er bereits mit Diphtherie im Bett und litt schreckliche Qualen. Ein Juckreiz am ganzen Körper ließ ihn keine Sekunde die Augen schließen.

Nach mehreren ruhelosen Nächten hielt er es nicht mehr aus und bat seine Frau, ihm Morphium zu spritzen, um endlich schlafen zu können. Gleich nach der Injektion ließen die Schmerzen nach, und er schlief ein. Später, nach seiner Genesung, spritzte er sich, als er schlechte Laune hatte, noch einmal Morphium. 1917 verabreichte er sich das weiße Kristallpulver bereits zweimal am Tag. Er wurde abhängig davon. Und seine Frau musste es ihm besorgen.

Eine solche Abhängigkeit war bei jungen Ärzten damals keine Seltenheit. Die Untersuchung eines Pharmakologen ergab, dass allein in Deutschland zu jener Zeit vierzig Prozent aller Ärzte und zehn Prozent ihrer Frauen morphiumabhängig waren. Dass sich unter den Abhängigen so viele Ärzte befanden, war kein Wunder. Zum einen hatten sie optimalen Zugang zu Medikamenten, die die notwendigen Stoffe beinhalteten. Zum anderen waren sie besser als die medizinfernen Schichten der Bevölkerung über die Wirkung der verschiedenen Stoffe informiert. Außerdem hielten sie sich an der Selbsttäuschung fest, als ausgebildete Mediziner hätten sie die Droge unter Kontrolle und nichts zu befürchten. In Wirklichkeit gewinnen im Kampf »Ärzte gegen Kristalle« immer die Kristalle.

Das ganze Jahr 1917, das verhängnisvolle Jahr der kleinen Februarrevolution, die sich ereignete, nachdem der russische Zar zugunsten seines Bruders freiwillig auf seinen Thron verzichtet hatte, der ihn aber auch nicht wollte, und der darauffolgenden Großen Oktoberrevolution, die Russland endgültig zum größten Experimentierfeld der Geschichte machte, dieses ganze Jahr hat Bulgakow verpasst. Er hat es nur gelegentlich durch das Prisma der Morphiumkristalle beobachtet.

Jemand hat in Bezug auf Bulgakow später geschrieben, das Morphium habe ihn als Arzt getötet und als Schriftsteller wiederauferstehen lassen. Etliche Biografen haben diese schmissige These wiederholt. Drogen ermöglichen es, über der Welt zu schweben und einen Abstand, eine Distanz zum menschlichen Treiben auf der Erde zu gewinnen. Sie lassen einen in die Welt der Geister eintauchen, geben einem Todeserfahrung sowie Leid und Schmerzen mit auf den Weg und lassen einen kurz durchschauen, wie groß der Durst, wie tief die Sehnsucht ist, und wie schnell der Tod eines Menschen kommen kann. Alles hängt an einem dünnen Faden.

Die Revolution, die das Volk vom Joch der Monarchie befreite, hatte auch Bulgakow, damals ein überzeugter Monarchist, von der Notwendigkeit, in einem abseitigen Kaff zu leben, befreit. Er wurde aus dem Amt des Dorfarztes entlassen und nach Hause, nach Kiew, geschickt. Schnell wurde seine Sucht dort in mehreren Apotheken bekannt. Tatjana musste immer weitere Wege auf sich nehmen, um ihrem Mann Morphium zu besorgen, und es wurde immer schwieriger, an die Kristalle zu kommen. Der Arzt, der seinen Vater behandelt und nach dessen Tod Bulgakows Mutter geheiratet hatte, ein Mann, den Bulgakow eigentlich nicht leiden konnte, leitete ihn mühsam aus dem tiefen Tal der Sucht wieder an die Oberfläche. Schritt für Schritt reduzierte er seine Dosis und verdünnte die Lösung mit Wasser. Gleichzeitig erkannte Bulgakow selbst die Ausweglosigkeit seiner Situation. An der Droge festzuhalten würde den Verlust seines Doktortitels, seiner Frau, seiner Familie und letztes Endes den Verlust des Lebens bedeuten.

Bulgakow überlebte und wurde Zeuge turbulenter Zeiten. Das revolutionäre Russland schloss mit dem Kaiserreich einen doppeldeutigen Pakt, der weder den Frieden garantierte noch den Krieg fortsetzte. Die deutsche Armee, die nach Moskau marschieren und dort die Ordnung wiederherstellen sollte, blieb durch den Pakt in Kiew stecken. Kiew mutierte infolgedessen zu einem unwirklichen Ort, einer Zwischenwelt. Es war nicht mehr russisches Inland, aber auch nicht Ausland, die Stadt war nicht okkupiert, aber auch nicht befreit. Die Macht in Kiew änderte sich wie die Jahreszeiten mindestens viermal im Jahr. Die Weißen, die Schwarzen, die Blauen und die Roten wechselten einander ab. Von den Deutschen ganz zu schweigen, die eine fünfte graue Macht bildeten und in dem neuen revolutionären Russland eigentlich nichts verloren hatten.

»In einem Jahr in Kiew habe ich so viel gesehen, es hätte einem Thomas Mayne Reid bestimmt für dreißig Abenteuerromane gereicht. Aber ich bin nicht Mayne Reid«, schrieb Bulgakow in sein Tagebuch.

Im Sommer 1918 stand die reguläre deutsche Armee in Kiew. In der Stadt drängelte sich die russische Bourgeoisie, die aus dem hungernden Petersburg und aus dem umkämpften Moskau vor den Bolschewiken, der revolutionären Gesetzlosigkeit und dem Banditentum der Aufständischen in den Süden geflohen war. Das ganze alte Russland hatte sich im Sommer 1918 in Kiew versammelt. Das Russland der Bankdirektoren und Gendarmen, der geschäftstüchtigen Händler und ehemaligen Lakaien des zerbrochenen Reiches, die Fürsten und Rechtsanwälte, Schauspielerinnen und Baronessen, Dichter und Maler, sie alle fanden in Kiew kurzfristig Unterschlupf. Die allgemeine Stimmung in der Stadt fasste Bulgakow in dem Satz zusammen: »Ein Fest auf dem Bahnhof kurz vor Abfahrt des letzten Zuges.«

Der Hetman – abgeleitet von »Hauptmann« – Pawlo Skoropadskyj wurde mit Unterstützung der deutschen Bajonette zum ersten Vorsitzenden des unabhängigen ukrainischen Staates gewählt. Die Strände am Dnjepr waren überfüllt. Jeden Tag eröffneten in Kiew neue Cafés und Restaurants, die Theaterhäuser waren bis unter die Decke mit Publikum gefüllt. Die besten Regisseure aus beiden Hauptstädten Russlands setzten dort ihre Arbeit fort, beinahe die ganze dekadente Palette des Petersburger Nachtlebens war nach Kiew umgezogen. Sogar das Kabarett »Der lila Neger« und der Club »Asche« machten dort wieder auf.

»Zeitungen wurden neu gegründet, und sofort ließen sich auf ihren Seiten die besten Federn Russlands wie gewohnt über die Bolschewiken aus. Kutscher fuhren den ganzen Tag ihre Kunden von einem Restaurant ins nächste. Nachts in den Kasinos spielten Orchester, und die kokainweißen Gesichter der Nutten leuchteten mit überirdischer Schönheit durch die Rauchwolken.« So oder so ungefähr beschrieb Bulgakow das damalige Kiew.

Das politische Wechselspiel entwickelte sich mit atemberaubender Geschwindigkeit weiter. Im Herbst verließ der Hetman Skoropadskyj mit den Deutschen die Stadt, die Weißen wurden verraten, die sogenannte Nationale Ukrainische Volksarmee unter Führung eines kleinen ukrainischen Hitlers namens Symon Petljura, eines gescheiterten Literaturkritikers, der sich nationalsozialistischen Ideen verschrieben hatte, marschierte in die Stadt ein. Zur Vision der neuen Machthaber hinsichtlich der Befreiung der Ukraine gehörte die Ausrottung der jüdischen Bevölkerung. »Solange noch ein Jude auf ukrainischem Boden lebt, wird es in unserem Staat keinen Frieden geben«, soll Petljura einmal gesagt haben. Er ging als Sadist und Massenmörder in die Geschichte der Ukraine ein, was aber die heutige ukrainische Führung nicht davon abhielt, ihm jüngst ein Denkmal in der Hauptstadt zu setzen und die Kominternstraße in Kiew in Petljura-Straße umzubenennen.

Im Februar 1919 wurde Petljuras Bande von der Roten Armee geschlagen. Er selbst floh nach Polen, später nach Österreich, dann in die Schweiz und landete zuletzt in Paris, wo er 1926 von einem jüdischen Emigranten auf der Straße niedergeschossen wurde. Der Attentäter wollte mit diesem Akt der

Selbstjustiz fünfzehn seiner Verwandten rächen. Das französische Gericht sprach ihn frei.

Theater intravenös

Die bolschewistische Revolution breitete sich von St. Petersburg immer weiter im Land aus. Die Völker des Nordkaukasus weigerten sich, die neue Macht anzuerkennen, wollten allerdings auch die alte nicht mehr unterstützen. Sie erklärten sich daher im Dezember 1917 zur autonomen Union der Bergvölker Nordkaukasiens und Dagestans. Das konnten weder die Roten noch die Weißen auf sich sitzen lassen, sodass der ganze Kaukasus in einem heftigen Bürgerkrieg aufging wie von Kindern angezündetes trockenes Gras.

Weiß gegen Rot, Grün gegen Blau, Bruder gegen Bruder. Die Tschetschenen, Inguschen und Adygejer bekämpften die Weißen und die Roten auf Teufel komm raus mit der besonderen kaukasischen Heftigkeit und Rastlosigkeit, die diesen temperamentvollen Bergbewohnern eigen ist. Ein Bakunin oder Kropotkin würde nicht einmal zu träumen wagen, wie es aussehen und sich anhören würde, wenn zum Beispiel Inguschen oder Osseten zu Anarchisten würden und gegen weiße Kosaken ritten. Aus einem solchen Albtraum wären die beiden vor Schreck gar nicht aufgewacht.

Bulgakow hatte in Kiew im Erdgeschoss seines Hauses eine Praxis zur Behandlung von Geschlechtskrankheiten eröffnet. Kurz bevor die Bolschewiken die Stadt einnahmen, wurde er von der Weißen Armee mobilisiert und ging mit ihnen als Arzt der dritten Tersker Kosakendivision in den Kaukasus.

Dort landete er mitten im Feuer des Krieges. Nach einigen Monaten in den Bergen bekam der weiße Doktor eine Wohnung und eine Arbeit im Hospital in der ossetischen Hauptstadt Wladikawkas, die die Weißen zeitweilig eingenommen hatten. Bulgakow musste nun bei Kriegseinsätzen nicht mehr dabei sein, und seine Frau kam aus Kiew nachgereist.

Neben seiner Tätigkeit im Hospital schrieb Bulgakow in dieser Zeit patriotische Kolumnen für verschiedene Zeitungen des Kaukasus: »Unsere unglückliche Heimat wird von den Bolschewiken in einen Hort der Schande und Not verwandelt. Sie liegt am Boden, zerstört und enthauptet durch die soziale Revolution. Doch die Freiwilligen der Weißen Armee holen das russische Land aus den Händen Trotzkis Stück für Stück wieder zurück.«

Der Bürgerkrieg zog sich in die Länge. Jeder Tag brachte neue Kämpfe, mal gewann die eine, mal die andere Seite, und niemand konnte eine sichere Prognose über den Ausgang dieses Krieges geben. Mittendrin erkrankte Bulgakow schwer an Typhus. Während er bewusstlos zwischen Leben und Tod schwebte, verließ die Weiße Garde Wladikawkas, die Rote Armee rückte in die Stadt ein, und die Zivilisten flohen den Weißen hinterher. Es war die letzte Chance, das neue revolutionäre Russland zu verlassen. Während Bulgakow bewusstlos im Bett lag, brach die Front der Weißen überall ein, und der Bürgerkrieg ging langsam, aber sicher zu Ende. Die Weißen wurden von ihren mutlosen Generälen, ihren verwirrten geistigen Führern und von ihrem Zaren verraten. Die Roten gewannen auf der ganzen Linie.

Die letzte Möglichkeit, den Hort der Schande und Not, die durch die soziale Revolution niedergestreckte Heimat mehr oder weniger legal zu verlassen, war für Bulgakow für immer verloren. Das konnte er seiner Frau nicht verzeihen, die ihn gepflegt und letzten Endes vor dem Tod bewahrt hatte. Was hätte sie tun können? Zwei Ärzte hatten ihr versichert, der kranke und bewusstlose Bulgakow sei nicht transportfähig und würde eine längere Reise nicht überleben.

»Wie konntest du nur auf die Ärzte hören? Du hättest mich in jedem Zustand in den Westen transportieren müssen«, schimpfte Bulgakow seine Frau aus. Zu spät. Er blieb nun für immer im sowjetischen Russland.

In der ersten Zeit hatte Bulgakow Angst, seinen Dienst bei den Weißen und seine patriotischen Artikel in den Zeitungen des Kaukasus würden ihm die Roten heimzahlen. Aber die Tschekisten haben in dem allgemeinen Durcheinander

der damaligen Zeit nicht bei Bulgakow an die Tür geklopft. Er ging jetzt ans Theater, um dort als Aufklärer zu arbeiten: Vor Beginn einer Vorstellung stellte er sich auf die Bühne und erzählte den Rotarmisten und den theaterfernen Publikumsschichten, was sie gleich sehen würden. Er tat dies mit großer Hingabe, und seine Reden kamen gut an, wurden aber schlecht oder gar nicht bezahlt.

Die neue rote Bürokratie entstand im Schnelltempo und bedeckte wie eine Flechte bald das ganze Land mit Komitees und Unterkomitees, Abteilungen, Unterabteilungen, Räten und Unterräten, die unaussprechliche Namen hatten und alle zusammen ein neues schwer durchschaubares Netz der Macht bildeten. Man konnte diese wild wuchernde Bürokratie allerdings mitunter zum eigenen Vorteil nutzen. Zusammen mit einem Freund gründete Michail Bulgakow bei dem Kulturkomitee des Revolutionären Bildungsrates des Nordkaukasus eine Unterabteilung Kunst und ernannte sich zum stellvertretenden Vorsitzenden des Literaturkomitees dieser Unterabteilung. Diese selbst erfundene Stelle nahm viel Zeit in Anspruch, aber sie ernährte ihn nicht. Er hungerte.

Bulgakows schnurrbärtiger Nachbar, ein ehemaliger Gerichtsvollzieher, der ebenfalls im Nordkaukasus hungerte, überredete Bulgakow, ein revolutionäres Theaterstück über den Alltag der Einheimischen zu schreiben. Bulgakow winkte zunächst ab unter dem Vorwand, er kenne weder die Einheimischen noch deren Alltag gut genug. Außerdem könne er kein revolutionäres Stück schreiben, da er selbst von Natur aus konterrevolutionär sei.

»Aber ich kenne mich aus, ich kann Sie aufklären«, versicherte ihm der Nachbar, der als Gerichtsvollzieher mit dem Alltag der Einheimischen tatsächlich bestens vertraut war. Er konnte über Dolche aus schlechtem Stahl Auskunft geben, er kannte alle Grillbuden in den Bergen, und er wusste, worauf es bei den Kaukasiern ankam

Sie begannen mit der Arbeit an dem Theaterstück. Das heißt: Bulgakow schrieb, der Nachbar saß daneben und rief ab und zu: »Ich liebe schöpferische Arbeit!«

»Nur Vollidioten können ein solches Theaterstück kaufen«, schüttelte Bulgakow den Kopf.

»Nur Idioten würden es ignorieren! Unser Stück ist eine neue Stufe in der Entwicklung der kaukasischen Dramaturgie«, widersprach ihm der Gerichtsvollzieher.

»Wir schrieben das Stück in siebeneinhalb Tagen in der Küche des Nachbarn, haben also eineinhalb Tage mehr gebraucht als Gott zur Erschaffung der Welt. Trotzdem ist unser Stück schlimmer als die Welt geraten«, notierte Bulgakow später in seinem Tagebuch. »Noch nie hat man einen solch frechen Unsinn wie unser Drama gesehen.«

Das Stück wurde für 200 000 Rubel an das revolutionäre kaukasische Theater verkauft, blitzschnell auf die Bühne gebracht und schlug alle Besucherrekorde. Das Theater platzte bei den Vorführungen aus allen Nähten, und die Autoren wurden nach jeder Vorstellung auf die Bühne gerufen. Sobald im dritten Akt die heldenhaften tschetschenischen Reiter in die Stadt kamen und die Gendarmen kurz und klein hackten, riefen viele im Publikum begeistert: »Macht schneller, Jungs, gebt diesen Schurken eins auf die Nuss!« Bulgakow schämte sich furchtbar. Beim Betreten der Bühne schnitt er extra Grimassen, wenn er einen Fotografen sah, um später nicht als Autor des Stückes erkannt zu werden.

Das Geld für sein Werk war schnell aufgebraucht. Aus Wladikawkas fuhr Bulgakow auf der Suche nach Arbeit nach Batum und später nach Tiflis. Er verfasste noch ein paar weitere revolutionäre Theaterdramen aus dem Alltag der Einheimischen, um sich über Wasser zu halten und Geld für eine Fahrkarte nach Moskau zusammenzubekommen. Er hatte Theaterblut geleckt und war von Ruhm und Geld und dem applaudierenden Publikum angefixt. Allerdings wollte Bulgakow unbedingt nach Moskau an die berühmten großen Theater mit richtigen Schauspielern und echtem Theaterpublikum.

Nicht nur Bulgakow war damals mit Leib und Seele dem Theater verfallen. Unter der bolschewistischen Diktatur blühte das Theater in Russland auf, es wurde zur beinahe wichtigsten Kunstform. Theater ist nie unabhängig, im Gegenteil. Es liebt und braucht die starke Hand, die es leitet und füttert. Ohne sie wird es ganz klein, verkauft die Bühne und das Licht, verwandelt sich in ein Straßentheater und hört schließlich auf zu existieren. Aber auch die Macht braucht das Theater, um sich mit der Kunst zu verbrüdern und daraus vielleicht ein wenig Existenzberechtigung und Legitimität zu schöpfen. Deswegen konzentrieren sich die großen Theaterhäuser in den Diktaturen stets um die Paläste der Herrschenden herum.

Und trotzdem wären Bulgakow, ein Dramaturg von Gottes Gnaden, und seine Frau in ihrem ersten Jahr in Moskau beinahe verhungert und erfroren. Als Südmensch hatte Bulgakow bis dahin nur in den ukrainischen oder kaukasischen Städten überwintert, er war auf die Moskauer Kälte, wie sie im Winter 1921 herrschte, nicht vorbereitet. Er hatte nur einen Sommermantel und musste von früh bis spät durch die Stadt von Theater zu Theater laufen auf der Suche nach Arbeit.

Er bekam schließlich eine Stelle im literarisch-theatralischen Bund des Obersten Politischen Aufklärungskomitees beim Volkskommissariat für Bildungsfragen – eine typische Bezeichnung einer sowjetisch-bürokratischen Organisation der damaligen Zeit. Gleichzeitig schrieb er für die Zeitung »Die Sirene«. Nadeschda Krupskaja, die Frau von Lenin, wies ihm eine Wohnung zu. Aber es änderte nichts: Bulgakow suchte seinen Platz in der neuen Realität und fand ihn nicht. Der neue sozialistische Staat brauchte eine neue Kultur, die seine Ideen verständlich machen und mit ihnen die Herzen der Bürger erobern konnte. Die Avantgardisten, die auf der Schwelle der Revolution hastig die alte Kultur über Bord geworfen hatten und stattdessen ihre selbst gemachte neue Kunst anboten, waren zwar den Idealen der Revolution treu, ihre Kunst hatte aber einen Nachteil: Den meisten dieser Künstler mangelte es an Begabung. Es gab einen revolutionären Dichter – Majakowski, einen revolutionären Maler – Malewitsch, einen Regisseur – Meierhold, aber alle anderen versanken im eigenhändig aufgewirbelten Staub der Kulturrevolution.

Den neuen Machthabern war die Bedeutung der Kunst bewusst, deswegen beschäftigte sich die junge Sowjetmacht mit Kunstfragen manchmal ausführlicher als mit Fragen der Landwirtschaft, der Umstrukturierung der Armee oder der Außenpolitik. Jedes Buch, das erschien, jeder Film, jede Theatervorstellung genoss die volle Aufmerksamkeit der Macht. Wenn man so etwas genießen nennen kann. Die neuen Theaterstücke wurden in den Sitzungen des Politbüros besprochen, und die Stenogrammprotokolle dieser Gespräche lassen einen mit Erstaunen erfahren, dass Stalin *Onkel Wanja* zwar für konterrevolutionär und im Sinne der politischen Aufklärung für unbrauchbar, aber doch für durchaus nützlich für die sowjetische Bühne hielt und die Oper *Fürst Igor* von Borodin höher schätzte als Tschaikowski. Stets kam es auf den Sitzungen des Politbüros zu Kulturdebatten mit weitgehenden Folgen.

Bulgakow hatte *Hundeherz*, eines seiner bekanntesten Werke, zunächst als Roman geschrieben, dann als Theaterstück neu konzipiert. Doch die Geschichte war zu antisowjetisch.

Es ging um einen Chirurgen, der aus Übermut und Langeweile einen Hund in einen Menschen umoperiert. Statt sich
in einen dankbaren intelligenten Menschen zu verwandeln,
verwandelte sich der Hund jedoch unter dem Einfluss der
bolschewistischen Propaganda in einen frechen Unhold, der
den Professor ständig auf die ihm zustehenden Menschen-
rechte anspricht und ihm drei Zimmer seiner Siebenzimmer-
wohnung wegnehmen will, da er sie aus der Sicht des ehemaligen Hundes nicht braucht. Mit seinen Ideen von Gleichheit
und Gleichberechtigung bringt er seinen Schöpfer dermaßen
auf die Palme, dass der Professor schließlich aus diesem Jung-
kommunisten wieder einen Hund macht.

Diese böse Parodie auf die Anstrengungen der Sowjetmacht, einen neuen Menschen zu erschaffen, welcher der
Ideale der kommunistischen Zukunft würdig war, konnte den
Bolschewiken einfach nicht gefallen. Das Buch wurde vom
revolutionären Zensurkomitee nicht zum Druck freigegeben
und als Stück von keinem Theater angenommen.

Bulgakow schrieb weiter fürs Theater. Er dachte dabei an
das erlaubte Maß an Narrenfreiheit, das dem Theater in Diktaturen zustand. Außerdem glaubte er, eine Theaterinszenierung sei, anders als ein Buch, doch eine sehr flüchtige Kunst.
Sie existiert nur im Augenblick der Vorstellung und löst sich
dann in Luft auf. Deswegen wurden die Theaterhäuser möglicherweise weniger streng von der Zensur kontrolliert.

Er schrieb ein Theaterstück über die Tragödie der Weißen

Garde, über Kiew 1918. *Die weiße Garde* hat Stalin sehr gefallen, die Aufführung wurde gestattet und bescherte Bulgakow einen großen Erfolg. Innerhalb kürzester Zeit stieg er zum begehrtesten Dramaturgen Moskaus auf, alle großen Theaterhäuser wollten plötzlich mit ihm Arbeitsverträge schließen.

Zum ersten Mal nach 1917 konnte der Autor sich entspannen. In Russland herrschte gerade die Neue Ökonomische Politik, im Russischen kurz NEP genannt. Privatinitiative war wieder erlaubt. Bulgakow gönnte sich modische Schuhe mit Knöpfen, weiße Hemden, einen schicken Spazierstock und einen Hut. Er zog in eine größere Wohnung um und zahlte Alimente an seine erste Frau. Er war glücklich.

Genosse Stalin persönlich besuchte die Premiere des Theaterstückes über den Niedergang der Weißen Garde und sagte, dass der Autor sich zwar um die Weißen gräme und die Tragödie dieser Leute schildere, aber dadurch die Stärke der Roten Armee und die historische Unausweichlichkeit ihres Sieges umso deutlicher zum Ausdruck bringe. Stalin bekämpfte damals gerade die radikalen Abweichungen innerhalb der Partei. Es ging darum, eine linke trotzkistische Abspaltung zu verhindern, weswegen jeder Ausdruck einer wieder einkehrenden Normalität willkommen war. Auch eine gewisse Trauer über die ehrenhaften, mutigen russischen Offiziere, die auf der falschen Seite gegen ihr eigenes Volk gekämpft hatten und dadurch von der Dialektik der geschichtlichen Entwicklung zum Untergang verurteilt waren, passte gut in seinen Plan zur Stärkung des parteipolitischen Mainstreams.

Nach dem fünften Theaterstück von Bulgakow war der Mainstream in der Partei gesichert, die NEP wurde wieder abgeschafft und alle Bulgakowschen Dramen von den Bühnen gefegt. Niemand wollte Bulgakow mehr einstellen, nicht einmal mit ihm reden. Die rechte Abweichung zu bekämpfen, das stand nun auf dem Programm. Und da passte der *Hundeherz*-Verfasser nicht mehr hinein. Der Autor hatte letztlich recht gehabt: Das Theater hatte sich als sehr flüchtige, unzuverlässige Kunst erwiesen.

Die Droge Stalin

Einmal sagte ein schlecht gelaunter König: »Wo viel Weisheit ist, ist viel Verdruss, und wer Erkenntnis mehrt, mehrt Kummer.« Eine traurige, aber einleuchtende Botschaft. Machen wir uns nichts vor, die sogenannte menschliche Weisheit ist ein Ausdruck der Eitelkeit, und jeder Versuch der Weisen, ihre Erfahrungen weiterzugeben, endet in Lächerlichkeit.

Ein wahrhaft Weiser, ein Denker, ein Erleuchteter braucht keine Zuschauer, keine Schüler und kein Zuhause. Er malt und singt nicht und hinterlässt keine Schriften. Er hat der

Menschheit nichts mitzuteilen. Er braucht auch keine Wohnung, keine Familie oder Freunde. Er kann auf einem Baum leben, einem einsamen Felsen oder einer steinigen Insel. Denn die wahre Philosophie ist immer und überall gültig und beschenkt ihren Träger wahrscheinlich mit dem höchsten Glück, das einem Menschen zuteilwerden kann: dem Glück, alles zu verstehen und an nichts zu glauben.

Aber für einen Schriftsteller, einen Geschichtenerzähler, ist solch ein menschliches Vakuum tödlich. Er muss überheblich, angeberisch, schwach, leichtgläubig und leicht zu begeistern sein. Er braucht Zweifel und Fehler, er muss sich verführen lassen, um später bitter dafür zu bezahlen. Er braucht Liebe und Freundschaft und Verrat, und er braucht Prügel. Ein Schriftsteller ist ein Antiheld, der ständig auf die Nase fällt und leidet. Mehr noch, er zieht das Leiden förmlich an. Es tut seinen Büchern gut. Alle wahren Bücher dieser Welt sind aus dem Leid ihrer Autoren gemacht. Dort, wo Armut, Not und Hunger herrschen, kann sich ihre Kunst am besten entfalten, weil dort die Höhen und Tiefen des menschlichen Lebens sichtbar werden. Auf einem einsamen Felsen wird das nicht passieren.

Dieser Logik folgend, muss man hungern und leiden, um ein guter Schriftsteller zu werden. Der Schriftsteller selbst will das aber aus verständlichen Gründen nicht. Er trinkt lieber Champagner und isst Kaviar, wenn es sich ergibt. Und es ergibt sich oft, denn die Mächtigen dieser Welt brauchen

Schriftsteller. Sie wissen genau, dass es deren Bücher sind, die mit ihren Geschichten die Gesellschaft prägen, die sie zu regieren haben. Deswegen will jede Macht in jeder Gesellschaft ihre Schriftsteller korrumpieren, zähmen und in die Tasche stecken. Je zwielichtiger die Macht, umso dringender braucht sie Künstler.

Schriftsteller sind wie gesagt keine geborenen Helden. Sie lassen sich gerne korrumpieren und nehmen mit wohlwollendem Kopfnicken Preise und Auszeichnungen entgegen. Wenn es aber um ihre Gegenleistung geht, stellen sie sich am liebsten tot. Auf diese Weise entsteht ein Interessenkonflikt zwischen den Mächtigen und dem Autor, eine Tragödie, die oft mit dem vorzeitigen Tod des Autors endet.

Auch Bulgakow wollte nicht zu einem Märtyrer der Sowjetunion werden, obwohl ihn die russische Intelligenz sehr gerne in dieser Rolle sah. Bulgakow wurde im Ausland veröffentlicht, ohne seine Zustimmung und ohne dafür Geld zu bekommen. Er wurde in Russland zwar übermäßig heftig kritisiert, erntete aber zwischendurch großen Ruhm als Dramenschreiber. Man kann mit Recht sagen, dass Bulgakow gegen seinen Willen zum ersten großen Dissidenten der Dreißigerjahre gemacht wurde.

»Sie haben einen Namen, einen Ruf, und Sie sind an Hunger und Prügel gewöhnt. Nur Sie können gegen die Versklavung der Kunst im sozialistischen Russland wirksam protestieren. Ihre Stimme wird gehört«, schrieben ihm die Kollegen und bauten dem Autor als freiwillige Helfer seiner Gegner gewissenhaft sein Golgatha auf.

»Ich bin natürlich Hunger und Prügel gewöhnt, aber ich schätze sie nicht besonders. Ich hätte mich lieber irgendwie angepasst«, antwortete der Autor. Das Problem war, dass er sich nicht anpassen konnte, selbst wenn er wollte. Immer wieder versuchten seine Mitstreiter, ihm einen ideologischen Sprenggürtel anzulegen und ihn zum offenen Konflikt mit dem Kreml anzustiften.

Solche Menschen, die für ihre Überzeugungen gern andere opferten, habe ich reichlich in der Sowjetunion der späten Achtzigerjahre kennengelernt. Ein bekannter Schriftsteller, der ebenfalls als Satiriker in der Sowjetunion arbeitete, fürs Theater schrieb und in einen Konflikt mit dem Machtapparat geriet, erzählte einmal, wie es eines Tages an seiner Wohnungstür klingelte und ein fremder Mann mit zwei Benzinkanistern im Korridor stand. Der Fremde wollte den Schriftsteller zur Selbstverbrennung auf dem Roten Platz bewegen, um ein Zeichen des Widerstandes gegen die totalitäre sowjetische Diktatur und die Unterdrückung der freien Meinungsäußerung zu setzen. Er hätte es ja nur zu gerne selbst gemacht, erklärte der Fremde, aber ihn kenne leider keiner. Niemand außer der Feuerwehr hätte seine Aufopferung bemerkt. »Sie dagegen haben einen Namen und einen Ruf! Ihre Geste wird in die Geschichte des Widerstandes eingehen! Ich biete Ihnen meine Hilfe an und habe schon alles vorbereitet, zwei volle Kanister mit Benzin und ein Plakat mit unseren Forderungen. Ich zünde Sie auch an, nur für das Feuerzeug müssten Sie sorgen. Ich rauche nicht und besitze deswegen leider keines.« Der Freiheitskämpfer wurde von der Frau des Schriftstellers samt seinen Kanistern und dem Plakat die Treppe hinuntergeleitet.

Auch Bulgakow wollte sich nicht verbrennen. Er wollte schreiben, begeistern, verführen, feiern und seinen Ruhm genießen. Fürs Theater schrieb er hauptsächlich satirische Dramen und bezeichnete sich auch selbst als Satiriker. Manchmal durften seine Werke auf die Bühne gebracht werden, oft jedoch nicht – je nachdem, wie der Machtkampf im Kreml gerade verlief. Solange Stalin den ideologischen Kurs auf Ruhe, Sicherheit und soliden Wiederaufbau des Landes steuerte und die linken Abweichler mit ihrer überheblichen Weltrevolution und den Militärkommunismus bekämpfte, waren Bulgakows Satiren willkommen. Nachdem der linke Flügel der Partei alle seine Federn verloren hatte und in der Bedeutungslosigkeit versunken war, widmete sich Stalin den rechten Abweichlern, die aus der jungen sowjetischen Republik ein Zarendorf mit einer neuen sowjetischen Bürokratie statt eines Monarchen an der Spitze machen wollten.

Bulgakows Werke verschwanden von allen Bühnen. In seiner Verzweiflung schrieb er lange Briefe an das Politbüro, an die führenden Politiker des Landes und an den Genossen Stalin persönlich. Zuerst versuchte er, in seinen Botschaften ehrlich und so deutlich wie möglich seine Lebenssituation zu schildern. Nachdem daraufhin von oben keine Reaktion gekommen war, wurde Bulgakow mit jedem neuen Brief immer frecher und hysterischer.

An die Regierung der UdSSR, Moskau, 28. März 1930
Ich wende mich an die Regierung der UdSSR mit folgendem
Brief: Nachdem alle meine Werke verboten wurden, gaben mir
viele Bürger, die mich als Schriftsteller kennen, den Rat: ein
»kommunistisches Stück« zu schreiben und mich überdies an
die Regierung der UdSSR mit einem Reuebrief zu wenden,
in dem ich mich von meinen früheren, in literarischen Wer-
ken geäußerten Ansichten lossage und beteuere, fortan als ein
der kommunistischen Idee ergebener Schriftsteller zu arbei-
ten. Das Ziel: mich vor Verfolgung, Armut und schließlich
dem unausweichlichen Tod zu retten. Diesen Rat habe ich
nicht befolgt. Es würde mir kaum gelingen, mich bei der Re-
gierung der UdSSR in ein vorteilhaftes Licht zu setzen, indem
ich einen verlogenen Brief schreibe [...]. Versuche, ein kommu-
nistisches Stück zu schreiben, habe ich ebenfalls nicht unter-
nommen, weil ich zuverlässig weiß, dass mir ein solches Stück
nicht gelingen würde.

[...] Bei einer Analyse meiner Ausschnittsalben fand ich in
der sowjetischen Presse 301 Reaktionen auf meine zehnjäh-
rige literarische Arbeit. Davon sind 3 lobend, 298 feindselig
und beschimpfend. Die letztgenannten 298 sind ein Spiegel-

bild meines Lebens als Schriftsteller. […] Ich möchte mit Dokumenten in der Hand beweisen, dass die gesamte Presse der UdSSR und mit ihr sämtliche Behörden, die mit der Kontrolle des Repertoires beauftragt sind, in all den Jahren meiner literarischen Arbeit einmütig und mit ungewöhnlicher Wut zu beweisen versuchten, dass die Werke Michail Bulgakows in der UdSSR nicht existieren können. Und ich erkläre, dass die Presse der UdSSR völlig recht hat. […] Ich bitte die Regierung der UdSSR, mir zu befehlen, umgehend die UdSSR in Begleitung meiner Ehefrau Ljubow Jewgenjewna Bulgakowa zu verlassen. Ich appelliere an die Humanität der Sowjetmacht und bitte darum, mich, einen Schriftsteller, der in seinem Vaterland nicht nützlich sein kann, großmütig in die Freiheit zu entlassen.

Wenn jedoch das, was ich jetzt schreibe, nicht überzeugend ist und ich zu lebenslänglichem Schweigen in der UdSSR verurteilt werde, bitte ich die Sowjetregierung, mir eine Arbeit in meinem Fachgebiet zuzuweisen und mich als fest angestellten Regisseur an ein Theater abzukommandieren. […] Sollte auch dies unmöglich sein, so bitte ich die Sowjetregierung, mit mir zu verfahren, wie sie es für nötig befindet, aber irgendwie mit mir zu verfahren, denn mich, einen Dramatiker, der 5 Stücke geschrieben hat und in der UdSSR und im Ausland bekannt ist, erwarten im gegenwärtigen Moment Armut, Obdachlosigkeit und Tod.

Diesmal blieben seine Bitten nicht ungehört. Zweieinhalb Wochen nach Absenden dieses Briefes rief Genosse Stalin selbst bei Bulgakow zu Hause an.

»Mit Ihnen spricht Stalin«, sagte Stalin, der bevorzugt über sich selbst in der dritten Person redete, als wäre er nicht selbst Stalin, sondern nur dessen äußerer Teil, während sich der wahre, echte Stalin in seinem Inneren versteckte. »Was ist los, sind wir Ihnen denn so stark auf den Geist gegangen?«, setzte Stalin das Gespräch fort. »Wir haben Ihren Brief erhalten, wir haben ihn gelesen, Sie bekommen eine positive Antwort. Oder wollen Sie tatsächlich ins Ausland?«

Hier hätte Bulgakow seinen ganzen Mut zusammennehmen, die Augen schließen und »Ja!« in den Hörer schreien sollen. Aber er war ein Theatermensch und Schriftsteller, der für seine Geschichten, wie oben erklärt, das Leiden brauchte.

»Ich habe lange überlegt, ob ein russischer Schriftsteller ohne seine Heimat leben kann, und bin zum Schluss gekommen, dass er es nicht kann«, antwortete Bulgakow patriotisch.

»Das denke ich doch auch!«, bestätigte Stalin. »Wo wollen Sie arbeiten, an welchem Theater? Wahrscheinlich in dem Künstlerischen Theater MChAT?«

»Ich würde gerne, doch sie haben mich dort schon einmal abgewiesen.«

»Versuchen Sie es bitte noch einmal. Ich bin sicher, die Theaterdirektion wird ihre Meinung ändern.«

»Lieber Iossif Wissarionowitsch«, sagte Bulgakow begeistert, »wir müssen uns treffen, wir müssen miteinander reden.«

»Ja, man muss die Zeit finden, unbedingt. Und nun wünsche ich Ihnen alles Gute«, sagte Stalin und legte auf.

Das Treffen fand nie statt. Sein Leben lang fragte sich Bulgakow, warum. Er wartete auf den nächsten Anruf, auf einen Brief, auf ein Zeichen der Aufmerksamkeit. Er träumte von Stalin und diesem nie zustande gekommenen Treffen, fantasierte, was er ihm sagen würde, was ihn fragen und was ihm antworten. Er schrieb auf, wie ihn eines Tages ein dringender Anruf in den Kreml bestellen und dort ein müder, überarbeiteter Stalin eine Flasche Kognak aus dem Schrank holen würde.

»Endlich ein Mensch! Sie sehen selbst, Genosse Bulgakow, es gibt hier niemanden, mit dem man ein Gläschen Kognak kippen kann.«

Aber am Ende wartete Bulgakow vergeblich auf diesen Anruf. Stalin meldete sich nicht mehr. Stalin wusste, dass er als unsichtbarer Herrscher mehr erreichen, mehr Furcht, Bewunderung, Liebe und Respekt ernten konnte, als wenn er sich zum Kumpel des Volkes machte. Unsichtbar regiert es sich besser. Dieses Wissen teilen Herrscher mit Göttern.

Stalins Vorliebe für Anrufe aus heiterem Himmel, diese Telefonstreiche des Führers, fanden in vielen Anekdoten der späten Zeit ihren Niederschlag wie in dieser:

Stalin ruft bei Marschall Schukow zu Hause an. »Genosse Schukow, mit Ihnen spricht Genosse Stalin. Wie geht's?

Ich wollte Ihnen nur gute Nacht wünschen. Uns liegen übrigens Informationen vor, wonach Sie einen Staatsstreich planen. Wir werden sie sorgfältig prüfen. Haha, reingelegt! Gute Nacht.« Stalin legt auf und blättert nachdenklich im Telefonbuch, wem er noch gute Nacht wünschen könnte.

Bulgakow konnte darüber nicht lachen. Für ihn wurde Stalin zu einer Droge, die tausendmal stärker als Morphium war. Er hatte sie nur einmal in seinem Leben probiert und konnte sich nie wieder etwas davon beschaffen.

Stille als Entzug

Auch das Leben ist eine Droge, eine Aussicht auf Wonne, auf nahes Glück, ein Versprechen, das nie eingelöst wird. Ein genialer Schriftsteller ohne Bücher, ein großer Dramatiker ohne Aufführungen: Bulgakow wurde in den Dreißigerjahren in der Sowjetunion zu einem Unikum, zu einem schreibenden Untoten. Während andere Kollegen im Gefängnis saßen, im Lager starben oder sich aufgaben und anpassten, also der neuen Macht bedingungslos dienten, stand Bulgakow wie ein lebendes Denkmal des zivilen Ungehorsams da. Seine Wohnung wurde zu einer Attraktion für die allerdings wenigen ausländischen Touristen, die in dieser Zeit die Sowjetunion besuchten und auch einmal jemanden sehen wollten, der mit dem Regime nicht einverstanden war.

Bulgakow litt sehr unter diesem Schicksal. Alle seine Kollegen, all die Autoren und Regisseure, hatten es verstanden, sich beim offiziell geförderten sozialistischen Realismus anzumelden, diesem sowjetischen Märchen vom schönen Leben, das es in Russland in Wahrheit nie gab. Sie verfassten mehr oder weniger talentiert ihre Texte, Romane und Theaterstücke, die das Los sowjetischer Arbeiter priesen. Diese Stücke und Romane beinhalteten immer exakt so viel Wahrheit, wie gerade erlaubt war. Von der Fähigkeit eines Autors, die für die Gesellschaft und vor allem für die Machtetagen richtige Dosis an erträglicher Wahrheit zu erraten, hingen seine Kariere, sein Erfolg und letzten Endes sein Leben ab.

Und alle schafften es irgendwie. Nur Bulgakow nicht. Ein echtes Talent hält sich eben nie an die Regeln, die ihm vorgeschrieben werden, behaupteten später seine zahlreichen Biografen. Aber ich glaube, er hatte einfach Pech. Das Ergebnis war, dass seine Romane und Erzählungen nicht gedruckt wurden, seine sechzehn Theaterstücke nicht gespielt. Gleichzeitig genoss er die erhöhte Aufmerksamkeit des Kremls, Stalin selbst interessierte sich für ihn.

Bulgakow organisierte bei sich zu Hause Lesungen, in denen er aus seinen nicht gedruckten Werken und nicht gespielten Stücken vorlas. Sein Publikum bestand dabei hauptsächlich aus ausländischen Diplomaten und Abgesandten der

Staatssicherheit. Beinahe täglich wurden in den Dreißigerjahren Berichte über seine antisowjetischen literarischen Aktivitäten verfasst. Sie füllten mehrere Schränke der Staatssicherheit und endeten aus unerfindlichen Gründen 1936 so abrupt, als gäbe es über Bulgakow nichts Neues mehr zu berichten. Als hätte der Staat an diesem Feind jegliches Interesse verloren. Die bereits existierenden Agentendossiers sprachen eine klare Sprache. Bulgakow durchschaute die meist als Freunde der Familie getarnten Agenten, die ihn besuchten. Er hielt sich trotzdem nicht zurück, und das in einer Zeit, in der man für ein falsches Wort mit dem Leben bezahlen und für einen dummen Witz für immer im Gefängnis landen konnte. Bulgakow wünschte sich ein Ende, eine Auflösung dieses Mysteriums um seine Person. *To be or not to be?* Ist er der König oder der Gefallene?

Nichts geschah. Seine Briefe an die Führung im Kreml blieben unbeantwortet. Er wurde mit seiner mittlerweile dritten schönen Frau Jelena, die er einem General der Roten Armee ausgespannt hatte, zu Empfängen in die amerikanische Botschaft eingeladen und freundete sich dort mit dem neuen amerikanischen Botschafter William Christian Bullitt an, dem ersten amerikanischen Botschafter in der Sowjetunion überhaupt.

Bullitt, der genauso alt wie Bulgakow war, selbst Romane schrieb und eine ähnlich bunte Biografie hatte, erkannte in Bulgakow einen Gleichgesinnten, einen auf das Leben neugierigen Menschen. Bullitt interviewte 1919 als erster amerikanischer Journalist Lenin im Kreml, war mit den größten amerikanischen Schriftstellern seiner Zeit befreundet, heiratete die Witwe des Journalisten und Romanautors John Reed, dem Begründer und Vorsitzenden der ersten kommunistischen Partei der USA, und rettete später Sigmund Freud vor den Nazis. Unseren Autor aber konnte er nicht retten.

Bulgakow hatte die ganze Zeit mit Leuten zu tun, denen es gut ging, die in dieser neuen Welt einen Platz, eine Rolle für sich gefunden hatten, ob als kommunistischer Schriftsteller, als Agent oder als ausländischer Diplomat. Sie alle wussten, wo sie standen, nur Bulgakow selbst hing in der Luft. Er konnte die Zeichen seines Schicksals nicht richtig deuten. Sie waren allerdings auch schwer lesbar: Stalin fand Bulgakows Stücke gut, dennoch durften sie nicht aufgeführt werden. Er wurde nicht verhaftet und war frei, sich mit Ausländern zu treffen, durfte aber nie ins Ausland. Er konnte schreiben, was er wollte, und bekam sogar eine Arbeitsstelle im Theater, doch jede seiner Arbeiten wurde abgelehnt. Verstehe das, wer will. Der Kreml nahm Bulgakow gegenüber eine seltsame Position ein. Zum einen streichelte er dem Autor über den Kopf, zum anderen erdrückte er ihn. Diese langsame Folter durch Unklarheit machte Bulgakow verrückt.

Nach mehreren gescheiterten Versuchen, seine eigenen Werke auf die Bühne zu bringen, wandte er sich der klassischen Literatur zu. Er schrieb eine Theaterinszenierung für die *Toten Seelen* von Gogol, für den *Don Quichote* von Cervantes, und beide stießen zunächst auf die Begeisterung der Theaterdirektoren, landeten aber wenig später wieder in der Schreibtischschublade des Autors. Jede Arbeit Bulgakows, sein ganzes Leben, landete in dieser Schublade.

Aus Verzweiflung und um dem Druck der Hoffnungslosigkeit zu entkommen, begann Bulgakow im Jahr 1937, dem schrecklichsten Jahr des stalinistischen Terrors, am freiesten und lebendigsten seiner Romane zu arbeiten: *Der Meister und Margarita*. Auch dieses Buch wurde erst dreißig Jahre später (in meinem Geburtsjahr) veröffentlicht.

Für uns war es die Bibel. Ich kenne kein anderes Buch, das so viele Menschen so nachhaltig beeinflusst hat. Ach, was haben wir in diesen Roman hineingeträumt!

Die Geschichte ist folgende: Satan persönlich kommt nach Moskau und hilft dem Meister, einem erfolglosen, gequälten Romanschreiber, und seiner Margarita, wenn nicht Glück und Ruhm, dann mindestens die Ruhe zu finden, die sie verdient haben. Die Wohnung, die im Roman von Satan und seiner Begleitung kurz bewohnt wird und in der Bulgakow selbst zu Beginn der Zwanzigerjahre gelebt hatte, avancierte in den Achtzigerjahren in Moskau zu einem beliebten Treffpunkt. Im Treppenhaus saßen Tag und Nacht junge Menschen. Überhaupt erlangte jeder Ort, den Bulgakow in diesem Roman beschrieb, Kultstatus – jeder Teich, jede Parkbank, sogar das psychiatrische Krankenhaus, in dem der Held des

Romans behandelt wird. Der Text wurde in Tausende einzelner Sätze zerlegt und als Zitatenkladde ohne Boden zum täglichen Gebrauch benutzt:

»Die größte Sünde der Menschen ist die Angst, die größte Tugend ist die Würde.«

»Was sind denn das für Schritte auf der Treppe? Da kommen welche, um uns zu verhaften. Na, endlich was los.«

»Bittet niemals um etwas! Niemals und niemanden, vor allem keinen, der stärker ist als ihr. Man wird euch alles von selbst offerieren und geben«, prophezeite Bulgakow in seinem Buch. Doch ihm gab keiner was.

Und immer wieder kamen Leute, Kollegen, flüchtige Bekannte, Menschen, die sich seine Freunde nannten, die ihm rieten, er solle unbedingt ein Stück über Stalin schreiben und dadurch endlich sein Schicksal zum Guten wenden. Bulgakow war mittlerweile über vierzig. Er fühlte sich nach all den ausgetragenen Kämpfen aber bereits wie ein steinalter Mann. Er hatte einen Nerventick, sein Interesse an der Welt schwand.

Irgendwann sah er ein, dass ein solches Theaterstück möglicherweise doch seine letzte Rettung sein könnte, und fing an, Material über den jungen Stalin zu sammeln. Das Theaterstück *Batum*, über einen Helden, der das Volk auf die Barrikaden bringt, im Knast landet und ausbricht, hat Bulgakow sehr schnell geschrieben. Alle Theaterdirektoren waren begeistert, die Agenten jubelten, die Schauspieler fingen schon im Vorfeld an zu intrigieren, um sich die Rolle des jungen Stalin zu sichern. Das Zensurkomitee erteilte dem Stück die beste Note und empfahl es zur sofortigen Inszenierung auf allen Bühnen des Landes.

Stalin las das Stück ebenfalls. Es gefiel ihm nicht.

»So war es doch gar nicht«, sagte er angeblich, nachdem er *Batum* gelesen hatte. »Man darf eine Person wie Stalin nicht in eine Theaterfigur verwandeln, ihr irgendwelche ausgedachten Sätze in den Mund legen. Nein, dieses Stück ist meisterhaft geschrieben, aber man darf es weder veröffentlichen noch spielen«, sagte Stalin. Er hatte recht. Der Held persönlich hat die ihm gewidmete Heldensage abgelehnt.

Dieses Urteil des Führers war Bulgakows Todesurteil. Nach *Batum* konnte es für ihn kein Leben als Literat und Dramatiker mehr geben. Die Nachricht von der Reaktion Stalins kam per Telegramm und erreichte Bulgakow und seine Frau im Zug Richtung Kaukasus, wohin sie zusammen mit mehreren Schauspielern unterwegs waren, um vor Ort Erfahrungen für die kommende Inszenierung zu sammeln. Sie wurden aus dem Zug ausgeladen und fuhren per Anhalter nach Moskau zurück.

Am nächsten Tag stellte Bulgakow auf der Straße fest, dass er die Schilder an den Geschäften nicht mehr richtig lesen konnte. Eine merkwürdige Sehschwäche stellte sich bei ihm ein. Er erinnerte sich an seinen Vater und begriff, dass es der Anfang vom Ende war. Die Ärzte gaben ihm drei Wochen.

»Sie sind selbst Arzt, Sie müssen wissen, dass Ihre Krankheit nicht heilbar ist«, sagte der Doktor zu ihm.

Er litt aber mehrere Monate unter der Krankheit und starb im Januar 1940 mit 48 Jahren. Zu seinem Begräbnis erschien halb Moskau. Aus dem Kreml kam eine Woche später ein Anruf: »Ist es wahr, ist Genosse Bulgakow tatsächlich tot?« Er war tatsächlich nicht mehr unter den Lebenden.

Seine Frau hatte ihm am Totenbett das Versprechen gegeben, *Der Meister und Margarita* um jeden Preis zu veröffentlichen, was sie auch tat. Das Buch kam 27 Jahre nach dem Tod des Autors 1967 zu den Lesern und schlug ein wie eine Bombe.

Was lehrt uns nun diese traurige Geschichte? Eigentlich nichts, was wir nicht vorher schon wussten. Dass man niemals über andere urteilen soll. Dass der Mensch schwach ist, oft angeberisch und, wie man heute sagen würde, uncool. Und trotzdem verdient er Liebe, Respekt und Zuneigung, weil er ohne sie nicht leben kann.

Der Mensch muss geliebt werden. Jeder Mensch.

»Horch, die Stille«, sagte Margarita zum Meister, und Sand knirschte unter ihren bloßen Füßen, »horch und genieße das, was dir nie im Leben gegeben war – die Lautlosigkeit. Schau, dort vorne ist dein ewiges Haus, das du zur Belohnung erhalten hast. Ich sehe schon das venezianische Fenster und die rankenden Reben, die bis zum Dach wachsen. Das ist dein Haus, dein ewiges Haus. Ich

weiß, abends werden die zu dir kommen, die du liebst, für die du dich interessierst und die dir keine Unruhe bringen. Sie werden dir vorspielen, sie werden dir vorsingen, und du wirst sehen, was für Licht im Zimmer ist, wenn die Kerzen brennen. Du wirst einschlafen, die unvermeidliche speckige Nachtmütze auf dem Kopf, wirst einschlafen mit einem Lächeln auf den Lippen. Der Schlaf wird dich kräftigen, und du wirst weise urteilen. Aber wegjagen kannst du mich nicht mehr. Ich werde deinen Schlaf behüten.«

TEIL V

Wladimir Wladimirowitsch Majakowski

1893–1930

Neue Menschen
braucht das Land

Der erste Rapper Russlands

Kind sein ist hart. Wir werden alle in eine Welt hineingeboren, die uns nicht gehört. Und wir werden bereits als Kleinkinder von den Altvorderen herumkommandiert, die uns sagen, was wir zu tun und wie wir uns zu verhalten haben. Wir sollen fremde Konzepte verwirklichen und dafür auch noch dankbar sein. Bei all dem haben wir nur die Wahl, zu gehorchen, uns anzupassen oder zu versuchen, die alte Welt zu kippen und eine neue, eigene aufzubauen, in der wir uns wohler und zu Hause fühlen.

Die alte Welt dankt aber nie freiwillig ab. Es bedarf einer Revolution, um sie zu verjagen. Und jede Revolution brauchte ihre Poeten: Sie liefern den Zündstoff. Die Sehnsucht nach einer neuen Welt verwandeln sie in laute Poesie, in Lieder und Gedichte, die, einmal ausgesprochen, für immer in den Köpfen bleiben.

Die Wissenschaft behauptet, wir Menschen bestünden zum Großteil aus Wasser, und Wasser brennt nicht. Nasse Wunderkerzen zünden nicht gleich, es dauert eine Weile. Dann aber, wenn sie brennen, können weder Gott noch Teufel sie wieder so einfach löschen.

In der Schule hielt ich nicht Wladimir Lenin, dessen Bild

bei uns auf jeder Etage hing, sondern Wladimir Majakowski für den wahren Entzünder der Russischen Revolution. Von allen Dichtern, die wir im Unterricht durchnahmen, machte mir Majakowski am meisten Spaß. Die anderen waren auf hübsche Landschaften fixiert, besangen Berge und Seen, huldigten arbeitsamen, fleißigen Menschen oder heldenhaften Soldaten, oder sie schrieben über Sonnenuntergänge und Vogelgezwitscher.

Majakowski ging das Gezwitscher auf den Geist. Er hasste die Welt, er hasste sie alle – die Angepassten, die Spießbürger, die Gebildeten und die Snobs. Er war laut, ungeduldig und voller Zorn. Seine Zeitgenossen schrieben, er habe nie laut gelacht, und wenn doch, dann hörte sich sein Lachen wie Husten an. Auf allen Fotos sieht der Dichter aus, als hätte er gerade eine Kröte verschluckt und sich gleich zum Dessert eine Papirossa in den Mund gesteckt.

Von allen Menschen auf diesem Planeten mochte Majakowski vor allem radikale Revolutionäre und Frauen, die mit anderen verheiratet waren. Die einen wollte er stützen, die anderen erobern.

Als Egomane ersten Grades fühlte er sich bereits als kleiner Junge von der Welt verschmäht und von den ihm Nahestehenden missverstanden. »Welche Goliathe haben mich bloß gezeugt, so groß und so nutzlos«, schrieb er. In Wahrheit waren es keine Goliathe, sondern ganz normale Bürger. Sein Vater arbeitete als Förster in einem Waldgebiet der Region

Imeretien nahe der georgischen Stadt Kutaissi, zwanzig Kilometer von der nächsten Eisenbahnstation entfernt.

Als großer Freund der Natur und der Abgeschiedenheit versuchte er, seinem Sohn sein Wissen und seine Liebe zum Wald zu vermitteln. Vergeblich. Wie so viele Menschen schätzte der junge Wladimir das Wissen seines Vaters nicht. Es zog ihn in die Städte, die bäuerliche Landschaft war für ihn gleichbedeutend mit Schmutz und Dreck. Der Wald engte ihn ein, er fühlte sich einsam und unglücklich. Zu allem Unglück starb sein Vater an einer Blutvergiftung, als Majakowski 13 Jahre alt war. Angeblich hatte sich der Vater zu Hause beim Möbelbauen an einem rostigen Nagel verletzt, der für eine Entzündung sorgte.

Sein Leben lang hatte Majakowski panische Angst, krank zu werden. Er fürchtete sich vor schmutzigem Geschirr, staubigen Oberflächen, alten Möbeln und fremden Tellern. Er hatte immer ein eigenes Glas bei sich, inspizierte in Restaurants das Geschirr, hasste es, jemanden zur Begrüßung zu küssen, und gab ungern jemandem zum Abschied die Hand. Nach jeder Liebesbeziehung lief er als Erstes zum Arzt, um sich durchchecken zu lassen. Wenn er sich an den Tisch setzte, holte er als Erstes ein Tuch aus der Hosentasche und säuberte die Tischplatte.

Nach dem Tod des Vaters wollte Majakowskis Mutter nicht länger im Wald leben. Sie zog mit ihrem dreizehnjährigen Sohn und dessen beiden Schwestern im Jahr 1906 nach Moskau.

Bereits auf dem Gymnasium begann Majakowski, erste

Gedichte zu veröffentlichen. Sie erschienen in einer nicht von der Direktion genehmigten Schülerzeitung, die »Der Durchbruch« hieß. Er schrieb revolutionäre Pamphlete, in denen er die Ungerechtigkeit geißelte: die Ungerechtigkeit des Moskauer Gymnasiums, der russischen Staatsordnung und dieser ganzen runden, selbstverliebten Welt überhaupt.

Im Grunde waren seine Gedichte gereimte Beschimpfungen, sie strotzten vor Hass und Selbstmitleid. Der Schrei eines Leidenden in einer staubigen Wüste der Zufriedenen und Ruhiggestellten, dem diese Welt wie ein rostiger Nadel in seinem Fleisch brannte. Mit fünfzehn flog er wegen schlechter Führung von der Schule, und weil die Familie kein Geld mehr hatte, um das Gymnasium zu bezahlen. Majakowski trat als jüngstes Mitglied der RSDRP bei, der Russischen Sozialdemokratischen Arbeiterpartei, und besaß bereits mit sechzehn eine Knarre, eine schwarze Browning 1910, die gerade auf den Markt gekommen war. Er gab damit ständig an und erntete den Respekt und Neid seiner gleichaltrigen Kameraden. Sie trugen Schuluniform und gingen mit ihren Ranzen artig ins Gymnasium, während er zur Avantgarde der Weltrevolution gehörte.

Natürlich war der junge Majakowski ein unvorsichtiger Berufsrevolutionär und wurde prompt innerhalb eines Jahres dreimal verhaftet. Wegen asozialer Propaganda, wegen Verbindungen zu anarchistischen Kreisen, die Banken ausraubten, um die Not der Revolution zu lindern, und wegen

Beihilfe bei einem Massenausbruch politischer Gefangener aus dem Nowinski-Frauengefängnis.

Die ersten beiden Male konnte ihn seine Mutter als Erziehungsberechtigte aus den Krallen des Regimes befreien. Denn er war zwar bewaffnet gewesen, aber minderjährig und nach Meinung des Richters nur beschränkt zurechnungsfähig. Bei der dritten Verhaftung Ende 1910 landete Majakowski jedoch für längere Zeit hinter Gittern.

Im Gefängnis bekam er eine neue Phobie: die Angst vor verschlossenen Räumen und feuchten, schimmeligen Wänden. Er fing wieder an, Gedichte zu schreiben, und las seine Verse den Mitgefangenen in der Zelle vor. Da diese daraufhin laut und unruhig wurden, qualifizierten die Gefängniswärter die Gedichte als Waffe und konfiszierten sie.

»Gott sei Dank haben sie mir damals die Gedichte weggenommen«, schrieb Majakowski später. »Sonst hätte ich sie vielleicht noch veröffentlicht. Und sie waren nicht wirklich gut.«

Nach elf Monaten in Haft wurde er aus dem Gefängnis entlassen. »Egal was mir im Leben passiert, ich lasse mich nie wieder einsperren. Ich betrete nie wieder eine Zelle«, schwor er.

Oh, wie habe ich diesen Mann geliebt! Das dicke blaue Buch *Einige Zeilen über mich selbst*, das meinem Vater gehörte, habe ich ein Dutzend Mal gelesen und auswendig gelernt. Majakowski war mein Vorbild und meine Rettung zugleich. Der dicke blaue Gedichtband wirkte damals merkwürdig auf mich. Die Seiten fast leer, die wenigen Buchstaben großzügig über die Seite verteilt, die Zeilen angeordnet wie absteigende Stufen einer Treppe, von links oben nach rechts unten, als hätte der Dichter sich die Leiter des biblischen Jakob geklaut, um langsam vom leuchtenden Paradies in die dunkle Hölle hinabzuschlendern. Es war allerdings eine wacklige Leiter. Die Reime reimten sich nicht, und manchmal fehlten in der Mitte mehrere Stufen.

Erstaunlicherweise unterstützte mein Vater, mit dem ich in beinahe allen Fragen des Daseins über Kreuz lag, meine Liebe zu Majakowski aus vollem Herzen. Ich glaube, er konnte sich gut mit dem Dichter identifizieren. Er fühlte sich ebenfalls von der Welt zurückgewiesen und missverstanden, er war auch ein Poet, dessen schlechte Gedichte die Menschen unruhig machten. Vor allem meine Mutter und mich machten sie unruhig und traurig, wir konnten sie nicht mehr hören.

Außerdem hatte mein Vater genau wie Majakowski einen Sauberkeitsfimmel. Am Wochenende zog er sich ein sportliches Trikot an, füllte einen Eimer mit warmem Wasser, nahm mehrere Lappen und krabbelte auf allen vieren durch die Wohnung, auf der Suche nach STAUB. Staub war sein Lieblingsfeind, er suchte und fand ihn überall. Die größten Staubquellen waren wir: meine Mutter und ich und natürlich die Katze Sofia Alexandra, die fast nur aus Staub und Haaren bestand. Mein Vater bezeichnete sie nur als Staubkatze. Tief in seinem Inneren wusste er jedoch, dass sein Kampf aussichtslos war. Den Krieg gegen den Staub konnte er nicht gewinnen. Wie sollte das auch gehen, wenn die ganze Welt genau genommen nur aus Staub bestand? Doch mein Vater gab nicht auf. Tagsüber bekämpfte er seinen Feind, nachts saß er in der Küche und schrieb Gedichte, die er uns am nächsten Morgen mit viel Gefühl vorlas:

Ich schwimme wie die tote Motte
Spät in der Nacht in einem Glas Wein.
Wo sind des Lebens Angebote?
Bedeutungslos, ermüdet, ganz allein.

Ich muss das Universum warnen,
Du Staub, deine Ruhe – Schein,
Lasst mich sofort von hier heraus
Und in die große Welt hinein.

Auch liebte es mein Vater, aus Majakowskis Werken vorzulesen, er konnte mehrere auswendig. Sein Lieblingsgedicht war ein später Majakowski, das Gedicht über den sowjetischen Pass, den der Dichter an einer Staatsgrenze aus der Hose zieht und damit die Grenzsoldaten vor Neid erblassen lässt:

Das will ich aus breiter Hose ziehen:
Meines Daseins unschätzbaren Lohn.
Da, lest, beneidet mich,
wer ich bin, Bürger der Sowjetunion.

Das deklamierte mein Vater oft und gerne. Er war damit nicht allein. Ich möchte behaupten, alle Männer Russlands kannten und mochten dieses Gedicht, zumindest den Teil mit der Hose. Es wurde nämlich darin nicht ausdrücklich gesagt, was genau der Dichter aus der Hose zieht. Deswegen deuteten viele des Daseins unschätzbaren Lohn als Mannesbeweis und dichteten die Zeilen etwa folgendermaßen um:

Das will ich aus breiter Hose zieh'n:
Ein großes Hallo hab' ich hier drin,
Beweis, dass ich ein Bürger heiße
und nicht 'ne Bürgerin.

In der siebten Klasse fand in unserer Schule ein Wettbewerb zum Thema »Schüler lesen ihre Lieblingsdichter« statt. Jeder sollte ein Werk seines Lieblingsdichters auswählen, auswendig lernen und auf der großen Bühne im Festsaal im fünften Stock vortragen. Ich suchte mir natürlich Majakowski aus, und zwar sein Gedicht mit dem Titel »Nate«, was ich als »Was ich euch noch zu sagen hätte« übersetzen würde. Die Wahl traf ich nicht ohne Hintergedanken. Ich wollte die mir verhasste Schule endlich lautstark beschimpfen dürfen. Und Majakowski kam mir dabei zu Hilfe.

Der Festsaal war voll besetzt. Alle Lehrer, der Direktor, die Beamten des Schulamts des Bezirks, sämtliche Eltern und alle restlichen Schulklassen waren anwesend. Es war sehr laut im

Saal. Alles redete wild durcheinander, und niemand schien sich für die Poesie zu interessieren. Ich ging auf die Bühne und sprach mit leiser, aber fester Stimme ins Mikrofon:

Was ich euch noch zu sagen hätte

Hier seid ihr also:
Der Mann mit den Resten der Suppe
in seinem fettigen Bart,
und du, dicke Frau, wie eine Puppe angemalt.
Ihr schaut wie dumme Austern aus der Schale
Und wartet, bis ich euch eine runterknalle.

Ihr alle setzt euch mit dem schmutzigen Hintern
auf den Schmetterling meines poetischen Herzens.
Ihr pupst dabei wie ein überfressener Strauß
und zieht eure Schuhe nicht einmal aus.

Schön. Wenn ich heute keinen Bock mehr habe,
den klagenden Narren für euch zu spielen,
lache ich und spucke auf eure Glatzen
meine Gedichte in Salven, ohne zu zielen.

Eine betretene Stille breitete sich im Saal aus. Man konnte hören, wie die große Uhr unter dem Leninbild an der hinteren Wand tickte. Das Publikum konnte mit der großen Poesie nichts anfangen. Nach einer Weile fing der Vertreter des Bezirksamtes an, langsam zu klatschen. Die anderen folgten. Am Ende des Wettbewerbs bekam ich die Auszeichnung »Erster Platz im Schülervorlesewettbewerb«. Anscheinend dachte die Führung, was wir nicht bekämpfen können, lassen wir für uns arbeiten.

Wäre ich damals konsequent gewesen, hätte ich diese Auszeichnung bei der feierlichen Übergabe auf der Bühne in kleine Stücken zerreißen und herunterschlucken müssen. Aber ich war nicht konsequent. Der Mensch ist schwach und süchtig nach Ruhm. Ich nahm die Auszeichnung dankend an und glaubte, endlich den richtigen Ton getroffen, die einzige Sprache gefunden zu haben, der diese taube und stumme Erwachsenenwelt zuhörte, bei der sie manchmal sogar nickte und Beifall klatschte: die Sprache von Wladimir Majakowski.

Zwei Monate später wurde mir große Ehre zuteil. Unser Schuldirektor schickte mich zum Vorlesewettbewerb auf Stadtebene in den Pionierpalast am Spatzenberg. Ich hatte anfangs große Zweifel, ob ich dieser Aufgabe gewachsen wäre. Dort am Spatzenberg würden sicherlich ganz andere Menschen im Publikum sitzen, womöglich Professoren und Schuldirektoren. Zu Hause durchstöberte ich unermüdlich meine Majakowski-Sammlung auf der Suche nach einem ganz besonderen Gedicht, das eine Aussagekraft wie ein Glockenalarm, wie ein Feuerwehrauto auf dem Weg zum Einsatz haben sollte, um dieses Publikum wachzurütteln. Am Ende war mir selbst Majakowski dafür etwas zu lasch. Also beschloss ich, mit einem selbst verfassten Gedicht aufzutreten, das ich als einen frühen Majakowski aus einer wenig bekannten Ausgabe präsentierte. Eine ganze Nacht habe ich nicht geschlafen, sondern an meinem verbesserten Majakowski gearbeitet:

Ich kann's nicht sehen, wie ihr herumhurt
Mit Krücken und Augenbinden.

In der Stadt der Missgeburt,
hoffte ich meinen Schmerz zu lindern.

Ich suchte nach einem Menschen
Und konnte niemanden finden.
Einsam bin ich wie die Pupille
im letzten Auge der Blinden!

Beim Vortragen gab ich mir wahnsinnig viel Mühe. Ich sprang beinahe aus der Hose und war mit meinem Auftritt mehr als zufrieden. Die kleine zierliche Blondine, das Mädchen, das vor mir ein Liebesgedicht von Sergei Jessenin mit Engelsstimme vorgetragen hatte, war ebenfalls von meinem Auftritt angetan. Sie drückte mir die Hand und wollte meine Telefonnummer haben. Doch am Spatzenberg habe ich nichts gewonnen. In der Jury des Pionierpalastes saßen keine Laien, sondern alles erfahrene Poesie-Experten. Sie haben gelacht.

»Seien Sie nicht albern, junger Mann, so einen Mist hätte Majakowski nie geschrieben«, sagte der grauhaarige Bril-
lenträger, der die Jury leitete, zu mir. Die Blondine hat auch
nicht angerufen. Dieser Patzer im Pionierpalast hat nachträg-
lich meinen Glauben an die magische Kraft der Poesie etwas erschüttert. Ich habe seitdem keine Majakowski-Gedich-
te mehr geschrieben. Aber die Auszeichnung unseres ersten
Schülerwettbewerbes hängt noch immer in meinem Arbeitszimmer an einer Pinnwand.

Alle Mann von Bord

Wenn man jung ist und sich sehr unglücklich fühlt, neigt
man dazu, die Schuld am eigenen Unglücklichsein der Welt
da draußen in die Schuhe zu schieben. Natürlich zu Recht.
Die Menschheit ist getrieben und ausgebrannt, ihre Geschichte, ihre Kultur, ihre bis zur Decke gefüllten Bibliotheken sind nichts anderes als faule Ausreden für jahrhunderte-
langes Scheitern.

Seit Anbeginn der Zeit scheinen die Menschen im Kreis
zu laufen und regelmäßig auf die gleiche Harke zu treten. Jeder Versuch, jeder Vorschlag zur Verbesserung der Lage wird
bei seiner Realisierung sofort mit kleinbürgerlichem Kram,

mit Neid, Gier und Feigheit kaputt gemacht. Allein die Form unseres Planeten, der rundlich wie ein kahl rasierter Schädel ist, kann nur als Häme des Schöpfers, als eine Hymne der Sinnlosigkeit verstanden werden.

»Ihr seid gefangen auf eurem Globus. Willenlos und schwach dreht ihr endlose Kreise um die Sonne, bis der nächste Krieg euch auslöscht. Diesem Schicksal werdet ihr nie entkommen«, flüstert das kalte Universum uns ins Ohr. Doch manchmal, am Ende eines Jahrhunderts, kurz vor Beginn des nächsten verheerenden Krieges, werden am Rande der Welt Menschen geboren, die diese Botschaft nicht hören wollen. Sie glauben dem Universum nicht.

Einer davon war Wladimir Majakowski. Und er war nicht allein. Maler, Dichter und Denker, sie nannten sich Kubofuturisten, glaubten fest daran, dass man mit der unrühmlichen Vergangenheit brechen und eine neue Gesellschaft der Glückseligkeit aufbauen konnte, wenn nur alle Unglücklichen gemeinsam mit anpackten. Dafür musste aber zuerst die alte Welt zerstört werden. Das vollgeschmierte Blatt des Lebens musste durch ein weißes ersetzt werden, um die neue Geschichte groß schreiben zu können.

Wobei die ersten Futuristen ihr Manifest gar nicht in Russland, sondern in Italien geschrieben hatten. Es gab auch welche in Frankreich und einzelne in Deutschland. Die Russen wollten jedoch etwas Besonderes sein, sie nannten sich KUFUs, Kubofuturisten, Futuristen im Kubus. Ein Kubus hat sechs Quadrate, zwölf Kanten und acht Ecken, er ist die stabilste geometrische Figur und strahlt Klarheit und Sicherheit aus, mit einer Kugel nicht zu vergleichen. Die Kugel ist hilflos den Winden, der Neigung oder Steigung ausgeliefert, sie kollaboriert notgedrungen und passt sich an. Beim leisesten Windhauch rollt sie weg, während der Kubus jedem Wetter trotzt und als solides Baugerüst genutzt werden kann.

Genau solche Gedichte – praktisch, quadratisch, gut – wollte Majakowski, ein kantiger, eckiger junger Mann, schreiben. Sie sollten in den runden, windgefüllten Köpfen seiner Zeitgenossen für immer stehen bleiben. Auch wäre sicher von Vorteil, wenn irgendwann einmal in ferner Zukunft der Erde die Rundungen abgeschliffen würden, denn mit einer quadratischen Erde könnten die Menschen viel besser gegen das Universum würfeln.

Auf der stabilen Grundlage der neuen Kunst sollte der verfluchte Kreislauf des Lebens unterbrochen werden und eine neue, bessere Welt entstehen. Zunächst musste aber die unerträgliche Last der Vergangenheit beseitigt werden. Darin sahen Majakowski, seine Freunde und Gleichgesinnten ihre wichtigste Aufgabe. »Lasst uns die Klassiker über Bord werfen! Auf dem Dampfer der Gegenwart haben sie nichts zu suchen!«, orakelte Majakowski.

Nicht nur die Klassiker, sondern alles, was die kleinbürgerliche Idylle mit ihrer »Gemütlichkeit« und Selbstzufriedenheit ausmachte, war Majakowski zutiefst verhasst. Dazu gehörten beispielsweise Samoware, Pyjamas, Strümpfe und Frauenkosmetik. Doch am heftigsten hatte er es auf Kanarienvögel abgesehen. In seinen Augen waren sie die schärfste Waffe des Bürgertums, da sie durch ihr Zwitschern und ihre zur Schau gestellte Niedlichkeit jeden Angriff auf das Bollwerk des Spießers abwehrten. Immer wieder warnte der Dichter in seinen Versen vor Kanarienvögeln und rief die Jugend zur Vernichtung der Viecher auf.

Unsere Revolution wird erwürgt
im niederen Haushalt.
Schnell, dreht den Kanarienvögeln die Köpfe ab,
die auf den Kommunismus kacken.

Die Kubofuturisten wollten ihre Kunst nicht in billige Papierware verwandeln, sie wollten es dem Leser nicht zu bequem machen. Statt sie mit Buchdeckeln umrahmt gemütlich als Gutenachtlektüre neben dem Bett serviert zu bekommen und mit dem Büchlein in der Hand friedlich einzuschlafen, sollte der Leser mitfiebern und mitschreien. Deswegen suchten die Kubofuturisten einen direkten Weg, die Menschen draußen anzusprechen.

1912 kaufte sich Majakowski für die ersten öffentlichen Auftritte in der Moskauer Künstlerkneipe »Der hinkende Hund« passende Klamotten auf dem Flohmarkt. Es waren zwei gelbe Blusen: eine knallgelbe mit großen Knöpfen und eine

dunkelgelbe mit schwarzen Streifen. Dazu einen orangefarbe-
nen Schal und schwarze Schuhe in Übergröße. Ein perfektes
Kostüm, um die Geschmacksnerven des Publikums anzuregen.
Die Kubofuturisten begannen, mit Vorträgen, Deklamatio-
nen, kleinem Theater und lauter Poesie die Menschen zu ver-
unsichern. Jeder Auftritt der KUFUs im »Hinkenden Hund«
war ein Skandal. Ihr Ruhm eilte ihnen voraus, und sie wurden
bald auch in andere Städte eingeladen, fuhren in den Süden,
in den Kaukasus – überall zogen die »berühmten skandal-
trächtigen Kubofuturisten aus der Hauptstadt« das Publikum
wie ein Magnet an. Und Majakowski stand wie ein riesiger
Kanarienvogel – er war einen Meter 89 groß – in eine gelbe Bluse gewickelt auf der Bühne und donnerte. Das Thema?
Eigentlich war das Thema egal. Majakowski verhöhnte alte
Dichter, die sich für die Schönheiten der Natur begeisterten.

Ich verwandle mich,
wenn nicht in Tolstoi,
dann in einen Rolls-Royce –
esse, schreibe von der Hitze blass.
Wer hat sich noch nicht übers Meer geäußert?
Nass.

Überschwänglich lobte er Maschinen und jede Art von Technik; seine Begeisterung für Autos, Flugzeuge, Traktoren und
Panzer war grenzenlos.

Wladimir Majakowski

Sie scheinen vom himmlischen Regenblitz angetan?
Sehr!
Mich begeistert jedoch die Elektrizität eines Bügeleisens mehr.

Später kaufte er sich im Ausland ein tolles Auto, einen grauen Renault, 6 PS, 4 Zylinder, hat aber nie fahren gelernt. Eine Zeit lang hatte er einen Chauffeur, bis er den Wagen seiner Geliebten Lilja Brik und deren Ehemann Ossip anvertraute. Auch hatte er, seinen vielen Fotos nach zu urteilen, nie ein Bügeleisen in der Hand gehabt. Von Elektrizität wusste er nur vom Hörensagen.

Bei seinen ersten Auftritten sprach Majakowski gern über Katzen.

»Nehmen wir eine schwarze Katze«, sagte der Kanarienvogelhasser. »Wenn man sie lange genug streichelt, lädt sich ihr Fell elektrisch auf. Man könnte eine Katze also rein theoretisch als Quelle für Elektroenergie benutzen. Und vieles deutet darauf hin, dass die alten Ägypter gerade auf diese Weise versucht haben, Elektrizität zu erzeugen. Sie haben ihre Katzen so lange gestreichelt, bis sie kein Fell mehr hatten. Danach hatten die Ägypter keinen Strom mehr, und ihr Reich ging zugrunde.

Wir, die Kubofuturisten, sagen, lasst uns aus den Fehlern der Vergangenheit lernen! Katzen sind angenehm zu streicheln, aber eine unsichere Energiequelle. Viel effizienter, als seine Zeit mit den launischen Katzen des Zufalls zu verschwenden, ist es, Elektrizität in einer Fabrik zu erzeugen, die Flüsse mit Deichen zu versehen und große Turbinen zu bauen.

Das Gleiche gilt für die Kunst. Die alte Kunst hat versucht, aus der Inspiration, aus der Laune des Künstlers ein wenig Licht zu erzeugen. Nun haben Künstler aber oft Stimmungsschwankungen. Manchmal sind sie schlimmer als Katzen, und wenn ihnen etwas nicht passt, laufen sie sofort weg. Die neue Kunst wird unabhängig von der Laune eines Einzelnen in einer Kunstfabrik produziert werden. Mit 1000 Millionen Watt wird sie uns den Weg in die helle Zukunft erleuchten, jedem von uns! Habt ihr mich verstanden?«, rief er am Ende eines Auftritts immer in den Saal. Es lag ihm viel daran, verstanden zu werden.

Die Katzengeschichte kam beim Publikum gut an, noch besser aber wirkte die gelbe Bluse mit Streifen. Gelb schien das neue Rot zu werden. Die neue Kunst war gelb, sie warnte: »Macht Platz, Platz, Platz für die Zukunft! In dieser Zukunft wird es keine Unterscheidung mehr in ›gute‹ und ›schlechte‹ Kunst geben und auch keine Propheten, die uns Grenzen setzen. Jede Kunst, die Menschen solidarisiert, sie in einer Kommune zusammenschweißt, dem Aufbau einer neuen Welt dient, ist gut. Wenn sie aber Zweifel und Zwietracht sät, wenn sie ablenkt, muss sie vernichtet werden. Sind beispielsweise all diese Krimis und tausend Seiten dicken Beziehungsdramen nicht in Wahrheit staatlich verabreichte Drogen, die nur einem Zweck dienen, nämlich uns Menschen von den wirklich wichtigen Problemen, von der Ungerechtigkeit und Trägheit der Gesellschaft abzulenken? Weg damit! Das Alte muss weichen!«

Seine ganze Kraft widmete Majakowski dem Vernichten des Alten. Die Bibliotheken mit ihren kleinbürgerlichen Werken platzten aus allen Nähten, unsäglich viel Unsinn hatte die Menschheit produziert. Und am leichtesten ließen sich Bücher verbrennen, die man nicht gelesen hat. Majakowski war kein großer Leser. Als Schulabbrecher war er in Grammatik unsicher und musste seine Texte Ossip Brik geben, dem Schriftsteller, Literaturkritiker und Ehemann seiner Geliebten, der sie redigierte und die nötigen Kommas einfügte. Damit er besser arbeiten konnte, zog Majakowski schließlich bei Familie Brik ein. Diese Ehe zu dritt wirkte wie seine gelbe Bluse auf das Publikum: noch mehr Skandal, noch mehr Ruhm. Die Kommas und Punkte machten ihm noch eine Weile Schwierigkeiten, bis die Große Oktoberrevolution sie 1917 für nicht mehr nützlich erklärte und kurzerhand abschaffte.

Majakowski freute sich über die Revolution wie ein Kind, das plötzlich von einer höheren Macht die Erlaubnis bekommen hatte, sich von nun an bis zu seinem Lebensende von Eiscreme zu ernähren. »Ich bin ein Soldat der Revolution. Selbst wenn die Partei mir befiehlt, mit Kommas und in Jamben zu schreiben, werde ich es tun!«, verkündete Majakowski seinen Freunden. Sie benannten ihren KUFU-Verein sofort in KOMFUT um, in den Kommunistischen Futurismus. Auftritte und Konzerte gingen weiter.

Wir putzen die Sorgen des Alltags flugs
von der Kommunen frisch geschleiften Brettern.
Die riesigen Trauben des Glücks
reifen auf roten Oktober-Blättern.

Bei einem solchen Konzert kam ein kleiner Mann aus dem Publikum auf unseren Soldaten der Revolution zu und sagte: »Majakowski! Hören Sie bitte auf zu deklamieren. Sie sind kein rumänisches Orchester.« Es war Ossip Mandelstam.

Nun habe ich mir in diesem Buch vorgenommen, aus dem Leben der großen Autoren gelegentlich Parallelen zu meinem eigenen Leben zu ziehen. Manchmal sind diese Parallelen dermaßen deutlich, dass ich mich ärgere, weil es scheint, als hätte ich alles bei den Klassikern abgeschaut und rein gar nichts Eigenes vorzuweisen. Dieses Kapitel ist dafür ein besonders gutes Beispiel, denn im Berlin der Neunzigerjahre haben wir genau das Gleiche wie Majakowski und seine Freunde gemacht.

Mit einem Dichterfreund hatte ich die NPK gegründet, die »Neue Proletarische Kunst«. Wir zeigten Bilder auf der Bühne und lasen dazu Gedichte und Kurzgeschichten in einer Sprache vor, die klar, deutlich und verständlich sein musste.

Wir traten auf Vorlesebühnen auf, in der Regel Kneipen; wo am Tresen laut gelacht wurde, im Saal dreißig Leute, dazu sechs Autoren auf der Bühne, jeder mit einem Zettel und einer Bierflasche in der Hand. Man bekam für seinen Auftritt keine drei Minuten Aufmerksamkeit geschenkt, und entweder hatte man das Publikum gleich erobert, oder man musste sich geschlagen geben.

Manchmal griff uns das Publikum an, dann wieder bebte die Kneipe vor Begeisterung. Ich bin einmal im Schokoladen vor Aufregung auf der Bühne ohnmächtig geworden und mit dem Kopf gegen einen Heizkörper hinter mir geknallt. Ich wurde auf einen Kneipentisch gelegt, kam nach einer Weile wieder zu mir und las im zweiten Teil der Show den Text zu Ende. Allerdings im Liegen. Die Kollegen hielten mir das Mikro vor die Nase.

∽ ∽

Der erste sozialistische Comiczeichner

Ich bin in einem Land des »entwickelten Sozialismus« aufgewachsen. Dieser Sozialismus hatte sich lange vor meiner Geburt aus der Großen Oktoberrevolution entwickelt. Laut den Geschichtslehrbüchern hatten die Revolutionäre ihre Revolution sehr lange vorbereitet. Sie waren vom zaristischen

Regime gejagt, ins Ausland vertrieben, ins Gefängnis und in die Verbannung nach Sibirien geschickt worden. Sie hatten im Untergrund gelebt und waren jederzeit bereit, sich selbst und jeden anderen für ihren Glauben auf dem Altar der Revolution zu opfern.

Auch nach der Revolution lebten sie sehr bescheiden, wenn man den Filmen und Büchern über die damalige Zeit glauben darf. Angeblich hatte Wladimir Lenin, der Anführer des Weltproletariats, schlechte Schuhe, besaß nur einen alten einfachen Anzug, der ihm zu klein war, und trank Tee ohne Zucker. In dem Film *Lenin im Oktober,* den wir als Kinder zwangsgeschaut haben, lief Lenin ständig mit diesem Tee im Korridor des Revolutionsstabs herum und versuchte, die Tasse jedem vorbeigehenden Genossen, der keinen Tee hatte, aufzudrängen.

Wir lachten darüber, wenn auch nur leise. Unser Jahrgang konnte sich einen solchen unterentwickelten Sozialismus überhaupt nicht vorstellen. Bei uns wurden in der halben Stadt die Straßen gesperrt, wenn die Parteibonzen in ihren schwarzen Autos zu ihren Büros fuhren. Unsere mittlerweile voll entwickelten Kommunisten, die Parteifunktionäre, wohnten abgeschieden und getrennt vom Volk in speziell für sie gebauten Wohnsiedlungen mit »verbessertem Komfort«. Sie gingen in speziellen Geschäften einkaufen und hatten überhaupt andere Sorgen als der Rest der Bevölkerung. Ihre wichtigste Aufgabe schien gar nicht darin zu bestehen, den

Sozialismus weiter aufzubauen, sondern das Volk zu über-
wachen.

Lenin lag derweil ausgestopft in seinem bescheidenen
Anzug und ohne Tee im Mausoleum auf dem Roten Platz.
Seine Bilder hingen aber überall. Auch in meinem Kindergarten blickte er von der Wand auf uns herab. Unsere Er-
zieherin, Frau Krilenko, die uns zum Mittagsschlaf verdon-
nerte, sagte jedes Mal, wir sollten uns im Bett am besten gar
nicht bewegen, auch wenn sie nicht anwesend sei, um das zu
kontrollieren. Denn Lenin könne uns vom Bild herab genau sehen und würde ihr später alles über jeden Einzelnen
von uns berichten. Die Drohung funktionierte. Viele Kin-
dergartengenossen hatten Angst vor diesem Bild und lagen
wie tot in ihren Bettchen. Ich hatte damals große Lust, das
Bild von der Wand abzuhängen, traute mich aber nicht. Für
den entwickelten Sozialismus hatten wir nur Angst und Ironie übrig.

Umso mehr wunderte ich mich, als ich später Majakowski las, vor allem sein berühmtes Gedicht »Das Gespräch mit
dem Genossen Lenin«. Der Genosse hing als Bild in Majakowskis Zimmer an der Wand und beobachtete ihn – bestimmt genauso schlitzäugig wie mein Kindergarten-Lenin,
der uns mit seinem scharfen Blick um den Schlaf gebracht
hatte. Natürlich war sein innerer Dialog mit dem Führer des
Proletariats viel vornehmer als meiner. Majakowskis Anliegen
war ehrlich. Sein Glaube an die sozialistische Zukunft und

seine Begeisterung für die Revolution waren nicht gespielt. Aus heutiger Sicht ist es unmöglich nachzuvollziehen, warum die Menschen damals nicht versucht haben, als Partei, als politische Kraft, das System zu ändern, sondern wie eine Sekte von auserwählten Gleichgesinnten das Land von allen Seiten anzündeten und dabei sich selbst und Millionen Landsleute im großen Feuer des Bürgerkrieges und der nachfolgenden Repressionen zu Asche verbrannten.

Ja, diese Oktoberrevolution bleibt auch heute, mehr als hundert Jahre später, das kniffligste Rätsel der russischen Geschichte. Jedes Jahr erscheinen dicke Bücher, die versuchen, das Rätsel zu knacken. Wer waren diese Menschen, was hatten sie wirklich vor, und woran sind sie gescheitert?

Früher sagte man leichtsinnig, die Revolution frisst ihre Kinder. Heute behaupten einige, die Kinder fressen die Revolution. Die Nachkommen der Revolutionäre sind zur Nomenklatura, zu Bürokraten geworden und haben alles verraten und verkauft, wofür ihre Väter gekämpft hatten. Die erste Generation der Revolutionäre glich wahrscheinlich den ersten Christen. Ihre Apokalypse war der Bürgerkrieg, in seinem Feuer sollten alle Andersdenkenden verlöschen, ihr Glaube an das Leben danach, an die helle kommunistische Zukunft war ungebrochen. Natürlich waren zu dieser Zukunft nur die Glaubensbrüder, die Kommunisten, zugelassen. Sie hatten auch sonst alle Merkmale einer Glaubensgemeinschaft – charismatische Anführer, heilige Schriften von Marx, Engels und

Lenin und ihr Postulat, die unabdingbare Forderung nach Abschaffung des Privateigentums. Nach dieser Abschaffung sollte eigentlich alles Weitere, also die Abschaffung des Geldes, des Staates sowie jeglicher Ungerechtigkeit und damit der Beginn des Kommunismus, quasi automatisch, wie von allein, geschehen. Sie schauten nur nach vorne, wollten sich mit den Alltäglichkeiten nicht befassen, gaben ihre bürgerlichen Namen auf und hießen fortan wie Comicfiguren: Stalin (der Mann aus Stahl), Molotow (der Hammermann), Kamenew (der Steinmensch).

Majakowski musste seinen Namen nicht einmal ändern. »Majak« bedeutet Leuchtturm auf Russisch. Er wurde zum Leuchtturm des jungen sozialistischen Staates, zu seiner Werbetafel.

Tatsächlich kreierte er aber auch ganz reale Werbetafeln – nämlich Plakate, die Nachrichten, Propaganda und Werbung in Form von Bildergeschichten unters Volk brachten. Sie wurden von Majakowski selbst gezeichnet und mit Texten versehen, und man könnte sagen, dass er die ersten russischen Comics erfunden hat. Sie hießen OKNA ROSTA, also ROSTA-Fenster, benannt nach der russischen Telegrafen-Agentur ROSTA. Diese »Informationsfester« hingen überall in den Konzertsälen und an den Hausfassaden, in den Kantinen der Fabriken und Betriebe. Majakowski fertigte Abertausende davon an.

Wladimir Majakowski

Noch einmal extra laut für die letzten Deppen:
Kommt raus aus dem Sumpf des Kapitalismus!
Eure einzige Rettung ist Kommunismus!
Klettert zu mir hoch, hier sind die Treppen.

Auf dem großen Plakat mit dieser Unterschrift sah man den leuchtenden Majakowski, der auf dem spitzen Dach eines hohen Gebäudes stand und eine schmale, lange, wackelige Leiter nach unten schob, wo dunkelgraue Menschenmassen hoffnungsvoll zu ihm hochschauten. Keine Frage, diese Plakate taugten als Ikonen der neuen Zeit.

Wer tagtäglich schuften geht
für Kommunismus, nicht fürs Geld?
Wer neue Ordnung aufstellt?
Der Arbeitsheld regiert die Welt!

Die große Frage blieb jedoch: Wo sollte dieser Held herkommen, dieser Arbeitsheld, ein neuer Typus Mensch. Zwar war natürlich auch der alte Mensch extrem anpassungsfähig. Gerade im letzten Jahrhundert konnten Deutsche wie Russen extrem flexible Biografien aufweisen, und es gab bei uns im Land jede Menge Leute, die erst Kommunisten waren und dann Kapitalisten wurden, ohne sich dabei umzuziehen. Doch die Revolution brauchte ganz neue, opferbereite Menschen. Mit den alten war kein kommunistischer Staat zu machen, dafür waren sie zu schwach, zu gierig, zu klein und verräterisch.

Die Suche nach dem neuen Menschen ging auf mehreren Wegen gleichzeitig vor sich. Die sozialistische Architektur baute riesige Häuser, die von Weitem wie Panzer oder Traktoren aussahen und den neuen Menschen anlocken sollten. Sie waren rund oder sternförmig, wobei diese Formen allerdings nur aus der Luft oder aus großer Distanz zu sehen waren. Diese Häuser hatten drei Meter hohe Türen, geplant für den Zukunftsmenschen, der entweder von weither kommen oder von allein in diesen nassen, dunklen, schlecht beheizten Häusern wie Schimmel entstehen sollte, dachten die sozialistischen Architekten.

Solange der Neue nicht kam, mussten allerdings die alten Übergangsmenschen durch die Tür. Also sägte man in die großen, stets geschlossenen Türen kleine Türchen für die Übergangszeit. Die sozialistische Kunst vertrat die Theorie, der neue Mensch schlafe möglicherweise tief im alten verborgen. Er müsse nur mit dem richtigen Bild, mit der richtigen Musik, mit einem knalligen Gedicht geweckt werden, dann käme er zum Vorschein. So wie in dem Film *Alien* das Neue aus der Brust des Alten hervorbricht und die alte Hülle kaputt zurücklässt. Um den Schlafenden zu wecken, musste sich die Kunst erst einmal von den herkömmlichen Formen, Perspektiven und Vorstellungen befreien. Die neue Kunst sandte Signale an den Mensch im Menschen. Sie schrie: »Wach auf!«, sprang aus dem Bild auf die Zuschauer zu, machte sie an und provozierte sie.

Gleichzeitig untersuchte die sozialistische Wissenschaft, wie Kunst, Musik und Malerei auch Flora und Fauna beeinflussen könnten. Ein Akademiker wollte bewiesen haben, dass sich der Milchertrag von Kühen um das Siebenfache steigern ließ, wenn die Tiere in Ställen untergebracht waren, die nach konstruktivistischen Richtlinien gebaut worden waren. Ein anderer wollte zeigen, dass Weizen zu den Klängen revolutionärer Musik schneller wuchs.

Eine besonders gewagte sozialistische Theorie betraf die Kuckucke und ihre Kinder. In ihrer Bemühung, die alles beherrschende Bedeutung des sozialen Umfeldes zu beweisen, behauptete diese Theorie, Kuckucke würden ihre Eier gar nicht in fremde Nester legen, sondern durch ihr ständiges Kuckuckrufen auf fremde Eier derart einwirken, dass aus ihnen am Ende Kuckucke schlüpften. Dies nachzuweisen wäre ein großer Schritt auf der Suche nach dem neuen Menschen gewesen. Leider konnte man die Theorie im Labor nicht untermauern, weil die Vögel in Gefangenschaft nicht kuckucken wollten, auch hatten sie keine Lust, sich zu vermehren. Sie gingen den leichteren Weg und starben im Labor.

Auch mit dem neuen Menschen klappte es nicht so ganz. Je mehr Comics Majakowski malte, je öfter er in großen Sälen auftrat und die Menschen anschrie, umso misstrauischer wirkten sie. Der alte Mensch ließ den neuen nicht aus sich heraus. Er musste möglicherweise an einer anderen Stelle gepackt werden.

ϑ ϑ

Der ungewöhnliche Familienmann

In den heiligen Schriften der Bolschewiken wurde die Frage der Sexualität nicht ausgeblendet. Marx, als wahrscheinlich erster Feminist mit Vollbart, geißelte bereits in seinem Werk *Die deutsche Ideologie* die »latente Sklaverei«, die in der bürgerlichen Familie herrsche, wo sich der Vater die Arbeit von Frau und Kindern aneigne. In seinem gemeinsam mit Friedrich Engels verfassten *Kommunistischen Manifest* entlarvte er die scheinheilige Moral der bürgerlichen Familienverhältnisse. Die Kapitalisten, erklärte er, würden Frauen als Produktionsstätten für neue Arbeitskräfte missbrauchen. Das lasen die Deutschen und nahmen es nickend zur Kenntnis.

Die russischen Revolutionäre gründeten darauf ihre Realpolitik. Denn möglicherweise wäre der kürzeste Weg zur Erschaffung des neuen Menschen die Befreiung der volkseigenen Sexualität. Eines war nämlich klar: In der alten bürgerlichen Familie mit ihrer konservativen Rollenverteilung, mit der Versklavung und Entrechtung der Frau und dem permanenten Unbefriedigtsein des Mannes, die sich bis heute

noch im kapitalistischen Altmänner-Gesang wiederfindet –
»I can't get no satisfaction« –, in einer solchen Familie wird
der neue Mensch niemals auf die Welt kommen.

Die Bolschewiken hatten sich schon lange vor der Oktoberrevolution auf die Reformierung des Zwischenmenschlichen vorbereitet. Bereits Anfang des Jahrhunderts sprach Lenin in vielen seiner Arbeiten vom »Aufstand der Gefühle« als
einer Säule der angestrebten neuen Staatlichkeit. Die befreiten Bürger Russlands sollten in einem permanenten »Aufstand der Gefühle« leben.

Folgerichtig bekam Leo Trotzki auf dem III. Parteitag der
Sozialrevolutionäre von den Delegierten den Auftrag, eine
neue Theorie der Beziehungen zwischen den Geschlechtern
auszuarbeiten. Das Ziel hatte Wladimir Lenin auf ebendie-
sem Parteitag bereits deutlich formuliert: »Die befreiten Kräfte und Emotionen, die zum Schutz des kleinbürgerlichen Fa-
milienglücks dienten, werden wir für den Aufbau der neuen
sozialistischen Gesellschaft verwenden«, hatte er sinngemäß
gesagt. Der deutsche Psychoanalytiker Wilhelm Reich zitier-
te in seiner Arbeit *Die Sexualität im Kulturkampf: Zur sozialistischen Umstrukturierung des Menschen* aus dem Briefwechsel
zwischen Lenin und Trotzki. »Zweifellos«, schrieb Trotzki an
seinen Genossen, »ist die sexuelle Unterdrückung das Haupt-
mittel der kapitalistischen Versklavung. Solange wir sexuell
unterdrückt sind, kann von einer wirklichen Freiheit überhaupt keine Rede sein. Die Familie als Werkzeug der Unter-

drückung lässt sich mit einer fortschrittlichen gesellschaftlichen Form des Zusammenlebens nicht vereinbaren.« Und
Lenin antwortete: »Nicht nur die Familie, alle sogenannten
Verbote und Einschränkungen der freien Sexualität müssen
abgeschafft werden, gleichgeschlechtliche Liebe miteinbezo-
gen.«

Nach dem Sieg der bolschewistischen Revolution wurden
von der neuen Regierung als Erstes die wichtigsten, lang erwarteten Gesetze verabschiedet:

Dekret Nummer 1, »Über den Frieden«: Soldaten durften
ab sofort nach Hause gehen. Dekret Nummer 2, »Über Grund
und Boden«, in dem die Nationalisierung des Landes verkündet wurde: Ab sofort gehörte das Land den Bauern, die
es bewirtschafteten, und die Fabriken den Arbeitern. Dekret
Nummer 3, »Die Abschaffung der Ehe«. Ende Dezember 1917
folgte »Die Abschaffung der strafrechtlichen Verfolgung von
Homosexualität« als Teil des neuen Gesetzes »Über das zivile
Zusammenleben, die Rechte der Kinder und standesamtliche
Verordnungen«. Laut dieser neuen Gesetze waren Frauen und
Männer in allen Lebensbereichen gleichgestellt – materiell,
in der Berufswahl und bei der Wahl des sexuellen Partners.

Die neue Form der Eheschließung trug den stolzen Namen
FSP, »freiwillige sexuelle Partnerschaft«, und konnte jederzeit
innerhalb von Minuten geschlossen und auch wieder beendet werden. Männer und Frauen erhielten das Recht, mehrmals am Tag zu heiraten und sich wieder scheiden zu lassen

mit immer anderen oder den gleichen Liebespartnern. Der Direktor des sowjetischen Instituts für soziale Hygiene führte 1919 in seinem Vortrag »Die Vorzüge der Eheabschaffung« aus: »Mit dem Gefühl der tiefsten Befriedigung beobachten wir die Folgen dieser historischen Entscheidung. Seit der Abschaffung der reaktionären Ehe ist die Zahl sexueller Straftaten kontinuierlich zurückgegangen, ebenfalls die Gewalt gegen Frauen und die Gewalt gegen Kinder. Gefühle haben an Bedeutung gewonnen. Liebe und Zuneigung haben einen höheren gesellschaftlichen Wert. Die hohe Befriedigung des Proletariats hat zudem positive Auswirkung auf die Effektivität der Arbeit und steigert die Produktion.«

Die sexuelle Revolution in Russland wirkte schockierend auf die ausländischen Intellektuellen, die das Land des Sozialismus aus Neigung, Neugier oder Pflicht besuchten. Der Schriftsteller H. G. Wells, der im September 1920 nach Russland kam, musste bei seinem Treffen mit den Arbeiterinnen der Nähfabrik »Rote Bolschewikin« beinahe aus dem Fenster springen, um sich vor den neugierigen Frauen zu retten, die einen Ausländer anmachen wollten. Später schrieb der verklemmte Engländer: »Die Sache mit dem Sex wurde im Land des Sozialismus ein wenig zu sehr vereinfacht.«

Mehrere Jahre hintereinander wurde die Erscheinung des Dekretes Nummer 3 mit lustigen Demonstrationen gefeiert. Mal begrüßte Lenin eine lesbische Kolonne, mal zog der Kommunistische Bund der Jugend nackt durch die Haupt-

stadt mit dem Transparent »Runter mit der Scham«. Nackt-
demos waren groß in Mode, vor allem im Sommer. Auch
die Gesetzgebung in Sachen »zwischenmenschliche Beziehungen« entwickelte sich kontinuierlich weiter zur vollkom-
menen Befreiung. Alimente musste man nur sechs Monate
lang zahlen, und auch nur dann, wenn einer der Partner keine Arbeit hatte oder krank war. In den Schulen wurde die Se-
xualaufklärung eingeführt. Sexologen aus der ganzen Welt,
viele aus Deutschland und Österreich, fuhren nach Russland,
um dort zu arbeiten. Die junge Sowjetunion wurde zum ersten Staat, der die Arbeiten von Sigmund Freud offiziell als
Wissenschaft anerkannte und teilweise finanzierte.

In den Zwanzigerjahren stammte mehr als die Hälfte aller
sowjetischen Kinder aus außerehelichen Beziehungen. Das
Zusammenleben von mehr als zwei Personen, die Gründung
von Kommunen, fand große Verbreitung. »Unsere Aufgabe ist
es, Menschen zu schaffen, die im Einklang mit ihren Wünschen und Bedürfnissen leben und die Bedürfnisse der anderen akzeptieren. Die kommunistische Kommune ist die Familie der Zukunft. Eine Frau, die ihrem Kollegen, Genossen,
Freund die sexuelle Befriedigung verweigert, verdient es nicht,
Proletarierin zu heißen«, schrieb die sibirische Aufklärungs-
zeitschrift »Sexualität in der Taiga« im Jahr 1923.

Zu jedem großen Betrieb, zu jeder Fabrik, sogar zu jeder
Bibliothek gehörte eine Liebes- und Lebensgemeinschaft.
In der Kommune der Mitarbeiter der Russischen Staats-

bibliothek in Moskau trugen beispielsweise nicht nur alle die gleiche Kleidung, sie teilten sich sogar ihre Unterwäsche als Zeichen der Zusammengehörigkeit. Die Kommune der Staatssicherheitsbehörde für nicht volljährige Straftäter zählte in ihren besten Jahren mehr als 1000 Kleinverbrecher im Alter zwischen zwölf und achtzehn Jahren als Mitglieder, davon 300 Mädchen. Ein wichtiger Punkt ihres Umerziehungsprogramms bestand darin, dass die jungen Menschen einander näherkamen und lernten, im Kollektiv zu leben.

Auch unser Poet Majakowski hat mehrmals versucht, seine eigene kleine Kommune zu gründen. Er hatte alle Voraussetzungen dafür, verliebte er sich doch grundsätzlich in verheiratete Frauen oder solche, die bereits einen festen Freund hatten. Die befreiten Frauen Russlands waren durch die Revolution deutlich emanzipierter geworden und mochten den Dichter. Ihre Männer benahmen sich jedoch oft wie konservative, unaufgeklärte Dumpfbacken. Sie wollten ihr Bett und ihre Küche nicht mit dem großen Dichter teilen. Es kam immer wieder zu Streitereien, Skandalen und Missverständnissen. Einmal wurde Majakowski aus dem Fenster eines Kollegen geworfen, weil er angeblich dessen Frau zu offensichtlich angebaggert hatte. Zum Glück wohnte der Kollege im ersten Stock. Ein andermal verliebte sich Majakowski in die Frau eines Militärkommissars. Die Frau mochte seine Gedichte, der Mann nicht so. Es wurde heftig gestritten.

Es dauerte eine Weile, bis der Dichter seine perfekte

Familie fand, die Eheleute Brik – Ossip und Lilja. Die beiden nahmen ihn bei sich auf. Sie waren schon eine ganze Weile verheiratet und hatten sich bereits auf der Schulbank kennengelernt. Lilja war einige Jahre älter als Majakowski, keine perfekte Schönheit, aber sie hatte eine seltene Gabe. Sie konnte unwiderstehlich wirken und jedem Mann den Kopf verdrehen, außer ihrem eigenen vielleicht. Herr Brik war ein überaus belesener Mensch, der sich mit Malerei und Poesie auskannte, ein großer Versteher der Kunst, der aber selbst scheinbar unfähig war, etwas Neues zu schaffen.

Die beiden nahmen Majakowski auf, wie man einen jungen Neffen vom Land aufnimmt. Sie gewährten ihm Asyl und führten inspirierende Gespräche in der gemeinsamen Küche. Ossip Brik wurde zum Lehrer und Ratgeber von Majakowski, der nach eigener Auskunft in seinem bisherigen Leben nur zwei Bücher zu Ende gelesen hatte. Er benutzte den neuen Freund als wandelnde Bibliothek, die ihm immer zur Verfügung stand. Lilja gab ihm ihre Liebe und hob seine Selbstwertschätzung ins Unermessliche. Sie wurde nicht müde, dem Dichter zu erzählen, was für ein toller Mensch er sei, ein genialer Dichter, der beste Freund und der großartigste Liebhaber, den unser Universum jemals hervorgebracht habe.

Die Ehe zu dritt funktionierte gut. Der obdachlose Majakowski fand bei der Familie Brik ein Zuhause und Menschen, die sich um ihn kümmerten. Lilja wurde zur Muse des Leuchtturms der Revolution, und für Ossip brachte diese

Beziehung neue Würze in den öden Familienalltag. Durch die Anwesenheit von Majakowski wurde das Leben aller drei deutlich aufgewertet. Jeden Abend, wenn Majakowski nicht gerade irgendwo ein Gastspiel gab, hatten sie lustige Gesellschaft zu Besuch. Es wurde lebhaft diskutiert, gestritten und getrunken, man las einander Gedichte vor und schmiedete Literaturbündnisse.

Dieses Dreierbündnis machte die Außenstehenden extrem neugierig. Jeder wollte wissen, wer mit wem und wie zusammen schlief. Doch das Trio ließ Freunde und Bekannte im Ungewissen, wodurch die wildesten Spekulationen aufkamen. So das Gerücht, dass nicht Lilja, sondern Ossip die wahre Liebe von Majakowski sei. Sie widersprachen nicht. Dem Dichter hat es nur genutzt und nicht geschadet. Er konnte am eigenen Beispiel beweisen, dass er die schöne neue Realität nicht nur dichtete, sondern wahrhaftig lebte.

Er war allerdings die meiste Zeit nicht da, weil auf Reisen. In einer konventionellen Ehe hätte sich eine Frau vernachlässigt fühlen können. Doch Frau Brik hatte noch ihren Ehemann und andere Verehrer. Auch dem Dichter waren Affären erlaubt. Auf seinen Reisen in Berlin, Paris und New York war er stets von Verehrerinnen umgeben, allesamt russische Frauen im Exil. Der Dichter konnte keine Fremdsprachen.

Dennoch wurde er von der Sowjetmacht zum Kulturbotschafter des jungen Staates bestellt. Als Verkünder der kommunistischen Idee tourte Majakowski viel im Ausland. Er fuhr durch Amerika, Mexiko, Spanien, Frankreich und Deutschland, wurde überall herzlich als Abgesandter der neuen Welt empfangen – und verdiente gutes Geld. Das gab er allerdings auch gleich wieder aus. Frau Brik gab ihm nämlich regelmäßig Aufträge mit auf den Weg. Ihre Liebesbriefe lesen sich beinahe wie Wunschzettel an den Weihnachtsmann: Halb durchsichtige seidene Strümpfe, Kleider, Handschuhe, Damenunterwäsche, Kosmetik und Hüte sollte ihr der Dichter mitbringen.

Der junge sozialistische Staat machte sich keine Gedanken über solch lächerlichen Schnickschnack, warum auch? Man konnte den Weg zum Kommunismus schließlich ohne Unterwäsche sogar leichter gehen, dann wäre einem nicht zu eng im Schritt. Und Kosmetik galt als Herabstufung der Frau zur Handelsware. Allerdings wollte auch so manche emanzipierte Frau das Haus nicht ohne Make-up verlassen, egal ob sie in die kommunistische Zukunft, ins Theater oder zum Einkaufen ging.

Von einer seiner Reisen brachte Majakowski einmal einen Kanarienvogel für Frau Brik mit. Gelb, hektisch und laut, sah der Vogel ein wenig aus wie der junge Majakowski selbst. Er sollte Lilja an den Dichter erinnern, wenn er gerade nicht da war. Sie freute sich sehr darüber.

Wenn alle Geschenke gekauft waren und das Geld noch nicht verbraucht war, verspielte Majakowski den Rest mit seinen Landsleuten am Karten- oder Billardtisch. 1927, er befand sich gerade auf Reisen in Europa, schrieb ihm Frau Brik:

Wladimir Majakowski

Lieber Wladimir,

ich brauche unbedingt ein Auto. Ich habe mit Ossip lange überlegt, was für eines es sein könnte, und wir sind zu dem Schluss gekommen, am besten wäre ein Ford. Aus folgenden vier Gründen:

1. Er ist für unsere Straßen am besten geeignet.

2. Die Ersatzteile wären leichter aufzutreiben.

3. Er ist kein Schickimicki-, sondern ein wahres Arbeiterauto.

4. Er soll sehr leicht zu lenken sein, denn ich möchte unbedingt selbst fahren.

Lies das bitte wirklich aufmerksam. Es soll ein Ford sein, das neueste Modell, mit verstärkten Reifen und Lichtblinker, elektrischem Scheibenwischer, zusätzlicher Leuchte an der rechten Seite und zwei Ersatzreifen. Farbe und Form sind egal, also nach Deinem Geschmack. Hauptsache, es sieht nicht wie ein Taxi aus.

P. S. Kann meinetwegen auch ein Buick oder Renault sein.

Küsschen

Deine Lili

Das Dichtergeld reichte nicht für ein Auto. Der Leuchtturm des Kommunismus musste aus Frankreich zurück nach Deutschland fahren und dort noch einmal fleißig touren. Erst nach fünf Vorstellungen in Berlin hatte er zumindest das Geld für einen Renault zusammen.

»Liebe Lili, habe Dir einen grauen Renault gekauft, 6 PS, 4

Zylinder«, telegrafierte er kurz und knapp in die Heimat. Privatautos waren im sozialistischen Vaterland eigentlich nicht vorgesehen. Das ganze Land befand sich in einer Übergangsphase, auf dem Weg in eine neue Zukunft, und niemand sollte das Ziel schneller als die Chefs erreichen. Für Majakowski wurde jedoch eine Ausnahme gemacht. Er selbst konnte trotz seiner Begeisterung für Technik nicht Auto fahren. Lilja hingegen liebte es. Mit ihrem anderen Mann gab sie richtig Gas und beschleunigte in jeder Kurve.

Ihre Liebesbriefe an den Dichter veränderten sich nach dem Autokauf rasant. War es davor noch um Parfüm und Anziehsachen gegangen, so bestellte sie von nun an nur noch Ersatzteile für den Renault. Das Auto muss in den Schlaglöchern der kommunistischen Straßen sehr gelitten haben.

Der Volltreffer

Manchmal denke ich, Kinder kommen weise auf die Welt. Ihr Wissen über das bevorstehende Leben ist bereits vollkommen, sie wollen nur die Erwachsenen nicht bloßstellen, deswegen tun sie in der Öffentlichkeit so, als wären sie leichtsinnig und naiv und würden wirklich gerne Rosa oder Blau tragen. Unter sich urteilen die Kinder aber scharf, sie haben keine Illusionen, ihre Gedanken sind frei, ihre Witze zynisch. Nichts ist abartiger als Kindergartenwitze.

In einem russischen Kinderwitz fliegen drei männliche Samenzellen durch die Dunkelheit und tauschen sich über ihre Zukunftspläne aus. »Ich möchte Schriftsteller werden«, ruft ein Spermium den anderen zu. »Und ich werde eine Schönheitskönigin!«, antwortet sein Nebenflieger. »Ich muss euch leider enttäuschen«, sagt das dritte: »Wir sind im Arsch.«

Die Revolution bescherte dem russischen Staat eine unglaubliche Potenz, die in einem gesetzgebenden Orgasmus gipfelte. Doch Orgasmen sind bekanntlich nicht von Dauer und können daher auch keine stabile Staatsgrundlage liefern. Die Avantgardisten, die Künstler und die Träumer, diese Samenzellen der Revolution, konnten niemanden mehr befruchten. Die Menschen waren müde, hungrig und verängstigt, zermürbt im Chaos des Bürgerkriegs, erschrocken von der Zerstörung der Dörfer und dem Cancan einer Politik, die sich gleichzeitig repressiv, menschenfeindlich und liberal-neuökonomisch gab. Der erste sozialistische Staat verwandelte sich in einen Zwitter aus einem roten Adler und einem gelben Kanarienvogel. Es schien, als würden sich die Menschen nach einer Diktatur sehnen, die mit eiserner Hand wieder Ordnung schuf.

Doch für Majakowski und seine Freunde durfte die Revolution niemals ein Ende haben. Sie sollte immer weiter- und weitergehen als permanenter Prozess der gesellschaftlichen

Erneuerung, und sie, ihre Avantgarde, würden vorneweg laufen, der hellen Zukunft entgegen. Vorwärts!, lautete ihre Parole. Hauptsache, nicht stehen bleiben und nicht zurückblicken. Angeblich verwandelten sich einstige Revolutionshelden in Salzstangen, wenn sie sich umdrehten und zurückschauten. 1927 machte Majakowski diesen Fehler. Er blickte für einen Moment zurück und erschrak. Es war niemand da, der ihm folgte.

In Abwesenheit der neuen Menschen hatten die alten Menschen die Errungenschaften der Revolution in ihrem Haushalt zum Wäsche Aufhängen und Suppe Kochen verwendet. Sie träumten nicht mehr von einer neuen Welt, sie wollten bloß in der real existierenden irgendwie über die Runden kommen. Die hohe Kunst des Überlebens beherrschten allerdings bei Weitem nicht alle, auch nicht alle Mitglieder des Zentralkomitees. Nach Lenins Tod und Trotzkis Verbannung übernahm Stalin die Leitung. Sofort verwandelte sich die Führung des Landes in einen giftigen, blutigen Knäuel aus intriganten Parteibonzen und machtgeilen Sicherheitsoffizieren.

Um seine Machtposition zu stärken, machte Stalin Schritt für Schritt alle anfänglichen Errungenschaften der Revolution rückgängig. Er steuerte das Land zurück in die Versklavung und Entrechtung, da ein solches Land leichter zu regieren war. Das ging mit der Stärkung der Familie einher, die als Keimzelle der stalinistischen Ordnung eingeführt wurde, um die Bürger rund um die Uhr unter Kontrolle zu halten. Mit dem neuen stalinistischen Grundgesetz wurde die Abschaffung der Ehe außer Kraft gesetzt, die Strafbarkeit von Homosexualität wieder eingeführt und Sexualkunde in den Schulen verboten. Jedes Fremdgehen wurde an der Arbeitsstelle des Betreffenden, in seiner Parteizelle oder im Kollektiv besprochen und hart bestraft. Die Geburtenrate ging rapide zurück. Künstler sollten ab sofort nicht mehr die Befreiung der Menschheit besingen, sondern dem stalinistischen Regime und dem Genossen Stalin persönlich Loblieder widmen.

Der Leuchtturm des Kommunismus fühlte sich aus der Zeit gefallen. Er leuchtete zunehmend allein im Meeresnebel. Es fuhren keine Schiffe mehr an ihm vorbei, und auch die Damen verloren das Interesse. Majakowski verbrachte immer mehr Zeit im Ausland. In Berlin spielte er Billard und freute sich wie ein Kind über jede Kugel, die er versenkte. Er lernte sogar einige deutsche Wörter. Er konnte zum Beispiel »Volltreffer« sagen sowie »Die Party ist zu Ende« und »Zwei Bier. Eins für mich und eins für mein Genie«. Ich vermute, es war der längste Satz, den er auf Deutsch draufhatte.

»He, Majakowski, was gedenken Sie zu tun, wenn sie alt werden?«, fragten ihn seine Mitspieler, allesamt russische Exilanten. »Wie hoch ist die Rente im sozialistischen Russland?«

»Gott bewahre mich davor, alt zu werden«, witzelte Majakowski. »Mit 37 bringe ich mich um.«

Noch eine Seltsamkeit trat zutage: Er verpasste stets seine

Familie in Moskau. Kaum war er da, fuhren Ossip und Lilja mit dem Renault ans Meer. Ging er ins Ausland, kamen Lilja und Ossip gerade nach Moskau zurück. Reiste er nach Moskau, wechselten sie nach Deutschland.

Die Reisen im Land, die Konzerte, brachten keine Erleichterung. Sowjetrussland hatte sich aus einem funkelnden Traum in einen Hort des neuen Spießbürgertums verwandelt, geleitet von Kanarienvögeln in Menschengröße, die alle den roten Stern auf ihren Schulterklappen und ihrer Mütze trugen. Menschen, die an nichts mehr glaubten und nicht mehr zu träumen wagten, übernahmen die Kulturpolitik.

1927 organisierte Majakowski eine Ausstellung zum zehnjährigen Jubiläum der Großen Oktoberrevolution. Das Hauptexponat dieser Ausstellung war er selbst, seine Geschichte. Er hatte durch die Revolution die Welt und die Menschen wieder lieben gelernt, er hatte Tag und Nacht gearbeitet, in den vergangenen zehn Jahren Tausende von Plakaten gemalt, Gedichte geschrieben und Auftritte absolviert. Er hatte in zehn Jahren mehr als 2000 Fragen aus dem Publikum beantwortet! Die Ausstellung bereitete er eigenhändig vor. Er brachte die Kunstwerke an den Wänden an, fertigte neue Plakate und klebte sie an Laternen. Zur Eröffnung wollte er dem Publikum sein neuestes Poem vorstellen.

Es kam so gut wie keiner. Weder schickte der neue sowjetische Staat seine Funktionäre, um dem Leuchtturm des Kommunismus zu huldigen, noch schauten seine Kollegen vorbei, um ihn zu bewundern. Sie hielten ihn für einen Revolutionssaurier, der seine Zeit überlebt hatte. Diesen Verlust konnte Majakowski noch gut verkraften, denn er hoffte sehr, dass die Jugend, die Studenten und die Arbeiter zu seiner Ausstellung kommen würden. Schließlich hatte er ihnen seine Arbeit gewidmet. Doch den jungen Menschen schien seine Kunst zu avantgardistisch zu sein. Majakowski fühlte sich von den eigenen Leuten verraten und von Fremden umzingelt. Er führte ein falsches Leben im einst richtigen Land. Sich den neuen Anforderungen anzupassen kam für ihn nicht infrage. Die Träumer waren rar geworden. Sie waren ins Ausland gegangen oder gestorben.

Es kam jedoch ein alter Freund zu seiner Ausstellung und stellte ihm ein Fluggerät vor, an dem er seit zehn Jahren baute. Der Apparat sollte, durch pure Muskelkraft angetrieben, die Menschen ganz ohne Motor zum Fliegen bringen. Allerdings brauchte man für den ersten Flug einen kräftigen, großen Menschen. Der Erfinder selbst war klein und schwach. Also trug er Majakowski die Ehre an, seine Erfindung auszuprobieren. Er sollte vom Spasskaya-Turm im Kreml am Roten Platz starten.

Majakowski gefiel diese Idee. Er stellte sich vor, wie er über das Land flog und dabei laut seine Gedichte vorlas. Selbst wenn er abstürzte, wäre ein sinnvoller Tod im Dienst der Revolution schöner als ein sinnloses Leben.

Zur verabredeten Zeit trafen sich der Dichter und der

Erfinder am Spasskaya-Turm, wurden jedoch von der Wache nicht eingelassen. Der Flug musste verschoben werden. Aber Majakowski hatte bereits einen neuen Plan. Wenn Menschen mit ihren Lebensentwürfen nicht vorankommen, schalten sie manchmal aus Verzweiflung auf Todesentwürfe um. Sie glauben, das Leben sei eine Falle, eine permanente Herausforderung, der man sich jeden Tag aufs Neue stellen müsse. Alle Lebensgewinne scheinen nicht von Dauer, die Niederlagen dagegen werden als wertvolle Erfahrungen an die nächsten Generationen weitergereicht.

Vieles im Leben, was uns wichtig und teuer ist, hängt von der schwarzen Katze des Zufalls ab. Die Deutschen, weltbekannte Optimisten, glauben zum Beispiel, die Laufrichtung der Katze bestimme ihre Zukunft. Läuft sie nach rechts, dann pecht's, läuft sie nach links – das bringt's. Dagegen sind die Russen überzeugte Fatalisten. In meiner Heimat ist es nämlich völlig egal, wie die Katze läuft. Die Begegnung mit ihr bringt immer Unglück und Leid und vergiftet zusätzlich unser ohnehin kompliziertes, nicht steuerbares Leben. Der Tod lässt sich dagegen weitaus besser lenken, man hat mehr Freiheiten bei seiner Gestaltung. Deswegen wird in meiner Heimat gerne und oft vom Freitod und nur selten vom freien Leben gesprochen.

In Diktaturen, wo die Lebensplanung zusätzlich durch Staat und Führer erschwert wird, bekommt die Gestaltung des Todes eine übergroße Bedeutung. In totalitären Regimen ist es gefährlich, darüber zu reden, wie man leben möchte, also reden die Menschen lieber darüber, wie sie gerne sterben würden: den Opfertod oder den Heldentod, im Stehen oder im Liegen, für eine bessere Zukunft oder für eine schönere Vergangenheit.

Das Blöde am Sterben ist, dass es eine einmalige Gelegenheit ist, die man später weder bereuen noch wiedergutmachen kann.

Man kann das Gehackte nicht rückwärts drehen,
aus einer Bulette wird kein Rind entstehen.
Die Party ist zu Ende, das Meer will ins Bett,
Das Liebesboot ist am Alltag zerschellt.
Ich hab' keine Lust auf Grinsen und Lachen,
Ohne uns gegenseitig Vorwürfe zu machen,
Sende ich revolutionäre Grüße an alle, die bleiben,
Wir können uns bei Gelegenheit schreiben.
Alles Gute, Ihr Majakowski·

Man sagt, umgeschulte Linkshänder litten ihr Leben lang an Depressionen, weil sie das Gefühl hätten, alles, was sie im Leben anfassten, sei falsch, denn sie täten es ja mit der falschen Hand. Majakowski, ein umgeschulter Linkshänder, hat seine Gedichte mit rechts geschrieben, sich aber mit links in die Brust geschossen.

Gleich nach seinem Tod wurde er offiziell zum wichtigsten

Dichter des Staates erklärt. Schulen, Straßen und große Schiffe wurden nach ihm benannt. Mitten in Moskau am Majakowski Platz gegenüber vom Majakowski-Theater an der Metrostation Majakowski wurde ein riesiger Mensch aus Stein aufgestellt, der Majakowski darstellen sollte. Um ihn herum fahren Autos im Kreisverkehr. Unantastbar und stolz sieht das versteinerte Idol aus, wie ein Denkmal des neuen Menschen, der so begierig erwartet worden, aber nie gekommen war. Warum bloß? Entweder ist er irgendwo in der Taiga stecken geblieben, oder er wurde einfach nie richtig wach und schläft in jedem von uns weiter. Wir wissen es nicht. Die Einzigen, die es wissen könnten, sind die armen Kuckucke. Aber die sind alle in den sowjetischen Labors gestorben.

TEIL VI

Vladimir Nabokov

1899–1977

Von Schneekugeln und
Schmetterlingen

Mein erster Nabokov

Zwar galt die Sowjetunion als das Land der Leser, doch die Regale in den Buchhandlungen waren leer. Sie wurden nur mit Schulbüchern und politischen Pamphleten dekoriert. Gleichzeitig hatte jeder Zweite im Bus oder in der Metro ein dickes Buch auf den Knien, in der Regel eingeschlagen in eine Zeitung oder in ein Stück Papier, damit es nicht bekleckert wurde und der Umschlag nicht zu sehen war. Zu Hause hatten alle unsere Freunde und Bekannten Regale bis zur Decke, in denen ihre Bücher in zwei Reihen aufgestellt waren. Die erste Reihe war fast bei allen gleich und bestand aus den Werken sowjetischer Schriftsteller und aus Enzyklopädien. Die zweite, nicht sichtbare Reihe, war wesentlich interessanter. Dort fand man Bücher, die im Ausland gedruckt und im Selbstverlag vervielfältigt worden waren. Verbotene Bücher, die aus einer anderen Welt illegal zu uns gekommen waren und sich nun hinter den Rücken russischer und sowjetischer Klassiker versteckten. Man verlieh sie nur an seine besten Freunde und dann auch nur für eine Nacht.

Während der Staat dem Sowjetbürger den Tag raubte, nahmen diese Bücher ihm die Nacht. Man hatte am nächsten Morgen keine Kraft mehr für die Realität. Das anstrengende

Hintereinanderlesen derselben Werke schweißte die Menschen außerdem zusammen, machte sie zu einer verschworenen Gemeinschaft. Man nutzte damals die bescheidenen Möglichkeiten des Kopierens, um ein Buch weiterzuverbreiten.

Diese Geheimnistuerei sorgte dafür, dass man ein völlig schräges Bild von der Weltliteratur hatte. Manch mittelmäßigem Autor wurde zu viel Aufmerksamkeit zuteil, manche großartigen Autoren wurden dagegen überhaupt nicht wahrgenommen. Wie Jugendliche, die ins weiß getünchte Fenster einer Sauna ein kleines Loch kratzen und Stunden davorsitzen, in der Hoffnung, eine nackte Frau zu sehen, so ähnlich spionierten wir der Weltliteratur durch ein selbst gemachtes kleines Loch im Eisernen Vorhang nach.

Auf der anderen Seite dieses Vorhangs wurden unsere Bemühungen mit Verständnis aufgenommen. Man reichte uns mal das eine, mal das andere Buch herüber, hauptsächlich politische antisowjetische Literatur, schließlich sollten wir schon das Richtige lesen, nicht einfach irgendwelche Liebesromane. Die Zensur wucherte nämlich nicht nur bei uns, sondern auf beiden Seiten der ideologischen Grenzen. Ein Autor musste regimekritisch genug sein, um es durch das Loch im Vorhang zu schaffen, und unterhaltsam genug, um die Herzen der Leser so zu erobern, dass sie sein Buch kopierten.

Vladimir Nabokov hatte Glück. Seine antisowjetische Haltung verstand sich von selbst, gleichzeitig interessierte ihn die

Unterdrückung der Bevölkerung in der Sowjetunion nicht die Bohne. Er verachtete alles Politische, seine Literatur war schrecklich asozial. Dafür schrieb er sehr elegant über die Liebe, das Leiden, die Einsamkeit und den Tod. Ein perfekter Autor für den sozialistischen Untergrund. Nicht umsonst gehörten seine Werke neben denen von Solschenizyn zu den am häufigsten in die Sowjetunion eingeschleusten und dort kopierten Titeln.

Meinen ersten Nabokov habe ich mir bei einem Bekannten namens Alexander ausgeliehen. Alexander arbeitete als Putzmann im Puschkin-Museum und dealte mit Büchern, wie andere mit Drogen dealen. Ob man sich für seltene russische Bücher interessierte oder nach ausländischen Autoren suchte, Alexander vertickte jede Art von Literatur.

Wir hatten uns in einem Café hinter dem Weißrussischen Bahnhof kennengelernt, einem Café, in dem sich Taubstumme trafen. Es war gleichzeitig ein Ort, an dem sich bibliophile Menschen austauschten. Eine sehr kluge Wahl. Als Hörender und Sehender fühlte man sich im Kreis der Taubstummen, die freundlich in ihrer Sprache gestikulierten, besonders sicher.

Ich interessierte mich damals hauptsächlich für englische und amerikanische Literatur und war auf der Suche nach Edward Albee, genauer gesagt nach dessen Theaterstücken auf Russisch. Mir hatten mehrere Leute erzählt, Albees Texte würde es auf Russisch nicht geben. Dasselbe hatte man allerdings von Beckett behauptet, von dem es dann doch

Übersetzungen gab. Alexander war meine letzte Hoffnung. Und tatsächlich gab er mir ein Werk von Albee und lieh mir dazu noch etwas von Nabokov aus – im Tausch gegen ein damals verbotenes, jedoch völlig uninteressantes Buch.

Für Albee habe ich gleich bezahlt, bei Nabokov war ich mir aber unsicher, ob ich ihn kaufen sollte. Zuerst lesen, dachte ich. Er war nämlich obendrein ziemlich teuer. Zu Hause packte ich die Bücher aus. Das Buch von Albee war gebunden und mit einem unbeschrifteten Cover versehen. Kein einziges Wort stand darauf. Das Buch von Nabokov sah aus wie ein Stapel aus sehr klein bedrucktem Papyrus. Angeblich waren es mehrere Romane oder Erzählungen, die aus verschiedenen ausländischen Ausgaben stammten. Ich bekam sie nur für eine Woche, durfte sie nicht bekleckern und niemandem zeigen, geschweige denn weitergeben.

Im ersten Roman ging es um einen Mann, der sich wie mein Vater mit Schachspielen verrückt machte. Einmal spielte er gegen einen zu starken Gegner, drehte durch und landete im Krankenhaus. Dort lernte er eine Frau kennen, die dachte: Was für ein toller, interessanter Mann! Natürlich bemerkte sie, dass er einen Vogel hatte. Aber wer hatte den nicht? Es könnte mit ihm ja trotzdem gut gehen, wenn man ihn nur von einem Schachbrett fernhalten würde, dachte sie. Eine Weile ging es auch gut. Bis sie eines Tages zusammen ins Kino gingen, wo die Schauspieler auf der Leinwand Schach spielten. Die Frau dachte »Oh-oh!«, den Mann schien der Film aber nicht weiter zu beeindrucken. Er lachte nur zu laut im Saal und rief: »Was für ein Blödsinn! Eine völlig unmögliche Aufstellung der Figuren!« Die Schachfiguren waren in dem Film nämlich ohne Sinn und Verstand auf dem Brett verteilt worden. Nach diesem Kinobesuch fand der Schachspieler ein kleines Schachspiel in seiner Hosentasche. Als ihn dann ein alter Bekannter anrief, um ihm eine Rolle in einem Film anzubieten, wurde dem Mann klar: Die Welt um ihn herum war eine Verschwörung, er steckte im falschen Film fest und musste nun eine Rolle spielen, die ihm unerträglich war. Am Ende sprang er aus dem Fenster.

In einem anderen Werk wollte ein Mann seinen Selbstmord vortäuschen, weil er hohe Schulden hatte. Der vorgetäuschte Selbstmord sollte seine Freikarte in ein neues Leben werden. Ein Zufall half ihm dabei. Er lernte einen Landstreicher kennen, der ihm verblüffend ähnlich sah, einen echten Doppelgänger! Sofort entwarf er einen Plan. Er musste den Doppelgänger umbringen, ihm seinen Ring auf den Finger streifen und verschwinden. Der Plan ging aber nicht auf, weil niemand außer ihm selbst diese Ähnlichkeit gesehen hatte.

Die nächste Geschichte handelte von einem Wissenschaftler, dem sich plötzlich die innere Struktur des Universums offenbarte. Diese Erkenntnis versetzte den Mann in ein Delirium, sodass er fortan in einer psychiatrischen Klinik ein elendes Dasein führen musste. Ein Psychoanalytiker, der ihn zu heilen versprach, bat den Wissenschaftler, ihm die

»Wahrheit über die Welt« mitzuteilen. Das könne gefährliche Folgen für den Gemütszustand des Arztes haben, weil die Wahrheit über die Welt unerträglich sei, winkte der Patient ab. Der Doktor bestand trotzdem darauf. Die beiden sperrten sich nach langem Hin und Her in einem Hotelzimmer ein. Kurz darauf wurde das ganze Haus von einem unmenschlichen Schrei geweckt, der Doktor war völlig unansprechbar geworden, spuckte um sich und pinkelte sich ein.

Die beste war aber die Geschichte, in der sich ein Mann in ein kleines Mädchen verliebte, weil er als Junge schon einmal in ein ähnliches Mädchen verliebt gewesen war. Damals war das Kind gestorben. Jetzt heiratete der Mann die Mutter des neuen Mädchens, um ihrer Tochter nahe zu sein. Dann fuhr die Tochter in ein Ferienlager, die Mutter fand die Notizbücher des Mannes, lief zur Post, um weiß der Teufel wem ein Telegramm zu schicken, und wurde von einem Auto überfahren. Der Mann holte das Kind aus dem Ferienlager ab und fuhr mit ihm durch die Gegend, wobei er sich als sein Vater ausgab. Irgendwann wurde das Mädchen erwachsen und lief ihm davon. Später bekam sie von einem Schwerhörigen ein Kind.

Die Geschichten von Nabokov verblüfften mich, irritierten mich und verdrehten mir ziemlich den Kopf. Eine gewaltige fremde Welt von Handlungen und Charakteren überrollte mich wie ein Tsunami. All seine Helden lebten auf einem anderen Planeten, der unserem einerseits ähnlich war, gleichzeitig aber unendlich fremd. Ich vergaß erst einmal meinen

Albee und las nur noch Nabokov. In meinem Kopf verschmolzen seine Geschichten zu einem Brei aus Liebschaften, Todesfällen und pseudophilosophischen Gesprächen.

Ich hatte prächtige Albträume.

In einem Albtraum hatte ich eine Achtklässlerin zum Tee zu mir nach Hause eingeladen. Sie war sehr hübsch und nicht einmal dumm, was die ganze Sache noch komplizierter machte, denn ich war in diesem Albtraum fünfundsechzig und hatte graue Haare. Wir saßen in der Küche, tranken Tee und hörten Rolling Stones. Wenn sie etwas altern würde und ich so bliebe wie jetzt, könnte aus unserer Beziehung noch etwas werden, überlegte ich.

Plötzlich rief mich meine Mutter an, im Traum war sie neunzig. Sie sagte: »Komm schnell, dein Vater ist tot.«

Ich ließ die Achtklässlerin in der Küche altern, nahm ein Taxi und fuhr los.

Mein Vater lag mit geschlossenen Augen und einem schmalen Lächeln auf den Lippen im Bett. Er war klein, dünn, gelb und irgendwie schrumpelig geworden wie ein gelber Luftballon, aus dem die Luft entwichen war, sah aber trotz seiner Lage entspannt aus.

»Er muss doch an einem guten Ort gelandet sein, wenn er so milde lächelt«, sagte ich zu meiner Mutter.

Daraufhin sprang mein Vater auf und rief: »Stimmt nicht! An gar keinem guten Ort bin ich gelandet. Ich weiß nicht einmal, wo ich gelandet bin. Habe ich eigentlich schon

gekündigt« – er arbeitete in einem Betrieb der Binnenschifffahrt zum Bau ausklappbarer Brücken –, »oder soll ich morgen wie gewohnt zur Arbeit fahren?«

»Papa«, sagte ich zu ihm. »Das machst du jetzt schon zum
dritten Mal, es ist nicht mehr lustig. So geht es nicht. Du
bringst dadurch Mutter und mich in Verlegenheit. Bald
nimmt dich niemand mehr ernst. Und wenn du dann wirklich tot bist, kommt keiner mehr.«

»Ist mir egal, da pfeif ich drauf«, winkte mein Vater ab.
»Was soll ich deiner Meinung nach den ganzen Tag tun? Mir
ist so langweilig! Sie!« – er zeigte auf meine Mutter – »Sie
will nicht einmal Schach mit mir spielen. Und wenn sie spielt,
dann will sie immer gewinnen!«

Also spielte ich mit meinem Vater Schach – ich wählte die
Spanische Eröffnung –, und er versprach mir, keine dummen
Witze mehr zu machen.

»Das nächste Mal, wenn du kommst, bin ich wirklich tot.
Ich schwöre!«, sagte er und bat mich zum Schluss: »Erzähl
bloß nichts den Katzen.«

Ich ging zurück zu der Achtklässlerin, die inzwischen deutlich älter geworden war. Sie hatte nun graue Haare, hörte
aber weiterhin dieselbe Platte der Rolling Stones. Wir tranken weiter Tee, und ich dachte die ganze Zeit über Katzen
nach. Wieso Katzen, was hatten die Katzen damit zu tun?

Es war ein seltsamer Traum.

Nabokovs Werke haben mir gut gefallen, ich wollte den

Papyrus nicht zurückgeben. Kaum war ich mit der letzten Seite fertig, fing ich noch einmal von vorne an. Ich hatte das Gefühl, etwas sehr Interessantes gelesen, aber nichts verstanden zu haben. Gleichzeitig begann ich mich für das Leben dieses Autors zu interessieren.

༄ ༄

Das Püppchen

Vladimir Nabokov wurde im letzten Jahr des 19. Jahrhunderts geboren. Er entstammte einer adligen reichen Familie, die in einem sehr respektablen Teil von St. Petersburg residierte, an der Großen Meeresstraße, der ersten Straße, die in Russland elektrifiziert worden war. Die alten Gaskolben waren gegen Glühbirnen ausgetauscht worden, und die Bevölkerung kam in Strömen, um diese kostenlose »Illumination« zu bestaunen.

Die Nabokovs wohnten beinahe allein in dieser Straße. Obwohl im Zentrum gelegen, war sie keine Wohngegend. Es gab hier keine Kneipen, keine Lebensmittelgeschäfte, keine Theater. Nur Banken, Versicherungen, Ministerien und ausländische Vertretungen. Dafür sah aber jedes Gebäude wie ein Museum aus. Es war eine Art Unter den Linden von St. Petersburg. Nur wenige sehr vermögende Russen, die Oligarchen des 19. Jahrhunderts, konnten sich hier Residenzen leisten, die sie aber meist nur zu repräsentativen Zwecken nutzten. Hier, neben der italienischen und der deutschen Botschaft, kaufte sich Nabokovs Vater gleich nach seiner Heirat ein bescheidenes Schlösschen, heuerte einen italienischen Stararchitekten an und ließ das Haus umbauen.

Geldsorgen hatte die Familie nicht: Nabokovs Mutter stammte aus einer der reichsten Familien Russlands, ihr Großvater hatte die größten Goldgräberkolonien in Sibirien gegründet. Der Vater, ein liberaler, politisch engagierter Jurist, der von einem Russland nach westeuropäischem Muster träumte, war ein Anhänger des wissenschaftlichen Fortschritts. Alle Erfindungen der neuen Zeit holte er sich sofort ins Haus, noch bevor sie der breiten Öffentlichkeit bekannt wurden. Die Tür im Hause Nabokov öffnete sich nach einem elektrischen Klingelsignal. Sie hatten als erster Privathaushalt ein Telefon, und natürlich war das Haus voll elektrifiziert. In der Garage standen etliche Automobile, darunter mehrere Rolls-Royces – einer mit Verdeck und Heizung für die kalte Jahreszeit und ein Cabrio für den Sommer.

Das oberste Stockwerk des Hauses diente als Kinderetage, dort wurde das Spielzeug abgeladen. Vladimir und seine vier Geschwister hatten französische und englische Erzieher, sie verbrachten die Sommer auf dem Land, die Winter an der französischen Riviera und die Zwischenzeiten in St. Petersburg. Dabei hatten sie für jede Gegend und jede Jahreszeit auch stets das richtige Fahrrad, wobei sie die robusten englischen Räder von »Royal Enfield« und »Swift« bevorzugten.

Die politische Gesinnung in der Familie war antimonarchistisch-liberal und ging in die Richtung einer konstitutionellen Demokratie – mit fast gleichen Rechten für alle. Die Liberalität des Vaters ging so weit, dass er einmal zwei Wochen lang nicht mit seinem Schwiegervater sprach, nachdem er erfahren hatte, dass dieser seinen Kammerdiener willkürlich von Peter in Paul umbenannt hatte. Der Schwiegervater stotterte und hatte deswegen Schwierigkeiten, ständig den Namen »Peter« auszusprechen.

Als Zar Nikolaus II. freiwillig auf seinen Thron verzichtete, begriff Nabokov senior – Wladimir Dmitrijewitsch Nabokow – diese Entscheidung als Befreiung Russlands. Er erhoffte sich davon für das Land die Möglichkeit, mit einem großen Schritt den Westen auf dem Weg in eine liberale Gesellschaftsordnung einzuholen. Diese utopische Sicht zeugte jedoch von einer völligen Unkenntnis der russischen Realität. Von den Fenstern seines Hauses in der Großen Meeresstraße aus schien alles blau zu sein und Russland auf dem direkten Weg in eine Demokratie nach englischem Muster.

Während der Februarrevolution war Nabokov senior führendes Mitglied der ersten russischen demokratischen Regierung. Unter Alexander Kerenski, dem Justizminister der Übergangsregierung, gründete er die juristische Kommission zur Erarbeitung eines neuen russischen Grundgesetzes, außerdem wurde er zum stellvertretenden Leiter des russischen Parlaments ernannt. Er arbeitete Tag und Nacht an diesem neuen Grundgesetz.

Draußen plünderten die von der Front desertierten Soldaten und Matrosen Hotels und Lebensmittellager. Auf den Straßen wurde geschossen. Lenin ließ das Telegrafenamt besetzen. Währenddessen schrieb Nabokov senior zu Hause unbeirrt an seinen Paragrafen – bis Kerenski bei ihm vorbeikam und erzählte, die Bolschewiken hätten geputscht, das Parlament sei geräumt worden.

Die Hauptstadt geriet immer tiefer in eine Spirale der Gewalt, die das ganze Land mit sich riss. Kerenski, der inzwischen den Vorsitz der Regierung übernommen hatte, musste unverzüglich die Stadt verlassen. Er bat Nabokov senior, ihm einen seiner Rolls-Royces als Fluchtwagen auszuleihen, und zwar den mit der Heizung, denn es war bereits Spätherbst und der Regierungschef hatte Schnupfen. Natürlich konnte Nabokov nicht Nein sagen. Weder der Premierminister noch das Auto kamen jemals zurück.

»In meiner Kindheit beschäftigte mich vor allem folgende Frage«, schrieb Vladimir Nabokov in seinem Erinnerungsbuch. »Was geschieht mit dem ganzen Spielzeug, wenn ich erwachsen werde? In meiner Phantasie stellte ich mir ein riesiges Museum, eine Art Turm, vor, wohin all das Spielzeug früherer Generationen gebracht und wo es gelagert wird. Und noch wenn ich heute irgendwo ein Museum betrete, vollgestellt mit Altertümlichkeiten aus längst vergangener Zeit, beschleicht mich der Gedanke, dass ich in dem Spielzeugmuseum meiner Träume gelandet bin.«

Vladimir Nabokov, geboren in der Zauberstraße einer Traumstadt, in einem Land, das gerade dabei war, sich im Nebel der Geschichte aufzulösen, dieser Nabokov begriff sehr schnell, was Sache war: Das Leben war ein Spiel, die Dinge, die einen umgaben, waren Spielzeug, und die Menschen waren Spielkameraden – oder Spielverderber, wie sie aber für spannende Geschichten unabdingbar sind. Die Welt, zu Unrecht von Langweilern beherrscht, war von ihrem Schöpfer eigentlich als unterhaltsames Spiel gedacht. Sie schreit: Komm! Spiel mit mir!

Finanziell gesehen brachte die Oktoberrevolution für die Familie Nabokov einen Kahlschlag. Besonders für Vladimir, der gerade 1916 von einem in Paris verstorbenen Onkel eine Erbschaft über eine Million kassiert hatte. Der Junge hatte eigentlich geplant, noch im selben Jahr mit dem Geld des Onkels eine Schmetterlingsexpedition nach Mittelasien zu finanzieren. Nabokov war schon als Kind begeisterter Entomologe gewesen, Schmetterlinge waren seine erste und langjährigste Leidenschaft. Doch die Oktoberrevolution brachte seine Pläne durcheinander. Nicht nur das Spielzeug war weg, alles war weg: die Million, das Haus mit der Kinderetage, die Autos, die Fahrräder, ganz Russland. Und die Kindheit war zu Ende.

1917 wurde Nabokov 18 und war nun kein Kind mehr. Er interessierte sich vor allem für drei Dinge: Schach, Poesie und Schmetterlinge. Die Familie fuhr zunächst auf die Krim wie Tausende andere Emigranten, die vor der Revolution und dem Hunger aus den Städten flüchteten. Auf Umwegen landeten die Nabokovs schließlich in Berlin. Die Eltern mieteten zunächst ein paar Zimmer in einer Pension in der Egerstraße in Grunewald. Vladimir Nabokov kam allerdings erst nach einem Studium in Cambridge nach. Er interessierte sich noch immer vor allem für drei Dinge: Schach, Schmetterlinge und Poesie. Berlin, damals als Puffhauptstadt Europas verspottet, konnte ihm wenig bieten.

Berliner Pension

Halb Russland hatte sich nach der Oktoberrevolution in der deutschen Hauptstadt versammelt. In den Kneipen, Pensionen und Cafés hörte man fast ausschließlich Russisch. Das damalige russische Berlin mit seinen Zeitschriften, Verlagen, Schriftstellerkreisen und Theatern wird oft als kulturelles Phänomen gepriesen. Als hätten die Russen den langen Weg nach Berlin nicht aus Angst um ihr Leben, sondern einzig zu dem wohltätigen Zweck unternommen, das Leben ihrer deutschen Brüder und Schwestern mit ihrer »Kultur« zu bereichern. In Wirklichkeit waren die Deutschen den Russen völlig egal. Und Letztere zahlten mit gleicher Münze zurück. Wobei die einen wie die anderen in einer ähnlichen Misere steckten. Die von der Revolution weggebissenen Russen standen Deutschen gegenüber, die gerade einen Weltkrieg verloren und nur noch als Geisel der Siegermächte, als unterdrückte Kolonie Europas weiterexistieren durften. Berlin wurde zur Hauptstadt der Verlierer.

Die Russen hassten diese Stadt. Die Moskauer, die St. Petersburger, die ihr altes schickes Dasein sehr vermissten, mussten wie zum Hohn ausgerechnet in Berlin, der traurigsten und billigsten Metropole Europas, landen. Einige Leute mit Geld konnten weiterziehen, für alle anderen blieb es die einzige Alternative. Die grassierende Inflation, die fallende Reichsmark sicherte den Russen das Überleben. Man tauschte einfach den geretteten Familienschmuck gegen Dollar und dachte nicht zu viel über die Zukunft nach.

Eine alte russische Volksweisheit besagt, dass Unglück verbindet. In Zeiten der Freude braucht man keine Freunde. Aber Zeiten der Not schweißen die unterschiedlichsten Menschen zusammen. In unserem Fall hat diese Weisheit merkwürdigerweise nicht gegriffen. Die russischen und die deutschen Verlierer konnten einander nicht leiden. Die Deutschen mochten die Russen nicht, weil sie, obwohl arm, dennoch ihre letzten Groschen versoffen und verfeierten, Wodka und

Champagner tranken und teuren Schinken aßen. Sie verspielten am Kartentisch ihre Ersparnisse, statt sie auf die Seite zu legen. Außerdem mochten sie die Russen wegen ihrer generellen Fremdenfeindlichkeit nicht. Die Russen sprachen auf den Straßen und in Geschäften laut in ihrer Muttersprache, zogen sich seltsam an und schauten komisch. Sie rauchten stinkende Papirossy, gaben sich keine Mühe, Deutsch zu lernen, sagten nie »guten Tag« und liefen ständig bei Rot über die Straße. Das nervte.

Die Russen mochten die Deutschen ebenfalls nicht – wegen ihrer Kleinbürgerlichkeit, Bierseeligkeit, Ordentlichkeit und Selbstzufriedenheit. Auch ekelte es sie an, dass die Deutschen alle und jeden aus den lächerlichsten Gründen denunzierten. Wenn es ihnen abends zu laut war, riefen sie sofort die Polizei, statt mit den Leuten zu reden. Die Russen lachten obendrein über die deutsche Mode. Die Mäntel und Anzüge der Männer erinnerten an Kriegsuniformen, und die einzige Kopfbedeckung, die den Deutschen gut stehe, sei der Stahlhelm, meinten sie. Auch verhöhnten die Russen die komischen deutschen Sitten. Ein berühmter Sänger schrieb in seinen Erinnerungen an Berlin, seine deutsche Hausverwalterin habe ständig riesige Büstenhalter gestrickt, die sie über ihre Tee- oder Kaffeekannen stülpte.

In allen Memoiren großer russischer Künstler, die damals in der deutschen Hauptstadt lebten, kann man Schlechtes über Berlin nachlesen.

»Ich hasse diese Stadt«, schrieb einer. »Häuser, die wie Bügeleisen aussehen, Menschen, die wie Bügeleisen aussehen, die immer gleichen quadratischen Kirchen, Bäume in einer Reihe wie bei einer Militärparade aufgestellt und überall Ampeln, Ampeln, Ampeln … Doch am schlimmsten hier«, fuhr er fort, »sind die Russen.«

Das Hauptproblem der Russen in Berlin waren nicht die Deutschen, mit denen sie sowieso wenig Kontakt hatten. Es waren ihre eigenen Landsleute. Die Revolution hatte sehr unterschiedliche gesellschaftliche Schichten in Bewegung gesetzt, durcheinandergewirbelt und schließlich alle zusammen in einer kleinen Berliner Pension abgesetzt. Was kann für einen Aristokraten aus St. Petersburg schlimmer sein als eine kleinbürgerliche Familie aus Saratow als Zimmernachbarn? Der Dichter musste seinen Lebensraum mit einem Spekulanten teilen, der Offizier mit Zivilisten, der Rechte mit dem Linken, sie fetzten sich bis zum Schluss. In einer solchen Fetzerei verlor Vladimir Nabokov schließlich sogar seinen politisch engagierten Vater.

Die ersten Jahre nach der Revolution ließen den Emigranten noch keine Hoffnung auf eine baldige Rückkehr. Sie engagierten sich politisch, teilten sich in Parteien und Cliquen und stritten über die Zukunft des Landes, das ihnen nicht mehr gehörte. Jede Woche fand in Berlin eine große politische Kundgebung statt. Als Pawel Nikolajewitsch Miljukow, einer der Führer der russischen Liberalen, aus London nach

Berlin kam, um hier eine Rede zu halten, wurde er von zwei rechten Attentätern angeschossen. Nabokov senior versuchte einen der Attentäter zu entwaffnen und bekam eine Kugel in die Lunge. Er starb noch bevor der Krankenwagen kam. Die Attentäter konnten entkommen. Erst später wurden sie verhaftet, kamen aber bald wieder aus dem Gefängnis frei.

Die deutschen Behörden schauten nur nachlässig auf die russischen politischen Aktivitäten, sie hatten mit ihren eigenen Bürgern genug zu tun. Die Bevölkerung fühlte sich unwohl in der Weimarer Republik, sie sehnte sich nach mehr Ordnung, nach jemandem, der Bescheid wusste und die Verantwortung für alles und jeden übernahm. Ein seltsamer Selbsthass machte sich breit. Man wollte sich selbst für ein paar Augenblicke verlieren und vergessen. Hypnose kam groß in Mode. Im berühmtesten Film der damaligen Zeit, *Das Cabinet des Dr. Caligari*, geht es darum, wie ein böser Arzt einen netten Jungen hypnotisiert und zu schändlichen Taten verführt. Tagsüber liegt der nette Junge in einer Kiste und träumt, nachts lässt ihn der böse Arzt in hypnotisiertem Zustand schreckliche Verbrechen begehen. Der Junge tut alles, was von ihm verlangt wird, kann sich aber am nächsten Tag an nichts mehr erinnern. Der Film lief jahrelang in den Kinos, er war ein riesiger Kassenerfolg, jeder, der Augen hatte, hat ihn mindestens zweimal gesehen.

Der Tod des Vaters stürzte die Familie Nabokov unterdessen in eine tiefe Depression. Mutter und Schwestern zogen von Berlin nach Prag um. Auch Nabokov konnte Berlin nichts abgewinnen. »Ich war schon immer ein englisches Kind«, schrieb er in einem späteren Selbstinterview. Bereits als Kleinkind sprach und schrieb er Englisch genauso fließend wie Russisch, die englischen Biskuits in Blechdosen waren seine Lieblingsspeise, die aromatisierte Seife, die Fahrräder »Royal Enfield« und »Swift«, der Boxunterricht … »Mich zog es immer nach England«, gestand er.

Über Berlin dagegen schrieb Nabokov: »Ich habe mich fast gewöhnt an das Leben unter den Deutschen. Ich habe einen deutschen Tagesablauf, kann mich jedoch an die Stille und diese angestrengte deutsche Ruhe nicht gewöhnen. In und um unser Haus ist tagsüber kein Ton, kein Geräusch zu hören. Nur jeden Tag um halb sieben spielt im Park Marschmusik, immer dieselbe. Ich sehe nirgendwo hier einen Tropfen Geschmack, ein Tröpfchen Talent, dafür aber Ordentlichkeit und Ehrlichkeit über alle Maßen.«

Trotz dieser Ablehnung verbrachte Nabokov fünfzehn Jahre in Berlin. Er lernte hier seine Frau Vera kennen, auf einem russischen Kostümball. Obwohl sie eine Maske trug, verliebte er sich auf der Stelle unsterblich in sie und machte ihr einen Heiratsantrag. In Berlin schrieb er seine ersten Romane, in Berlin hielt er Vorlesungen über Literatur, er arbeitete im Theater, hier wurde sein Sohn geboren.

Selbst nach der Machtergreifung der Nazis, als immer mehr Russen das Land verließen, blieben die Nabokovs in Berlin.

Die Lebenssituation im Reich wurde jeden Tag schwieriger. Die Familie hatte kein Geld und keine Arbeit mehr. Die meisten Schüler, die Nabokov unterrichtete, kamen aus jüdischen Familien und waren emigriert. Seine Frau Vera verlor ihre Anstellung bei einer Anwaltskanzlei, die schließen musste, weil ihre Besitzer nicht arisch genug waren.

Vor der Universität verbrannte man Bücher. Die Deutschen fanden aus dem Nebel der Demokratie wieder zu einer ordentlichen Kolonne zurück, sangen gemeinsam patriotische Lieder und marschierten brav in das Cabinet des Dr. Caligari.

Irgendwann waren die Nabokovs nicht mehr wählerisch, als es darum ging, das Land zu verlassen. »Indien, Südafrika, Argentinien, ich bin für alles offen«, schrieb Nabokov in einem Brief an einen amerikanischen Freund.

Dummerweise war es noch schwieriger als heute, ein Einreisevisum mit einer Arbeitserlaubnis zu bekommen. Alle Staaten schlossen ihre Grenzen, wehrten sich gegen Einwanderung, hatten Angst vor Menschen aus Deutschland. Die Bürokratie ist überall auf der Welt gleich. Sie ist gut darin, Formulare zu drucken, kann aber Gut und Böse nicht unterscheiden.

Für die Nabokovs drohte es ziemlich ungemütlich zu werden. 1937 verließen sie schließlich Berlin, und nach langem Hin und Her gelang es ihnen, im Frühling 1940 mit einem Schiff Europa in Richtung New York hinter sich zu lassen.

☙ ❧

Vladimir Nabokov

Do you like Butterflies?

Aus dem Gespräch dreier Dichter: »Es gibt auf Erden nicht viele von meiner Sorte«, sagte einer. »Mich gibt es überhaupt nur einmal«, trumpfte der andere. »Und mich ... Solche wie mich gibt es gar nicht«, bemerkte der Dritte dazu.

»Ich liebe reine Literatur und hasse alle überflüssigen Zutaten, die sie beschmutzen: soziale oder religiöse Ideen, politische oder philosophische Programme, Anspielungen auf die Gegenwart, jede Art Ratschläge für eine bessere Gesellschaft, warnende Aufrufe an die Menschheit ... All das muss aus der Literatur verbannt werden. Die wahre Kunst des Schreibens ist ein in der Luft gebautes Schloss, ein Trick eines mehr oder wenig geübten Zauberers, der aus dem Hut eine ganze Welt hervorzaubern kann. Eine Idee, eine Philosophie darf in einem Roman nur als Ablenkungsmanöver dienen, um das Kaninchen vor dem Leser zu verstecken, das im Finale des Romans triumphierend aus dem Hut springt. Für die Wahrheitsfindung ist die Literatur ungeeignet. Wie echt und real manche Bücher uns zu sein scheinen, nichts ist unglaubwürdiger als geschriebene ›Wahrheit‹.«

So ungefähr lautete Nabokovs Lehre, und er mochte es gar nicht, wenn andere Schriftsteller mit seiner Definition von Literatur nicht einverstanden waren. Er konnte keine anderen literarischen Kriterien und Vorlieben neben seinen eigenen dulden.

Nabokov war bereits sechzig Jahre alt, als der Durchbruch kam – in jenem Jahr wurde *Lolita* vom Vorwurf der Pornografie befreit und zur Veröffentlichung in englischsprachigen Ländern freigegeben.

All die Jahre zuvor war der Autor eher einem kleinen Kreis von Literaturbegeisterten bekannt gewesen. Den Misanthropen Nabokov wunderte das nicht. Er wusste bereits als Kind: Die Menschheit ist zu dumm und zu vulgär, um seine kompliziert konstruierten und verschachtelten Romane zu verstehen. Er schrieb sie zuerst auf Hunderten und Tausenden von Karteikarten, die er mit Szenen und Dialogen ausfüllte, um sie später zusammenzusetzen.

Der Mensch Nabokov führte ein einsames Leben. Er ging ungern aus und lud niemanden zu sich ein. Zugleich entstand um den Schriftsteller Nabokov schnell eine Fangemeinde: Intellektuelle, die von der Virtuosität des Autors begeistert waren, von seinem ausgefeilten Stil und den fein gebauten Intrigen. Natürlich hatte der Schriftsteller Nabokov auch jede Menge Gegner, die seine Art nicht ausstehen konnten. Seine Hochnäsigkeit, seine Abneigung, sich mit der politischen Realität auseinanderzusetzen, bewerteten sie als Feigheit und Konservatismus, als Unlust eines professionellen Muttersöhnchens, sein Elfenbeinschlösschen zu verlassen und sich mit den niederen Problemen der Welt zu beschäftigen.

Das Sein bestimmt das Bewusstsein. Nabokov hatte gar keine Wahl, er musste ein Snob werden. In einer Schneekugel aufgewachsen, sah er sich selbst als ganz besonderes Wesen, das nicht die geringste Ähnlichkeit mit den übrigen Milliarden Erdbewohnern hatte. Eine Orchidee im russischen Schnee, ein seltener Schmetterling.

Schon als junger Mann hatte Nabokov wenige Freunde. Die Schneekugel hatte überhaupt nicht viele Bewohner. Seine zahlreichen Biografen erwähnen als Freund immer wieder Nabokovs Cousin, den Rekruten Yuri Rausch von Traubenberg, der als junger Mann auf tragische Weise starb. 1919 attackierte Yuri Rausch von Traubenberg mit nichts als einem Säbel bewaffnet eine Maschinengewehrstellung der Roten Armee in der Nähe von Jalta. Sein Plan, die Bolschewiken in Panik zu versetzen, wenn sie ihn auf seinem Pferd herannahen sahen, ging nicht auf. Er bekam eine Maschinengewehrsalve direkt ins Gesicht. Er wurde in Jalta begraben, der junge Nabokov trug seinen Sarg.

Es ist unmöglich, sich vorzustellen, wie Nabokovs Charakter sich entwickelt hätte, wenn die Revolution Russland verschont hätte, wenn er weiterhin in der Kinderetage seines Elternhauses ein sorgloses und abgesichertes Leben hätte führen und romantische Gedichte hätte schreiben können. Doch der Wind der Revolution pustete alle Bewohner der Schneekugel weg. Sie fühlten sich sehr einsam in einer vulgären Welt voller Kriege, voller politischer Ideen und falscher

Propheten, die die Menschen mal in die eine und mal in die andere Irre führten.

29 Staaten waren gerade dabei, einander in Blut zu ertränken, und Kunst wurde zur Propaganda degradiert. Um in dieser Welt als Mensch und als Autor zu bestehen, musste Nabokov ihr seine ganze Verachtung entgegenstellen. Das Schicksal der Menschheit ging ihm an der Feder vorbei. Ihn interessierten nur drei Dinge: Bücher, Schach und Schmetterlinge.

Etliche Jahre später, als der Autor von *Lolita* reich und berühmt geworden war und jede Zeitung sich um den Verfasser der »dramatischen Liebesgeschichte eines alternden Bonvivants und eines zwölfjährigen Mädchens« riss, wie die plumpe Zusammenfassung auf vielen Ausgaben lautete, fing fast jedes Interview mit der Frage an: »Mr. Nabokov, is it right, do you like butterflies?« Seine Antwort fiel oft ziemlich unfreundlich aus. Sie müssen ihm unsäglich auf den Geist gegangen sein, diese Journalisten mit ihren dämlichen, immer gleichen Fragen. Er ließ sich trotzdem gerne mit dem Schmetterlingsnetz knipsen, er mochte eben die kleinen Dinge. Schmetterlinge spielten auch die Hauptrolle in seiner Darwin-Kritik. Nabokov beschuldigte den Biologen, er würde eine grobe Halbwahrheit über die angebliche Gleichberechtigung der Arten verbreiten und die endlose Vielfalt der Welt auf den platten Zweck des Überlebens reduzieren. Seiner Meinung nach war Darwin als Wissenschaftler nicht imstande, die sinnlose Schönheit der Natur zu ergründen, die keiner Idee dient, keine nützliche Aufgabe hat, nichts bedeutet und niemandem eine Existenzberechtigung schuldet. Sie ist einfach nur da.

Als Beispiel nahm er die Schmetterlinge, die Vielfalt ihrer farblichen Schattierungen. Das Spiel der Muster auf ihren Flügeln war gemäß der Darwinschen Theorie einem klaren Zweck unterworfen, dem Erhalt der Art. Farben und Muster dienten demnach dem Schmetterling als Tarnung und zur Abschreckung seiner natürlichen Feinde. Doch die Farbpalette auf ihren Flügeln war zu üppig, zu reich für diesen dumpfen Zweck. Zur Tarnung und Abschreckung hätte weniger gereicht. Trotzdem gab sich die Natur Mühe, etwas ebenso Unnützes wie Zärtliches zu schaffen – Schmetterlinge, von denen kein einziger dem anderen hundertprozentig gleicht, jeder ein einmaliges Geschöpf ist.

Als prächtiger Schmetterling der Weltliteratur betrachtete Nabokov die Welt aus großer Höhe und vergaß nie, sie zu verachten. Seine Verachtung galt hauptsächlich dem sowjetischen Russland, das ihn ausgestoßen und die Schneekugel seiner Kindheit in Scherben geschlagen hatte. Bis zu seinem Tod behauptete Nabokov, das sowjetische Russland hätte keinen einzigen Schriftsteller von Rang hervorgebracht. Keine Zeile, die aus diesem Land stamme, verdiene es, von ihm gelesen zu werden. Pasternaks Nobelpreis hielt er für eine Ente der westlichen Linkspropaganda, Scholochows Bücher hielt er für die Werke eines Analphabeten. Alles andere hatte er – nach eigener Behauptung – erst gar nicht gelesen.

Gleichzeitig erzählte er stolz in vielen Gesprächen und Interviews die Geschichte, wie ihn die Sowjets einmal in Berlin zur Rückkehr hatten überreden wollen und ihm uneingeschränkte Freiheiten versprachen, er aber sofort hinter diesen Höflichkeiten die Fratze des üblen Regimes erkannte und ablehnte. Und tatsächlich hatte die sowjetische Regierung Anfang der Zwanzigerjahre noch um die Rückkehr der Intellektuellen und Künstler gekämpft. Es wurden regelmäßig »Kontaktpersonen« nach Berlin entsandt, die sich mit Emigranten trafen und ihnen allerhand versprachen, falls sie zurückkehrten. Viele willigten ein und mussten später dafür mit ihrem Leben bezahlen.

Eine solche »Kontaktperson«, der Schriftsteller Tarassow-Rodionow, hatte sich dummerweise Nabokov als möglichen Rückkehrer ausgesucht. Sie trafen sich in einem Café in Berlin.

Tarassow-Rodionow war in Sowjetrussland mit dem Roman *Schokolade* bekannt geworden. Es ging darin um einige Auseinandersetzungen innerhalb einer Parteizelle. Ihre Mitglieder beschuldigten einen Genossen, den Verführungen des Kapitals nicht widerstanden zu haben. Er mochte Schokolade. Diese Schwäche machte ihn angesichts des stürmischen Klassenkampfs unzuverlässig und erpressbar. Den Arbeitern, die ihren Kollegen der Schokoladenliebe bezichtigten, war klar, dass ihre Argumente lächerlich waren und für den Ausschluss des Schokoladenliebhabers nicht ausreichten. Dennoch verbannten sie ihn aus ihren Reihen. Die Hauptthese des Romans war wohl, dass die Partei immer recht hat, auch wenn sie im Unrecht ist. Dieser Logik folgend verbannte die Partei eines Tages auch den zuvor so hochgelobten Autor des Schokoladenromans. Obwohl Tarassow-Rodionow der linientreuen »Russischen Assoziation Proletarischer Schriftsteller« angehörte, wurde er wegen Spionage verhaftet und hingerichtet.

Aber das geschah erst 1938, während der Stalinschen Säuberungen, lange nachdem er mit Nabokov in Berlin Unter den Linden Kaffee getrunken hatte. Das Treffen blieb Nabokov anscheinend unvergesslich. Noch fünfunddreißig Jahre später erinnerte er sich genüsslich an diese Begegnung:

»Ich fragte ihn, ob ich in der Sowjetunion die Themen meiner Werke selbst wählen und Russland wieder verlassen könne, falls es mir dort nicht gefalle. Darauf antwortete er: ›Sie werden so begeistert vom sozialistischen Alltag sein, dass Ihnen gar keine Zeit bleiben wird, über eine erneute Ausreise nachzudenken. Und natürlich können Sie Ihre Themen frei auswählen, Sowjetrussland bietet mehr als genug davon. Sie können über Kolchosen schreiben, über Betriebe und Fabriken, über die Weizenernte und den Maschinenbau – es warten jede Menge Abenteuer auf Sie.‹ Ich musste ihn aufklären, dass ich kein Interesse hatte, über Kolchosen zu schreiben. Kolchosen sprechen mich nicht an. Danach ließ er mich in Ruhe. Mit Prokofjew hatten sie mehr Glück«, beendete Nabokov stolz seinen Bericht.

Sein Leben in Amerika begann mit einer langen, erfolglosen Jobsuche. Nabokov schrieb Bewerbungen an Unis, er suchte eine Anstellung als Slawist, als Spezialist für die russische Sprache und Literatur. Es gab aber bereits zu viele Slawisten in Amerika, und niemand hatte vor, seinen Platz wegen Nabokov zu räumen. Dieser konnte das nicht verstehen. »Stell Dir mal vor«, schrieb Nabokov in einem Brief an einen Freund in Europa. »Niemand in diesem Amerika spricht so gut Russisch wie ich, und niemand von den Russen hier kann so gut Englisch wie ich, und trotzdem geben sie mir keine Anstellung.«

»Wir müssen ihn unterstützten«, sagten die einen aus dem Kreis der amerikanischen Slawisten. »Wir müssen für ihn eine Stelle organisieren. Immerhin ist Nabokov heute der größte in Amerika lebende russische Schriftsteller.«

»Na und?«, konterten die anderen. »Der Elefant ist auch das größte Tier im Zoo, dadurch wird er aber nicht automatisch zum Direktor gewählt.«

Nabokov arbeitete zuerst unentgeltlich als Entomologe am American Museum of Natural History, später unterrichtete er gelegentlich als Lehrer für russische Literatur in Stanford, Harvard und an der Cornell University. Einmal verzichtete sogar ein Kollege auf eine Anstellung, um dem Neuankömmling zu helfen.

Nabokov beschloss, seine schriftstellerische Karriere in Amerika neu zu starten, diesmal als amerikanischer Schriftsteller. Eine rothaarige Literaturagentin, die er in New York kennengelernt hatte – Altagracia de Jannelli –, riet ihm, von nun an nur noch auf Englisch zu schreiben und den Geschmack der Amerikaner zu akzeptieren. Und Amerikaner mochten am liebsten als Roadmovie angelegte Liebesromane mit Pathos und einem Happy End. Nicht zu düster und nicht zu verworren sollten sie sein, und unbedingt sollte es in dem Roman eine Figur mit deutlich positiver Ausstrahlung geben, mit der sich der Leser identifizieren konnte. »So ist unsere Leitkultur«, erklärte die Agentin dem Schriftsteller. »Man muss sie akzeptieren, wenn man hier Erfolg haben will. Andere Länder, andere Sitten.«

Lolita

In der Sowjetunion hatten manchmal komische Bücher großen Erfolg, von denen sich im Vorfeld niemand hatte vorstellen können, dass sie viele Menschen ansprechen würden. So fanden die Russen zum Beispiel die Biografie des populären amerikanischen Experimentalphysikers Robert Williams Wood sehr unterhaltsam.

Wood, der Entdecker des sogenannten »Tunneleffektes«, beschäftigte sich unter anderem mit den Mechanismen des Erinnerns. Er untersuchte, welche Folgen bestimmte

Lichteffekte auf die menschliche Psyche hatten. Wenn er wollte, dass seinen Kindern etwas in Erinnerung blieb – ein anregendes Gespräch, ein gutes Essen, eine Kirche, ein Wasserfall, ein Himmel voller Sterne oder ein Ozean –, zündete er mehrere Streichhölzer direkt vor ihren Augen an. Jahre später zündete er erneut welche an, in der Hoffnung, die Kinder, inzwischen groß geworden, würden sich an das Gespräch oder an den Ozean erinnern. Doch sie erinnerten sich nur an die Streichhölzer und das Feuer. Die Bilder, die es festzuhalten galt, waren in den Flammen verbrannt.

Nabokov nutzte seine Erinnerungen als Brennholz für die Fantasie. Jedes Bild, jede Geste, die er je gesehen hatte, verwendete er in seinen Texten. Für seine Romane, die angeblich nichts mit der Realität zu tun hatten, schöpfte er aus seiner Erinnerungswelt bis zum letzten Streichholz. Schließlich behauptete er, die Eindrücke der Kindheit, alle sogenannten »Erinnerungen« brauche der wahre Schriftsteller überhaupt nicht. Er werde sich schon die richtigen Erinnerungen zurechtschneidern oder bereits als Kind nur solche Erinnerungen auf die hohe Kante legen, die ihm später in seiner schriftstellerischen Arbeit nützlich sein könnten.

Den Rat seiner Literaturagentin, etwas typisch Amerikanisches zu schreiben, mit leidenschaftlicher Liebe und tugendhaften Figuren, nahm er ernst, befolgte ihn jedoch auf sehr eigenwillige Art. Seine amerikanischen Romane ähnelten esoterischen Märchen. Ihre Helden, Professoren oder

Schriftsteller, wurden von Tyrannen verfolgt und fühlten sich von der Welt missverstanden. Sie hatten Pech mit Frauen und Angst vor Doppelgängern. Ihre Lebensgeschichten gingen nie gut aus.

Sein Lehrstuhl in Cornell machte Nabokov keinen Spaß. Jungen Amerikanern, die nicht einmal zwei Sätze Russisch konnten, die russische Literatur nahezubringen, war sowohl anstrengend als auch demütigend. Der einzige Student in seinem Kurs, der Russisch konnte, war Paul Robeson jr., der Sohn des schwarzen Sängers, ein verdammter Kommunist in der zweiten Generation, der mit seinem Vater zusammen etliche Jahre im sowjetischen Moskau gelebt hatte und damit ein Agent des verhassten Regimes war.

Alle Menschen, die in irgendeiner Weise Kontakt zum sowjetischen Russland hatten, stufte Nabokov als persönliche Feinde ein. Als sein guter Bekannter, der berühmte Linguist Roman Jakobson, 1956 eine Einladung zu einem Kongress nach Moskau annahm, bestanden für Nabokov keine Zweifel daran, dass Jakobson ein kommunistischer Agent geworden war.

Als der Assistenzprofessor Gordon Fairbanks an der Cornell University ein Lehrbuch mit dem Titel *A Russian Area Reader* über Sitten und Gebräuche in Sowjetrussland veröffentlichte, beschwerte Nabokov sich über ihn. Die Broschüre sei stilistisch grausam und inhaltlich politisch unkorrekt. Dies geschah im Jahr 1951, der Kalte Krieg war in vollem Gange, und an jeder Universität arbeitete ein FBI-Agent, der ganz offiziell die politischen Ansichten des Lehrpersonals zu kontrollieren hatte. Eine solche Beobachtung galt als selbstverständlich. Dem armen amerikanischen Professor drohten ernste Schwierigkeiten. Die Stilistik der Broschüre interessierte zwar das FBI nicht, wegen des zweiten Teils der Denunziation wurde der Professor jedoch vor die Kommission zur Untersuchung antiamerikanischer Aktivitäten zitiert.

Nabokov war mit dem FBI-Agenten von Cornell gut befreundet und sagte einmal, er hätte nichts dagegen, wenn sein Sohn dieser ehrenwerten Organisation beiträte. Später, als die Studenten in Amerika gegen den Krieg in Vietnam protestierten, unterstützte Nabokov auch hier die US-Regierung. Kein Preis war ihm zu hoch, wenn es darum ging, die Kommunisten zu bekämpfen.

Seine Literaturvorlesungen wurden ihm schnell zu einer Last. Er konnte es nicht über sich bringen, Jahr für Jahr über dieselben Texte zu reden. Sein Vorschlag, die Vorlesungen auf Tonband aufzunehmen und dann abspielen zu lassen, statt sie persönlich vorzutragen, stieß bei Studenten und Administration allerdings auf Ablehnung.

Man muss dazu erwähnen, dass Nabokov seine Vorlesungen über russische und europäische Literatur natürlich nach seinem persönlichen Geschmack zusammenstellte und keine Widerrede duldete. So hielt er zum Beispiel Dostojewski für keinen guten Schriftsteller, *Don Quichote* für ein schrecklich ungelenkes Buch und Thomas Mann für einen Vollidioten. Überhaupt schenkte er aus der ganzen deutschsprachigen Literatur nur Kafka etwas Aufmerksamkeit. Er nahm dessen Erzählung *Die Verwandlung* in seine Vorlesung über europäische Literatur auf. Für Nabokov war das Wichtigste an der Erzählung die genaue Beschreibung des gepanzerten Insekts, in das sich die Hauptfigur verwandelte.

Nicht alle Studierenden waren mit seiner Unterrichtsmethode zufrieden. Als einer der Studenten sich anbot, selbst ein Seminar über Dostojewski zu organisieren, beschwerte sich Nabokov bei der Administration der Universität und bestand auf der sofortigen Exmatrikulation des Andersdenkenden. Die Administration stimmte der Exmatrikulation jedoch nicht zu.

»Mich kotzt die Uni an«, schrieb Nabokov in einem Brief an seinen damaligen Verleger. »Sie kotzt mich, kotzt mich, kotzt mich an!« Doch er brauchte die Uni. Seine Veröffentlichungen brachten ihm nicht genug Geld ein, er konnte von der Schriftstellerei schlicht nicht leben.

1953 war ein verhängnisvolles Jahr. Im März starb Stalin, im Dezember beendete Nabokov seinen Roman *Lolita* – ein Roadmovie der untypischen Art und »das beste Buch meines Lebens«, wie er später meinte. Im puritanischen Amerika fand Nabokov für sein Lieblingsbuch jedoch lange Zeit keinen Verleger. Alle hatten Angst vor dieser »Liebesgeschichte«. Auch Nabokov selbst hatte Angst. Zuerst wollte er das

Buch unter einem Künstlernamen veröffentlichen. Eine dumme Idee, wie ihm die Literaturagentin erklärte. Der Skandal wäre so oder so unvermeidlich, und wenn sich der Autor obendrein hinter einem falschen Namen versteckte, würde ihn das nur noch mehr belasten, weil er damit gewissermaßen zugeben würde, etwas Unanständiges zu Papier gebracht zu haben. Nabokov dachte über eine anonyme Veröffentlichung nach, doch eine solche war vom amerikanischen Gesetzgeber nicht vorgesehen. Bei einer ganz normalen Veröffentlichung musste man allerdings mit dem Vorwurf der Sittenwidrigkeit, einer horrenden Strafe und einem Verbot des Buches rechnen.

Die Verleger, denen Nabokov sein *Lolita*-Manuskript schickte, gaben es weiter zur Expertise. Die Meinung der Experten war einhellig: »reine Pornografie«. Gleichzeitig machten sie dem Autor aber große Komplimente: »erstklassige Prosa!«, »tolle Geschichte!«, »ein großartiges Buch!«. Die Verleger, Agenten und Experten waren begeistert. Nur das Buch zu drucken, wagte keiner.

Zum Glück gab es noch die gute alte Welt, und was der Leser in Amerika noch nicht lesen durfte, das durfte der Franzose schon lange. Es fand sich ein kleiner französischer Verlag, Olympia Press, der als anrüchig galt und schon früher Bücher amerikanischer Autoren veröffentlicht hatte, die ihre Werke nicht durch die Ritze der amerikanischen Zensur bekommen hatten. Zu den Erfolgen der Olympia Press gehörten *Sexus* und *Stille Tage in Clichy* von Henry Miller, Samuel

Becketts *Molloy* und *Die Geschichte der O* von Pauline Réage. Später kam beispielsweise auch noch *Naked Lunch* von William S. Burroughs dazu. Ein Glück, dass Nabokov sich für diese Autoren kaum interessierte, sonst wäre er bei dieser Gesellschaft ausgeflippt, und *Lolita* wäre wahrscheinlich erst zehn Jahre später erschienen.

Das Buch kam 1955 in Frankreich heraus und wurde 1956 verboten. In England tagte 1959 das Parlament zu einem hochbrisanten Thema. Es ging um die Grenzen der Zensur, die Engländer waren nämlich gerade dabei, die Grenzen zwischen Erotik und Pornografie neu zu ziehen. Von dieser Diskussion ermutigt, wagte es der Londoner Verlag Weidenfeld & Nicolson 1959, *Lolita* zu drucken.

Aber auch in Amerika war die Zeit nicht stillgestanden. Immer mehr Menschen tanzten Rock 'n' Roll, einen Tanz, bei dem der Mann eine Frau öffentlich um die eigene Achse drehen und sie sich zwischen den Beinen durchschieben durfte. Das amerikanische Volk schien reif für eine sexuelle Befreiung – eine Schmach, dass sie ausgerechnet von einem Russen in Gang gesetzt wurde.

Lolita erschien in Amerika im August 1958 bei G. P. Putnam's Sons. Genau genommen platzte der Roman wie eine Bombe in eine Gesellschaft, die *Vom Winde verweht* noch immer für einen hocherotischen Schlager hielt. Kein Wunder, dass *Lolita* sofort ein Bestseller wurde. Eine Auflage jagte die nächste, das Buch brach alle Verkaufsrekorde. An Kiosken, an jeder Ecke konnte man eine kleine Puppe in kurzem Rock kaufen, auf dessen Stoff *Lolita* gedruckt war. Edward Albee machte aus *Lolita* eine erfolgreiche Theaterinszenierung, Hollywood erwog eine Verfilmung, Nabokov wurde für das Drehbuch viel Geld geboten. Natürlich durfte Lolita im Film nicht unter achtzehn sein, was den ganzen Sinn des Romans zunichtemachte, aber das war nun wirklich egal – bei solchen Gagen.

Anfangs versuchte Nabokov noch laut darauf hinzuweisen, dass die Mehrheit der Leser sein Buch missverstanden habe. *Lolita* war keine Beichte eines alten Pädophilen, sondern eine hochromantische Geschichte über die Unmöglichkeit der Liebe, da das Objekt der Begierde immer unerreichbar ist. Es war eine Geschichte voller Qual, Leiden und Glück. Und sie hatte nicht das Geringste mit der damals aktuellen Pornografiedebatte zu tun. Doch das wollte keiner hören.

Der Playboy verpflichtete Nabokov für teures Geld als Kolumnisten. Die Themen seiner Kolumnen durfte er frei wählen und jederzeit aufhören, wenn es ihm keinen Spaß mehr machte. »Diesen Erfolg hätte ich vor zwanzig Jahren gebraucht«, schimpfte Nabokov.

Doch besser spät als nie. Endlich konnte er mit dem lästigen Unterrichten aufhören, durfte leben, wo und wie er wollte, und sich endlich auf die drei Dinge konzentrieren, die ihn schon immer am meisten interessiert hatten. Zwei Monate nach Erscheinen von *Lolita* kündigte Nabokov bei der Uni.

Er musste nicht mehr malochen, er konnte sich ganz dem Schreiben widmen.

Nabokov verfasste in dieser Zeit eine Reihe von Pamphleten, in denen er alte Rechnungen beglich. Er hatte das Gefühl, jetzt, wo er so berühmt geworden war, würde die Welt endlich auf ihn hören. Also geißelte er alle möglichen Linguisten, Slawisten, Übersetzer und einige Kollegen aus längst vergangenen Zeiten, die ihn beleidigt, nicht verstanden oder kritisiert hatten. Die meisten waren längst tot. Er veröffentlichte seine Pamphlete im Playboy und sorgte damit bei der Leserschaft dieser Zeitschrift für Unbehagen. Die Leser, die von dem erotischen Schriftsteller Nabokov eine solide Beschreibung aller Weichteile der daneben abgebildeten jungen Lolitas erwarteten, konnten nicht nachvollziehen, was die toten Linguisten damit zu tun hatten.

Zwei Jahre nach *Lolitas* Erscheinen verließen die Nabokovs Amerika für immer, zogen in die Schweiz und ließen sich 1961 im Luxushotel Fairmont Le Montreux Palace in Montreux nieder. Dort arbeitete Nabokov an seinen nächsten Romanen, verklagte gelegentlich seine Biografen, verlangte Richtigstellungen von Zeitschriften, die etwas über ihn geschrieben hatten, und verjagte Journalisten, die ihn auch in der Schweiz nicht in Ruhe ließen mit ihrem »Do you really like butterflies?«. Er stritt mit früheren Kollegen, mit Bekannten und Unbekannten, schrieb offene Briefe an die Redaktionen des »New Yorker« und des »New York Review of Books«.

Ada, sein Werk über eine inzestuöse Beziehung zwischen Bruder und Schwester, wurde nach Vorabdruck der ersten Kapitel im Playboy automatisch von der breiten Leserschaft gekauft, kam aber schließlich doch nur auf Platz 4 der Bestsellerliste, hinter dem *Paten*, Michael Crichtons *Andromeda* und einem reißerischen Roman aus der Welt von Glamour, Sex und Drogen um Aufstieg und Fall eines Fernsehtycoons. Die blöde Welt las jeden Mist mit demselben Interesse.

Zum Glück sah man in Montreux nicht allzu viel von der blöden Welt. Nur am Wochenende kamen jede Menge Touristen an den See. An solchen Tagen blieb die Familie Nabokov zu Hause. Nur der Sohn lief ständig ans Wasser, um sich mit den Touristen zu vergnügen. Er ignorierte alle Bemerkungen seines Vaters, diese Leute würden Mikroben, womöglich gar gefährliche Viren oder Bakterien mit sich herumschleppen.

Nabokov zog der Geselligkeit am See die Einsamkeit der Berge vor. Mit seinem Schmetterlingsnetz lief er den schweizerischen Schmetterlingen hinterher, die bunt und groß wie Geldscheine waren und tief genug flogen. Bei einer solchen Jagd fiel er einmal ungünstig, verletzte sich, bekam eine Bronchieninfektion, wurde immer kranker und erholte sich nicht mehr.

»Ein Schriftsteller sollte sich nie bücken vor den Meinungen anderer Leute. Sein Richter ist die Ewigkeit«, meinte Nabokov zuletzt noch. Und »nur die Ewigkeit zählt«. Er starb mit 78 Jahren.

TEIL VII

Daniil Charms

1905–1942

Die fünf Wunder
des Zauberers

Das Wunder der Geburt

Der Dichter Daniil Charms hatte große Mühe, auf die Welt zu kommen. Seine für das Jahr 1903 geplante Geburt fand nicht statt. Der zukünftige Vater des Dichters, Iwan Pawlowitsch Juwatschow, war ein pedantischer und zugleich schüchterner Mann. Im ersten Ehejahr hatte er es aus Schüchternheit versäumt, seine Ehefrau, Nadeschda Iwanowna Koljubakina, auf das Thema des Familiennachwuchses anzusprechen. Später entwickelte er die fixe Idee, sein Kind solle unbedingt zu Silvester geboren werden, damit sein Leben gleich mit einem Fest und einem schönen Feuerwerk beginnen konnte.

Iwan Pawlowitsch rechnete alles genau aus und kam am 1. April 1903 mit dem entsprechenden Angebot zu seiner Frau. Diese hielt das natürlich für einen Aprilscherz, denn ihr Mann war genau für solche und ähnliche Albernheiten weit über die Grenzen seiner Familie hinaus bekannt. Seine Frau wiegelte auf alle Fälle ab. Der hoffnungsvolle Vater blieb jedoch hartnäckig.

Ein Jahr später, 1904, kam Iwan Pawlowitsch wieder am 1. April zu seiner Frau, erneut mit dem Wunsch, mit ihr gemeinsam ein Kind zu zeugen. Diesmal hatte er die entsprechende Vorarbeit geleistet und beharrte auf der Ernsthaftigkeit seines Vorhabens. Frau Koljubakina willigte ein, kam zu Iwan Pawlowitsch, küsste und umarmte ihn. Nun konnte er sich den Spaß einfach nicht verkneifen, in diesem romantischen Augenblick »April, April« zu rufen und höhnisch grunzend wegzulaufen. Frau Koljubakina brach in Tränen aus und gab ihrem Mann vor lauter Empörung eine derartig kräftige Kopfnuss, dass er noch ein halbes Jahr danach stotterte. Es gab einen großen Skandal unter Beteiligung aller Nachbarn und zufälligen Passanten. Die Klärung ihrer zwischenmenschlichen Beziehung dauerte an, sodass der Dichter Daniil Charms auch im Jahr 1904 ungeboren blieb. Erst ein Jahr später, 1905, als Russland in einem aussichtslosen Krieg mit Japan steckte und die erste russische Revolution alle Unzufriedenen, Unterdrückten und überhaupt alle Menschen mit sozialem Gewissen auf die Barrikaden trieb, beruhigten sich die Gemüter in der Familie.

Am 1. April des überaus ernsten und tragischen Jahres 1905 kam Iwan Pawlowitsch, der zukünftige Vater von Dichter Daniil Charms, mit entschlossenem Schritt zu seiner Frau, der zukünftigen Mutter des Dichters. Sie redeten über das Schicksal Russlands, das im Nebel lag, über ihr eigenes Schicksal, das ebenfalls im Nebel lag, tranken ein Weinchen und zeugten endlich das Kind, das nach den genauen Berechnungen des Vaters exakt am 31. Dezember 1905 kurz vor Mitternacht auf die Welt kommen sollte. Doch auch diesmal lief alles schief. Das Kind war zu ungeduldig. Statt ruhig im Bauch seiner Mutter zu bleiben und auf den vom Vater festgelegten Termin zu warten, hatte es der zukünftige Dichter Daniil Charms anscheinend eilig. Er kam früher als erwartet, als Frühgeburt sozusagen, und zwar am 30. Dezember um halb acht.

Sein Vater war empört und bat die Hebamme eindringlich, das Kind bitte schön zurückzuschieben und noch einen Tag zu warten. Die Mutter war jedoch dagegen. Sie hatte von der ganzen Geburt ohnehin die Nase voll und war nicht bereit, auch nur einen Tag länger in einer komischen Pose im Krankenhaus zu verbringen. Der Vater bestand darauf. Die Hebamme trank Tee und stimmte mal der einen, mal der anderen Seite zu. So schoben sie den zukünftigen Dichter Daniil Charms hin und her, bis er ihnen in Gebärdensprache klarmachte, dass sie ihn in Ruhe lassen sollten. Die Mutter hatte keine Kraft mehr. Der Vater schaute auf die Uhr, es war fünf vor zwölf. Die Hebamme untersuchte das Kind und meinte, sie habe noch nie einen so schönen Jungen gesehen. Dabei goss sie sich noch eine Tasse Tee ein.

Daniil Charms selbst beschrieb in seinen späteren Werken mehrmals das Wunder seiner Geburt, allerdings jedes Mal auf eine verwirrend andere Art. Einmal schrieb er, er sei im Schilf am Ufer eines großen Flusses geboren und von einem weißen bärtigen Zander großgezogen worden. Ein andermal erinnerte er sich, als Kaviar auf die Welt gekommen zu sein. Dummerweise habe sein Onkel, ein leidenschaftlicher

Gourmet, an einem Kinderwagen voller Kaviar einfach nicht vorbeigehen können und mehrmals versucht, sich das Kind in Abwesenheit der Eltern aufs Brot zu schmieren, und sogar schon einen Wodka zum Nachtrinken in der Hand gehabt. Zum Glück kam die Mama, Frau Koljubakina, rechtzeitig nach Hause und jagte den Onkel für immer fort. Der Dichter Daniil Charms behielt jedoch seine unnatürliche Kaviarform noch relativ lange. Deswegen konnten ihn die Mädchen in der Schule nicht küssen, und die Lehrer konnten ihn nicht zur Strafe in die Ecke stellen. Er verklebte sie nämlich sofort und ging nur sehr schlecht wieder ab. Der Dichter Daniil Charms war ein sonderbares Kind.

Sein Vater auch. Iwan Pawlowitsch war in jungen Jahren ein Revolutionär, der als Mitglied der Organisation *Narodnaja Wolja* – zu Deutsch »Volkswille« – nach einem Attentat auf Zar Alexander II. verhaftet und zum Tode verurteilt worden war. In letzter Minute wurde seine Strafe in fünfzehn Jahre Zuchthaus umgewandelt. Die ersten vier Jahre verbrachte der Vater von Charms in einem berühmten St. Petersburger Gefängnis, der Festung Schlüsselburg. Dort änderte er seine Weltanschauung radikal. Der Revolutionär wurde christlich und sogar fromm. Er trat von den Überzeugungen seiner Jugend zurück und zwar so überzeugend, dass die Leitung des Gefängnisses ihm vorschlug, als Mönch in ein Kloster zu gehen. Dazu fühlte sich Iwan Pawlowitsch jedoch nicht berufen. Er wurde zu Zwangsarbeit auf Sachalin verbannt. Man

muss dazu wissen, dass es auf Sachalin im Jahre 1887 noch
kein richtiges Zuchthaus gab, die Insel war 1875 gerade erst
zu einem Verbannungsort für Häftlinge auserkoren worden.
Es gab dort auch noch keine schweren Arbeiten, um die Verbannten zu beschäftigen. Iwan Pawlowitsch arbeitete daher
zwei Monate lang als Tischler und wurde dann Meteorolo-
ge. Er verliebte sich in die einzige Meteorologin auf Sachalin,
eine Gräfin, die auf der Suche nach dem Sinn ihres Lebens
die Hauptstadt verlassen hatte und sich freiwillig auf Sachalin befand, um den Gefangenen ihr Schicksal zu erleichtern
und die meteorologische Station zu leiten. Iwan Pawlowitsch
wurde zu ihrem wertvollsten Mitarbeiter. Später übernahm
er quasi inoffiziell die gesamte Leitung der Station. In dieser
Rolle traf er den Schriftsteller Anton Tschechow, als dieser
von 1893 bis 1894 Sachalin besuchte. Zu den echten, nicht reu-
mütigen politischen Gefangenen wurde Tschechow damals
nicht vorgelassen, aber mit dem Meteorologen Iwan Pawlowitsch durfte er reden. Tschechow war von diesem Mann begeistert und widmete ihm im zehnten Kapitel seines Buches
Die Insel Sachalin sechs liebevolle Zeilen.

Iwan Pawlowitsch studierte dieses Buch später und fand
es nicht so toll. Vor allem schien ihm, dass Tschechow die
Schwere des alltäglichen Lebens auf Sachalin überschätzt
und die Insel überhaupt in übertrieben schwarzen Farben beschrieben hatte. Er schickte Tschechow daraufhin sein eigenes
Buch, ein dickes Werk mit dem Titel *Das Wetter auf Sachalin.*

Kurze Rundschau 1887–1894 mit der Bitte, anhand dieser Studie einige Fehler und Ungenauigkeiten bezüglich des Wetters in seiner Publikation zu korrigieren. Aber Tschechow, der nur oberflächlich über das Sachaliner Wetter geschrieben hatte, wollte nichts mehr in seinem Buch über Sachalin ändern. Das kränkte Iwan Pawlowitsch sehr.

1895 bekam er als erster politischer Gefangener der russischen Geschichte die Erlaubnis, Sachalin vorzeitig zu verlassen. Er zog nach Wladiwostok. Etwas später beschloss Iwan Pawlowitsch, näher an der Hauptstadt zu leben, was ihm eigentlich verboten war. Er näherte sich St. Petersburg nur langsam, um die Güte des Monarchen zu testen. Zuerst fuhr er von Wladiwostok über den Pazifik nach Yokohama, dann Tokio, Honolulu, San Francisco, Chicago, Buffalo und New York, anschließend weiter über den Atlantik nach Liverpool, London, Queensborough, Vlissingen, Berlin, Vilnius, Tosno, und schließlich landete er in Ljuban. Die Kleinstadt Ljuban nahe Nowgorod war der St. Petersburg am nächsten gelegene Ort, an dem Iwan Pawlowitsch sich niederlassen durfte. Aber so richtig an einem Ort zu kleben war ihm nicht genehm. Er fand eine Stelle bei der Eisenbahn und fuhr mit den Zügen hin und her, pilgerte nach Palästina und arbeitete als reisender Revisor für den Verband der russischen Sparkassen. Er war überhaupt ein großer Reisender und so gut wie nie zu Hause. Umso mehr liebte ihn seine Familie – seine Frau, sein Sohn, der Dichter Daniil Charms, und seine Tochter Jelisaweta.

Neben seinen anderen Tätigkeiten bohrte sich Iwan Pawlowitsch tief in Glaubensfragen hinein. Er traf sich mit Leo Tolstoi, übersetzte das Evangelium neu ins Russische und berichtete in seinen Reisenotizen über unheimliche Begegnungen mit Heiligen und Erlösten. Einmal beschrieb er, wie ein Weiser seine Schüler zwang, Kohl mit dem Kopf nach unten in die Erde zu pflanzen. »Er wird nicht wachsen!«, weinten seine Schüler beinahe. »Gott und ich, wir wollen nicht euren Kohl«, entgegnete der Alte. »Wir wollen eure Demut. Macht euch keine Sorgen wegen des Kohls, mit dem richtigen Gebet wächst alles.« Und tatsächlich wuchs der Kohl. Er schmeckte nur irgendwie komisch, berichtete Iwan Pawlowitsch.

Auch sein Sohn, der Dichter Daniil Charms, wuchs und wuchs und wurde irgendwann der größte Junge in seiner Klasse. Er besuchte die von Deutschen gegründete und als europäisch und fortschrittlich bekannte St. Petri-Schule – der Name deutete auf eine Mischung aus Deutsch und Latein. Schon damals trug der angehende Dichter einen merkwürdigen Zylinder, er hatte eine Pfeife in der Tasche und einen Zahn an der Uhrkette. Gelegentlich malte er sich einen kleinen grünen Dackel auf die Wange. Er pflegte eine große Vorliebe für kleine kurzhaarige Hunde und mollige Frauen. Und er konnte Stepp tanzen.

Seine Mitschüler und Mitschülerinnen klebten an ihm, als wäre er wirklich aus Kaviar, und die Schulleitung drohte ihm mit Rausschmiss – der Dichter Daniil Charms hatte in allen Fächern außer in Deutsch schlechte Noten. Sein Vater schwieg und schüttelte nur den Kopf.

Streng genommen war Daniil Charms zu diesem Zeitpunkt noch gar kein Dichter, er hatte das Wunder der Poesie nämlich noch nicht entdeckt. Das geschah erst, als er einmal während der Ferien auf dem Land hörte, wie ein paar Dorfmädchen beim Stricken sangen. Er überlegte nicht lange, sprang zu ihnen ins Zimmer und stieß mit voller, tiefer Stimme geheimnisvolle Wörter aus: »Kaluga! Kaluga! Kolomisto kuga!«

Die Mädchen erschraken, legten ihr Strickzeug zur Seite, schauten ihn interessiert an und wollten den Jungen näher kennenlernen. Da erst wurde Daniil Charms Dichter.

Das Wunder der Kunst

Nichts verändert ein Land und die Lebensbedingungen jedes einzelnen Bürgers so sehr wie eine Revolution. Es ist wie einmal kurz einschlafen und in einem völlig neuen Land aufwachen. Und dann nie wieder einschlafen!

Eine richtige Revolution gleicht einer leidenschaftlichen Liebesaffäre. Es fließen Blut, Schweiß und Tränen, alle Sicherungen knallen durch, und es werden große Versprechungen gemacht, die sich meist in der Realität nicht einlösen lassen, aber trotzdem eine ganze Weile für eine Bombenstimmung sorgen.

Bei der letzten russischen Revolution 1991, die eigentlich eine Konterrevolution war und unter dem schmissigen Namen »Perestroika« firmierte, glaubten die Menschen im Ernst, nun werde gleich die ganze sozialistische Staatswirtschaft privatisiert, wobei jeder Bürger seinen Anteil in Form einer Aktie bekäme. Niemand wusste genau, was für einen Wert eine solche Aktie haben könnte, wie teuer beziehungsweise preiswert die ganze sozialistische Wirtschaft eigentlich war, für wie viel sie verkauft werden könnte und vor allem an wen? Wer brauchte sie? Man munkelte, die Amerikaner würden schon einen vernünftigen Preis dafür zahlen. Die Summe werde sicher reichen, um jeden Bürger auf die Kanaren in Urlaub zu schicken, und zwar für ein ganzes Jahr.

»Diese Amerikaner sind doch ganz schön dumm«, dachten die Menschen und packten schon einmal ihre Urlaubskoffer. Im Geiste lag das Land bereits am Pool in der Sonne mit einem coolen Mixgetränk in der Hand.

Die Bewohner der Kanaren können sich gar nicht vorstellen, welches Schicksal ihrer Inselgruppe erspart geblieben ist. Denn leider waren die Amerikaner trotz der Hoffnungen aller fortschrittlich denkenden Menschen nicht dumm genug. Vielleicht hatten sie auch gar nicht so viel Geld übrig – man hätte allerdings über den Preis diskutieren können. Auf jeden

Fall haben die Amerikaner die sozialistische Wirtschaft nicht komplett gekauft, und am Ende flogen nur ganz wenige russische Bürger auf die Kanaren. Die meisten blieben, wo sie waren, und mussten richtig ackern, um zu überleben. Für sie hat die Revolution von 1991 nichts gebracht – außer Elend, Not und schlechte Laune. Aber es war ja auch, wie gesagt, eine Konterrevolution.

Die Große Oktoberrevolution 1917 änderte dagegen jedes einzelne Leben gründlich, ganz egal auf welcher Seite der Barrikaden man stand oder ob man womöglich gar nichts von der Revolution wissen wollte.

Der Vater von Daniil Charms bekam als ehemaliger Revolutionär und Gefangener des zaristischen Regimes eine neue große Fünfzimmerwohnung auf der Nadeschdinskaja 11 in Petrograd, dem früheren St. Petersburg, ab 1924 dann Leningrad genannt. Sie hatte zwei Ausgänge und sogar einen Telefonanschluss (Nummer 9024) – ein seltener Luxus bei den damaligen Wohnverhältnissen. Später, 1930, wurde die Wohnung allerdings »verdichtet«, das heißt, es wurden zwei weitere Familien dort einquartiert: eine Tochter mit einer gelähmten alten Mutter, die ständig pupste, und ein ehemaliger Infanterist, der 1917 bei der Verteidigung Petrograds einen Kopfschaden erlitten hatte und seitdem ständig nach neuen Herausforderungen suchte. Diese Nachbarn wurden später in den Gedichten von Daniil Charms penibel verarbeitet und verwandelten sich in Poesie.

Trotz der Zugezogenen war die Wohnung groß genug, dass jeder sein eigenes Zimmer hatte. Daniil Charms hatte seines aufwendig bemalt und zu einer Poetenburg umgebaut. Er ist bis zu seinem Tod nicht mehr umgezogen, abgesehen von ein paar Jahren, die er als »zu linker Dichter« in der Verbannung in Kursk verbrachte.

Trotz seiner Entscheidung, Dichter zu werden, spielte Charms anfänglich mit dem Gedanken, noch einen zusätzlichen Beruf zu erlernen. Gleich nach der Schule schrieb er sich am Elektrotechnikum ein, flog aber schon im ersten Jahr wieder raus. Als Grund für den Rausschmiss gab die Direktion der Lehranstalt seine »völlige Unangepasstheit in das Kollektiv des Elektrotechnikums« an. Nach diesem Vorfall beschloss Daniil Charms, nirgends mehr zu studieren oder zu arbeiten, sondern sich voll auf die schöpferische Arbeit eines Dichters zu konzentrieren. 1925 füllte er das Aufnahmeformular für den Leningrader Bund der Dichter aus. Außer mit seinem Namen und Geburtsdatum beantwortete Charms beinahe jede weitere Frage in dem Formular mit »Weiß nicht«.

»Ihre soziale Abstammung?«

»Weiß nicht.«

»Was haben Sie vor 1917 gemacht?«

»Weiß nicht.«

»Wann haben Sie angefangen zu schreiben?«

»Weiß nicht.«

»Wann und wo haben Sie veröffentlicht?«

»Niemals und nirgendwo.«

Nur auf die Frage Nummer ii – »Haben Sie vollendete und nicht veröffentlichte Texte in der Schublade?« – antwortet Charms mit einem klaren und knappen »Ja«.

Seine Aufnahme verzögerte sich, die Sitzung wurde vertagt, die Entscheidung verschoben. Gleich darauf bildete Charms mit ein paar Freunden seine eigene poetische Vereinigung – die »Linke Flanke« und den »Kreis der AutorRitäten«.

Dichter, die zu diesem Verein gehörten, nannten sich »Kipper«, sie sahen ihre Aufgabe darin, die alten Vorstellungen von Sprache zu kippen, alle Dinge neu zu benennen und dadurch die Welt neu zu erfinden. Ihre Gedichte waren für das neue Bewusstsein, den neuen Menschen, geschaffen. Die alte Welt lag nach der Revolution in Trümmern. Die neue musste erst noch erkannt und benannt werden. Als philosophische Grundlage nutzten die Kipper die Lehre des selbst ernannten »Ersten Vorsitzenden der Weltkugel«, des genialischen Philosophen Alexander Tufanow. Er behauptete unter anderem, wenn man verschiedene Säuglinge auf verschiedenen unbewohnten Inseln aussetzen würde und sie nicht verhungern ließe, würde jeder von ihnen ein eigenes Wort für Sonne, Mond und Erde finden und eine eigene Geschichte in einer eigenen Sprache schreiben. Die Kipper wollten wie diese Säuglinge sein und eine neue fortschrittliche Welt mit einer neuen fortschrittlichen Sprache erfinden und deren Geschichte schreiben.

Dabei hatten die Kipper allerdings die politische Lage im nachrevolutionären Russland nicht beachtet, die alles andere als neu und fortschrittlich war. Die Große Oktoberrevolution verwandelte sich nämlich sehr schnell in einen unaufhörlichen Machtkampf der politischen Bürokratie, die aus dem Blut des Bürgerkrieges erwachsen war. Kaum war der Krieg beendet, gingen bereits die Intrigen los. Der innenpolitische Machtkampf entfaltete sich mit voller Wucht bereits 1923, als allen klar wurde, dass der politisch angeschossene Lenin nicht mehr lange zu leben hatte.

Die erste Runde dieses Machtkampfes ging in die Geschichte ein als der sogenannte »Kampf der sieben Zwerge«. Sieben führende Parteimitglieder – Stalin, Sinowjew, Kamenew, Bucharin, Rykow, Kuibyschew und Tomski – vereinten sich gegen das einflussreichste Mitglied des Politbüros, Leo Trotzki, der von der breiten Masse als Lenins Nachfolger gehandelt wurde. Trotzki propagierte damals Thesen zur Redefreiheit und der Kontrolle der Wähler über die Gewählten. Er setzte sich gegen die Parteibürokratie ein und vertrat die Prinzipien der direkten Demokratie, nur eben innerhalb einer einzigen und einzig möglichen Partei. Seine antibürokratischen Vorschläge und sein Charisma machten den anderen Genossen Angst. Viele sahen in diesem sowjetischen Demokraten einen neuen Diktator. Im Januar 1924 wurde Leo Trotzki, der am Schwarzen Meer in Suchum-Kalé – dem heutigen Sochumi – Urlaub machte, über den Tod von Lenin nicht rechtzeitig informiert. Dadurch verpasste er den feierlichen Abschied des Führers der Oktoberrevolution und verlor dadurch bei vielen Kommunisten an Vertrauen.

Dies war der Anfang seines politischen Endes. Innerhalb eines Jahres verwandelte sich das Inbild der Revolution in eine Witzfigur, die eine völlig unakzeptable Abweichung vom revolutionären leninistischen Kurs predigte, den sogenannten Trotzkismus. Während des XIII. Parteitags und der anschließenden literarischen Diskussion wurden Trotzki und seine Scheinlehre endgültig entlarvt. Seine schärfsten Angreifer hießen Sinowjew und Kamenew, die zwei Jahre später unfreiwillig seine Freundschaft suchten, um mit ihm gemeinsam gegen ihre neuen gefährlichen Feinde Stalin und Bucharin vorzugehen, die sich wiederum drei Jahre später mächtig gegeneinander ins Zeug legten. Der ganze innenpolitische Kampf im Land des siegreichen Sozialismus ähnelte dem Kinderspiel »Reise nach Jerusalem«, bei dem zehn Kinder um neun Stühle herumrennen und sich auf Kommando setzen müssen. Wer stehen bleibt, hat verloren und kann nach Hause gehen. So ähnlich ging es in den Machtetagen der jungen Sowjetunion zu. Mit dem Unterschied, dass es nur einen Stuhl und dementsprechend nur einen Gewinner geben konnte.

Das alles wussten Daniil Charms und seine Freunde im Jahr 1924 nicht. Sonst hätten sie ihre »Linke Flanke« gleich umbenannt.

Daniil Charms

Jede Revolution bringt Menschen eines besonderen Schlages an die Oberfläche – Politiker und Poeten. Konstantin Olimpow, ein Freund von Charms, der sich selbst »Der Große Weltdichter« nannte, saß 1917 gleichzeitig in drei Wahlkampfzentralen des revolutionären Gründungskomitees. Er bekämpfte 1918 die antibolschewistischen Partisanen auf dem Lande, diente in der Roten Armee als Kavallerist und schickte nebenbei noch wöchentlich seine gereimten Dichterbefehle in den Kreml. Er war fest davon überzeugt, dass Lenin seinen Befehlen folgte. Nur deswegen konnten die Bolschewiken den Bürgerkrieg überhaupt gewinnen und die neue ökonomische Politik einführen. Nach dem Ende des Bürgerkrieges gründete Olimpow in Petrograd »Die poetische Akademie des universalen Ego-Olimpismus«. Er schrieb furchtbare Gedichte:

Verdient etwa die Erde oder meinetwegen die Sonne
Auf ihrer Reise
Durch dunkles lebloses Nichts ein wenig Achtung oder Gunst?
Während ich, Olimpow Konstantin, mich lobe und preise.
Ich bin die Wiedergeburt der Vollkommenheit in der Kunst.

Diese Gedichte schickte er regelmäßig an die Privatadressen von Lenin, Trotzki, Sinowjew, Kamenew und anderen Genossen mit der Aufforderung, sich mit den Versen auseinanderzusetzen.

»Ihr Schweigen werde ich als intellektuelle Schwäche

verbuchen und als Unfähigkeit, meine Größe zu erkennen«, schrieb er.

Alle Politiker schwiegen zurück, sogar Trotzki, der sich sonst gerne mit Literaturkritik befasste. Nur den Hypochonder Sinowjew veranlassten sie zu einer Anweisung: »Sofort klären, wer dieser Olimpow ist und ob er psychiatrische Hilfe braucht.«

Daniil Charms wollte Olimpow unbedingt als Mitglied für seine »Linke Flanke« gewinnen. Aber er traf ihn nie zu Hause an. Jedes Mal, wenn Charms mit Freunden bei Olimpow auftauchte, war die Wiedergeburt der Vollkommenheit gerade nicht da, sondern in der Stadt unterwegs. Seine junge Freundin beschwerte sich, Olimpow würde zu viel trinken.

»Können Sie vielleicht mit ihm reden?«, fragte sie. »So geht es nicht weiter. Jeden Abend zieht Konstantin einen Frack an, ohne etwas darunter zu tragen, geht unrasiert in die Stadt, hält Unbekannte auf und verkauft ihnen handgemachte Fahrkarten. Raten Sie mal, wohin. Zum Mond!«

Das Wunder der Liebe

Der Kipper-Dichter Daniil Charms verbrachte die meiste Zeit seines Lebens in seinem Zimmer auf der Nadeschdinskaja Straße. Wie eine Auster in der Schale saß er darin und fühlte sich gut aufgehoben. Nur mit einem scharfen Messer, mit Gewalt konnte man ihn herausbekommen.

Charms hatte sich mit allem Notwendigen eingedeckt: mit Notizbüchern, Papier, Bleistiften, Kartoffeln, Nudeln und Tabak für seine Pfeife, vor allem aber mit den richtigen Büchern. Er las alles durcheinander. Russische Dichtung, deutsche Mystik, wissenschaftliche Arbeiten über Mathematik, Traktate über die magischen Zahlen 28 und 39, philosophische Ausführungen über die Wesen von Mann und Frau, und er interessierte sich für Kunstgeschichte und die Kabbala. Seine Lieblingsautoren waren Gustav Meyrink und E. T. A. Hoffman. Deren Werke wie *Der Golem, Walpurgisnacht, Der Sandmann* oder *Die Lebensansichten des Katers Murr* standen ganz oben auf der Liste seiner Lieblingsbücher. Er selbst schrieb jeden Tag. An der Tür seines Zimmers hing ein Lasst-mich-in-Ruhe-Zettel: »Bin da, aber habe dringend zu arbeiten. Kann niemanden empfangen und spreche mit niemandem. Nicht einmal durch die Tür. Ich gehe nicht zur Tür. Ich arbeite. Jeden Tag bis 7.00 Uhr abends.«

Außer umständlichen Abwesenheitszetteln schrieb Charms auch noch Gedichte, die nicht gedruckt, Theaterstücke, die nicht aufgeführt wurden, und gut/schlecht-Tabellen für den Eigengebrauch, um »alle Dinge der Welt in die richtige Ordnung zu bringen«. In diesen Tabellen teilte er alle wichtigen Lebenserscheinungen in zwei Spalten auf: gut und schlecht. Unter »gut« standen Mozart, Humor und junge mollige Frauen mit großen Brüsten sowie Fleisch und Milch. Unter »schlecht« verbuchte er Tschaikowski, Skrjabin, dünne Frauen mit kleinen Brüsten, launische Menschen und scharfe Gerichte, die mit Essig zubereitet waren.

»Ich mag sinnliche Frauen«, schrieb er dazu. »Leidenschaftliche Frauen dagegen nicht so sehr. Eine leidenschaftliche Frau schließt ständig die Augen im Bett, sie stöhnt und schreit. Ihre Leidenschaft ist eine blinde Leidenschaft. Sie giert und grabscht und greift nach allem durcheinander, in Eile, sich schnell zu befriedigen. Wenn ihre Leidenschaft gestillt ist, schläft sie sofort ein. Die sinnliche Frau dagegen hat alle Zeit der Welt, um ihre Begehren zu genießen.«

Vor 19.00 Uhr arbeitete der Dichter an der Erschaffung der richtigen Ordnung für alle Dinge. Nach 19.00 Uhr ging er in die Stadt, um mollige großbrüstige Frauen kennenzulernen. Wobei nicht alle seine realen Freundinnen seinem Ideal entsprachen. Seine erste Liebe, Esther, war zum Beispiel alles andere als mollig. Allerdings war es in der damaligen, vom Mangel gezeichneten Zeit, grundsätzlich schwierig, eine mollige Traumfrau zu finden. Zum Glück konnte Daniil Charms über mangelnde Aufmerksamkeit seitens des weiblichen Geschlechts nicht klagen. Als charismatischer Dichter in auffälliger Aufmachung war er bei den Frauen begehrt. Er verstand es gut, sich geheimnisvoll zu geben, machte sich ständig Notizen in kleinen Notizbüchern und verteilte für seine Bekannten Plus- und Minuszeichen, ohne sie zu erklären. Er wusste nur zu gut, dass Frauen außerordentlich neugierig sind. Seine Art, sie anzubaggern, trug die Handschrift seiner Poesie. Als er seiner späteren Freundin, der Malerin und Illustratorin Alisa Iwanowna Poret, zum ersten Mal begegnete, sagte er nicht einmal »guten Tag«, stattdessen schwieg er laut und ausgiebig, um sie zehn Minuten später mit der Frage zu überfallen: »Wo waren Sie vorgestern zwischen 16.00 und 18.30 Uhr, und was haben Sie gemacht?«

Einer anderen Freundin, Klawdia Wassiljewna Pugatschowa, erzählte er, er habe sie oder eine ihr sehr ähnliche Person gerade eben im Traum gesehen. »Sie liefen mit einer silbernen Glocke in der Hand in meinem Zimmer um den Tisch herum und riefen: ›Wo ist das Geld? Wo ist das Geld?‹ Ich stand am Fenster, rauchte Pfeife und antwortete: ›In der Truhe, in der Truhe‹ ...«

Wer konnte einer solch komischen Anmache widerstehen?

Bei seinem strengen Tagesablauf blieb Charms nicht viel Zeit für seine Dichterfreunde, die »Kipper«, die öffentliche Auftritte planten und an der Weiterentwicklung der »Linken Flanke« arbeiteten. Dabei wuchs die Gruppe ständig um neue interessante Mitglieder. Im Winter 1926 schrieb Charms in sein Notizbuch, die »Linke Flanke« hätte einen wichtigen Mann gewonnen: Kasimir Malewitsch. Der suprematistische Künstler durchlebte gerade eine schwierige Phase. Er war zur figurativen Malerei zurückgekehrt und auf der Suche nach neuen Freunden. Malewitsch und Charms fanden Gefallen aneinander. Malewitsch schenkte Charms sein philosophisches Buch *Gott ist nicht gestürzt! Schriften zu Kunst, Kirche, Fabrik.* Darin notierte Malewitsch eine geheimnisvolle Widmung: »Gehen Sie und bringen Sie den Fortschritt endlich zum Stehen. Ihr Malewitsch.«

Wie sollte der arme Dichter Charms den ganzen Fortschritt zum Stehen bringen – und vor allem, wieso? Das ist mir heute noch nicht klar.

Malewitsch teilte in seinem Buch das Bestreben eines Menschen in drei Wege, einen künstlerischen, einen religiösen und einen wissenschaftlichen – auf diesen bezieht sich die Fabrik im Titel. Alle drei Wege führen zum Absoluten, zu Gott. Hinter jedem Körper und jedem Gegenstand versteckt sich eine Energie, eine Bewegung, die ewig und unzerstörbar ist. Der Zerfall der Äußerlichkeiten bedeutet nicht das wirkliche Verschwinden, er deutet nur auf eine neue Form, die das Absolute, der nichtzerstörbare Gott, annimmt. Folglich ist Gott nie tot.

Nur wenige Menschen in der damaligen Sowjetunion konnten Malewitschs Sprache verstehen. Charms konnte.

Wie jede anständige Poetengruppe beschloss auch die »Linke Flanke«, mindestens einmal im Jahr den Namen zu wechseln. 1927 taufte sie sich in ALK um: »Akademie der Linken Klassik«. Es wurde eine Konferenz in Charms Zimmer abgehalten und ein neues Manifest verfasst. Der erste öffentliche Auftritt der Kipper-Dichter fand im Haus der Druckpresse statt und endete in einer Schlägerei. Das Publikum – alles selbst Dichter, Kunststudenten und Ähnliches – benahm sich wie Hooligans, lachte laut an unpassenden Stellen und provozierte die vortragenden Dichter mit gemeinen Zwischenrufen: »Hört auf zu quasseln«, »Geht lieber arbeiten«, tönte es aus dem Saal. Charms kletterte auf einen Stuhl und sagte laut, das Publikum solle stillsitzen oder abhauen. »In Pferdeställen und Bordellen lese ich nicht vor!«, rief Charms. Die Vorstellung endete, wie gesagt, mit einer Schlägerei und bekam eine äußerst schlechte Presse.

Zwei Wochen später lasen gleiche vier Kipper-Dichter vor Soldaten der 159. Brigade, ein auf Poesie viel weniger vorbereitetes Publikum. Die Dichter erlangten große Aufmerksamkeit, ihre Lesung war ein voller Erfolg. Mehrmals lasen sie dann in Pionierklubs vor Kindern und Jugendlichen ebenfalls mit großem Erfolg.

Charms publizierte seine Gedichte fast ausschließlich in Kinderzeitschriften und galt in der Sowjetunion lange Zeit als lustiger Kinderreimer, der Busenfreund aller Kleinen, obwohl er alles andere als ein Kinderdichter war und Kinder überhaupt nicht mochte. Umso mehr mochten sie ihn. Bei Lesungen wirkte er auf die Pioniere wie der Flötenspieler aus dem Märchen, der alle Kinder aus der Stadt lockt. Die Pioniere waren wie gebannt vor Begeisterung, wenn der große dünne Mann mit Pfeife seine Notizbücher aus der Tasche holte und daraus Gedichte vorlas. Charms las langsam, machte lange Pausen an besonders spannenden Stellen, denn er wusste, dass Kinder die neugierigsten Wesen auf unserem Planeten sind – nach den Frauen. Doch privat konnte er mit Kindern nichts anfangen. Auf dem Lampenschirm in seinem Zimmer stand »Alle Kinder gehören in die Tonne«.

Arbeiter und Soldaten, alle normalen Menschen, reagierten auf die Kipper mit Verständnis. Literaturkritiker, Journalisten, vor allem aber die offizielle »linke Szene«, die von den Machthabenden an der kurzen Leine gehalten wurde, konnten diesen Kippern hingegen nichts abgewinnen. Beinahe jede Lesung vor einem solchen Publikum endete mit einem Skandal oder einer Schlägerei. Der Direktor des Hauses der Druckpresse, ein Freund der ALK und ein eingefleischter Trotzkist, schlug vor, die Künstlergruppe solle das Wort »Linke« aus ihrem Namen streichen. Bei der damaligen politischen Lage, nach Trotzkis Verbannung und mitten in der Verfolgung seiner Sympathisanten, weckte das vor Kurzem noch heilige Wort »Linke« böse Assoziationen. Nach langen Debatten wurde ein neuer Name für die Gruppe gefunden: »Organisation der Bearbeiter der realen Kunst«, kurz OBERIU. Die Mitglieder nannten sich ab sofort die Oberiuten. Ihr erster Auftritt fand während eines Majakowski-Leseabends in einer Kapelle statt. Die Oberiuten gingen zu siebt hin, als eine Art Vorband von Wladimir Majakowski, und lasen nacheinander ihre Gedichte vor. Das Publikum verstand sie wie immer nicht, aber Majakowski gefielen die jungen Künstler. Trotzdem lud er sie kein zweites Mal ein.

Die Oberiuten zogen sich ins Haus der Druckpresse zurück, um dort regelmäßig aufzutreten. Als Werbung für sich und ihre Show liefen sie halb nackt durch die Straßen mit Plakaten, auf denen kurze provokante Ausschnitte aus ihrem Manifest in großen Druckbuchstaben standen. »2 + 2 = 5«, »Die Oberiuten sind die Avantgarde der revolutionären Kunst«, »Wir sind keine Kuchen!«, »Poesie schmeckt nicht wie Grießbrei«, »Nein zu den Parasiten in Literatur und Malerei«. Die Losung »Wir sind keine Kuchen« lag Charms besonders am Herzen. Später in den Dreißigern, in den Jahren des stalinistischen Terrors, hing in seinem Zimmer ein Plakat »Wir sind keine Kuchen, man darf uns nicht hinter Gitter bringen«. Vergleiche mit Lebensmitteln zogen ihn an. Als viele seiner Kollegen mit der damals modischen Droge Äther experimentierten, lehnte Charms diese Droge ab und bezeichnete Äther als »Brathühnchen umgekehrt«.

Während des Konzerts saß Daniil Charms in einem alten durchlöcherten Frack auf einem überdimensionalen schwarzen Schrank, der von zwei Dichterkollegen auf die Bühne gerollt wurde. Vom Schrank aus las Charms seine Gedichte vor. Der Schrank sollte die Realität und Bodenständigkeit seiner Poesie unterstreichen. Ein Gedicht sollte wie ein Schrank sein. »Wenn man ein Gedicht aus dem Fenster schmeißt und es jemandem auf den Kopf fällt, muss es richtig wehtun«, schrieb er.

Das Wunder der Freiheit

Neben molligen Damen und angeberischen Dichtern lud Charms verrückte Zeitgenossen zu sich ins Zimmer ein, die ihm entweder auf der Nadeschdinskaja Straße durch ihr ungewöhnliches Verhalten aufgefallen waren oder an anderen öffentlichen Orten auf sich aufmerksam gemacht hatten. Es waren allesamt Menschen eines besonderen Schlages, die vielleicht geistig nicht ganz da waren, dafür aber ihre Unabhängigkeit behaupteten, ihre Meinung offen sagten und eine Freiheit des Denkens demonstrierten, die den Gesunden versagt war. Für ihre Narrenfreiheit zahlten sie mit regelmäßigen Aufenthalten in der Psychiatrie. Charms nannte diese Menschen »Naturphilosophen« und konnte sich stundenlang mit ihnen unterhalten.

Natürlich fand nicht jeder Geisteskranke von der Straße den Weg ins Charms' Zimmer. Zu dem auserwählten Kreis der Naturphilosophen gehörte nur die Elite der Stammpatienten der psychiatrischen Krankenhäuser Leningrads. Der buckelige Schneider Alexander Baschilow sei hier besonders erwähnt, ein stadtbekannter Propagandist der Einfachheit, Autor der philosophischen Traktate »Wären wir schlichter, lebten wir wie Fichten« und »Einfalt gibt Rückhalt«. Baschilow trug seine Traktate gern auf dem Platz vor dem Filmtheater »Piccadilly« vor. Er wurde in der Regel zweimal im Jahr in ein psychiatrisches Krankenhaus eingeliefert. Zwei Wochen nach seiner Einlieferung stand er jedoch wieder vor dem Filmtheater und deklamierte. Er gab an, eine amtliche Bescheinigung aus dem Krankenhaus zu besitzen, in der ihm schriftlich bestätigt wurde: »Baschilow, Alexander, ist völlig in Ordnung und normal, aber alle anderen um ihn herum sind verrückt.« Er zeigte diese Bescheinigung nur aus sicherer Entfernung vor und gab sie niemals aus der Hand. Mehrmals lud er Charms ein, sich mit ihm zusammen ein paar Wochen in der Psychiatrie »zu erholen«. Die schöpferischen Dialoge mit dem Naturphilosophen Baschilow wurden allerdings dadurch erschwert, dass er rund um die Uhr Stöpsel in den Ohren trug. Er war nämlich der Meinung, dass die Bürokraten seine Gedanken klauen und sie im Radio senden würden.

Ein anderer Naturphilosoph, Doktor Schapo, der in Wirklichkeit keine medizinische Ausbildung hatte, heilte Charms und seine Freunde permanent von allerlei Arten des Unheils. Ganz egal ob sie tatsächlich krank waren oder nicht, die Methode von Doktor Schapo half immer. Der Doktor behauptete, jeder könne sich selbst heilen, denn nicht die Heilung sei das Problem, sondern die richtige Diagnose. Er selbst hatte eine todsichere Methode entwickelt, um die richtige Diagnose zu stellen. Dazu zündete er kleine Kerzen an, die er in Walnussschalen platzierte, und legte neben jede Kerze ein kleines Zettelchen mit dem Namen einer Krankheit: Grippe, Angina, Melancholie, Fieber, Pest usw. Dann ließ er die Walnussschalen in einer Schüssel mit Wasser unter dem Bett des Patienten schwimmen. Wenn eine Kerze ausging oder die Schale plötzlich stehen blieb oder der Zettel Feuer fing, war die richtige Diagnose besiegelt.

Doktor Schapo unterschied sich auch sonst deutlich von anderen Doktoren. Er ging nämlich nicht nach Hause, nachdem die richtige Diagnose feststand und die Wege zur Heilung besprochen waren. Er blieb bei seinem Patienten im Zimmer bis zu dessen vollständiger Heilung. Der Doktor schlief neben ihm auf dem Boden, brachte ihm zu essen und zu trinken, ging mit seinem Hund Gassi und kümmerte sich so hingebungsvoll um den Kranken, dass er tatsächlich nach kürzester Zeit wieder auf den Beinen war. Manchmal blieb der Doktor sogar dann noch bei seinem vormaligen Patienten, sodass er von diesem irgendwann rausgeschmissen werden musste.

Zu den Naturphilosophen zählte außerdem der Maler Esner, Autor des Monumentalschinkens *Schicker Sessel mit rotem Bezug, einsam am leeren Meeresufer stehend*. Esner beschäftigte sich mit der Theorie der Malerei und verfasste eine Arbeit über die farblichen Unterschiede der Exkremente von Hunden und Katzen.

Speziell um die Naturphilosophen in den schöpferischen Prozess einzubinden, gründete Charms den KNW – den »Klub der von Natur aus Weißen« – als eine Filiale der OBERIU. Charms spielte gern Bürokrat, seine Lieblingsbeschäftigung war es, Vereine, Klubs, Gesellschaften und Poetenzellen zu gründen. 1931, im Zuge der Säuberung der sowjetischen Literatur von klassenfeindlichen Elementen und Spionen der Bourgeoisie, bekam die Poetengruppe OBERIU Probleme mit einer anderen Gruppe, die ähnlich hieß, aber total unpoetisch war – die OGPU, eine Nachfolgeorganisation der Tscheka, also der »Außerordentlichen Allrussischen Kommission zur Bekämpfung von Konterrevolution, Spekulation und Sabotage«.

Zum ersten Mal wurde der Dichter Daniil Charms, Generalsekretär der OBERIU, am 10. Dezember 1931 von den Mitarbeitern der OGPU verhaftet. Sein Zimmer wurde gründlich durchsucht und versiegelt. Als Zeugen während der Hausdurchsuchung wurden sein Vater Iwan Pawlowitsch sowie die Hauswartsfrau Druschinina herangezogen. Letztere war Analphabetin und leistete bloß ein Kreuzchen unter dem Protokoll der Hausdurchsuchung. Laut diesem Protokoll wurden »Manuskripte, geöffnete und nichtgeöffnete Briefe, sowie zehn mystisch-okkulte Traktate beschlagnahmt«. Alle sieben Kipper-Dichter wurden innerhalb von drei Tagen verhaftet, die Naturphilosophen versteckten sich vorübergehend in der Psychiatrie.

Charms wurde von zwei Untersuchungsrichtern als Erster verhört. Der böse hatte den Spitznamen »Sascha«, der gute den Spitznamen »Lasar«. Die Verhaftungen in den frühen 1930er-Jahren hatten noch fast vegetarischen Charakter. Die damaligen Untersuchungsrichter waren noch keine professionellen Henker, manche waren sogar in gewisser Weise »Intellektuelle«. Sie unterhielten sich gern über die Entwicklungen in der zeitgenössischen Kunst. Es wurde mit den Häftlingen diskutiert, Meinungen wurden ausgetauscht. Die Untersuchungsrichter redeten über Literatur, statt ihre Opfer zu foltern und zu quälen. Bei den ersten sowjetischen Säuberungen Anfang der Dreißigerjahre konnte man als Häftling sogar noch mit einem milden Urteil wie drei Jahre Verbannung rechnen und dann tatsächlich aus der Haft nach Hause kommen. Die Klugen unter den Häftlingen versuchten allerdings gar nicht erst, nach Verbüßung der Strafe wieder nach Hause zurückzukehren. Sie sahen die Welle des Großen Terrors von 1937 bereits kommen und blieben lieber gleich in Sibirien in der Hoffnung, auf diese Weise aus dem Blickwinkel des Staates zu verschwinden.

Der Prozess der Oberiuten wurde mit dem Prozess der Kinderbuchautoren zusammengelegt. Die Oberiuten wurden der vorsätzlichen Verblödung der sowjetischen Literatur bezichtigt, die Kinderbuchautoren beschuldigte man, die gefährlichen Ideale der Monarchie in ihren Märchen zu verbreiten. In der Tat handelte fast jedes Märchen von einer Prinzessin, einem Prinzen oder einer Königin, während Arbeiter und Bauern nur am Rande vorkamen oder überhaupt nicht erwähnt wurden.

Es waren aus heutiger Sicht, aber auch für die damalige Zeit absurde, lächerliche Vorwürfe. Trotzdem machte es für die Untersuchungsrichter Sinn, mit solchen Lächerlichkeiten zu arbeiten. Der Staat gierte nach lauten und großen Prozessen zu seinem Schutz. Und wenn man die Vorwürfe gegen die Oberiuten und gegen die Märchenschreiber zusammenbrächte, hätte man gleich eine »Verschwörung« und eine »terroristische Vereinigung« und könnte dann ganz andere Dimensionen im Kampf gegen die Klassenfeinde erreichen.

In seinem ersten Verhör bestand Charms auf der Freiheit der Meinungsäußerung, im Protokoll des zweiten Verhörs machte er aus sich selbst einen Hauptschuldigen. Ohne irgendwelche Namen der noch nicht verhafteten Kollegen und Bekannten zu nennen, bekannte er sich als Chefideologe einer antisowjetischen Literatengruppe und Verfasser konterrevolutionärer Gedichte und schädlicher Kinderbücher für schuldig. Am 31. Januar 1932 war der kurze Prozess zu Ende, die Anklage wurde in den größten sowjetischen Zeitungen veröffentlicht. »Mit vereinten Kräften der OGPU wurde eine antisowjetische Autorenvereinigung liquidiert, die sich unter dem Etikett der Kinderliteratur versteckte, um von dort aus ihre monarchistische Weltanschauung zu verbreiten und die Sowjetmacht ideologisch zu bekämpfen. Auf den regelmäßigen illegalen Versammlungen der Gruppe wurden die Methoden der Bekämpfung der Sowjetmacht sowie die Wege der Veröffentlichung von antisowjetischen Werken besprochen.« Und so weiter und so fort.

Später schrieb Charms über seinen Aufenthalt im Gefängnis: »Ich war glücklich, dass man mir Stift und Papier wegnahm und verbat, irgendetwas zu tun. Ich hatte keine Sorgen, mein Herz war ruhig, ich hatte endlich keine Gewissensbisse, nichts zu tun. Mein Gewissen war ruhig, und ich war glücklich.«

Charms und die meisten seiner Poetenkollegen bekamen drei Jahre Lagerhaft. Man verurteilte sie nach dem traurig-berühmten Artikel 58.10 des Strafgesetzbuches der Russischen Sozialistischen Föderativen Sowjetrepublik, wonach jegliche Propaganda oder Agitation, die zum Sturz, zur Unterhöhlung oder zur Schwächung der Sowjetherrschaft oder zur Begehung einzelner gegenrevolutionärer Verbrechen aufforderten, unter Strafe standen und im schlimmsten Fall sogar mit Erschießung geahndet wurden. Dasselbe galt für die Verbreitung, Herstellung oder Aufbewahrung von Schriften solchen Inhalts.

Sein Vater schrieb als ehemaliger Gefangener des Zarismus an den Sekretär der »Gesellschaft für die Solidarität mit politischen Gefangenen« und fuhr zu ihm. Er erreichte tatsächlich eine Erleichterung der Strafe für seinen Sohn: Im Mai 1932 wurde Charms vorzeitig entlassen. Er bekam den Status »minus 12«, das heißt, er durfte drei Jahre lang überall leben mit Ausnahme von zwölf Städten. Charms wählte Kursk und langweilte sich dort fürchterlich – fast ein Jahr lang. Im November bekam er die Erlaubnis, vorzeitig nach Leningrad zurückzukehren.

Die erste Verhaftungswelle legte sich allmählich, alles wurde wie früher.

Fast alles.

Der Weg in die offizielle Literatur blieb Charms verschlossen. Seine Gedichte und Märchen wollten nicht einmal mehr Kinderzeitschriften drucken. Sie hielten die Texte für eine böse Parodie auf die Kinderliteratur und das nicht ohne Grund. In Charms »Wintermärchen« heißt es zum Beispiel: »Einmal ging ein alter Mann in den Wald, ohne selber zu wissen, wozu. Nach einer Weile kam er aus dem Wald zurück und sagte zu seiner Alten: ›Du, Alte, hör mal zu!‹ Die Alte fiel sofort zu Boden, und seitdem sind alle Hasen im Winter weiß.«

Eine andere große Änderung in seinem Leben war noch trauriger. Sein Lieblingshund, ein kleiner Toy Terrier, den er in die Verbannung nach Kursk nicht hatte mitnehmen können, war vor Sehnsucht nach seinem Herrn gestorben. Charms schaffte sich daraufhin einen neuen Hund an, einen kurzhaarigen Dackel, und gab ihm den etwas umständlichen Namen »Achte die Erinnerung an die Schlacht bei den Thermopylen« oder abgekürzt: »Achte«. Der Wahn der Umbenennung holte ihn ein. Er dachte, man brauchte nur alle Menschen und Dinge umzubenennen, dann würde ein Wunder geschehen, und das Leben nähme ab sofort einen anderen, glücklicheren Weg.

Für sich selbst wählte der Dichter nun endgültig den Namen Charms. Statt seines ursprünglichen Namens – Daniil Iwanowitsch Juwatschow – hatte er schon immer verschiedene Pseudonyme verwendet, wobei »Charms« das häufigste war und auch in seinem Pass eingetragen war. Von nun an sollte er nicht mehr wie »harms« ausgesprochen werden, was auf Englisch »Unglück« bedeuten konnte, sondern wie das Wort für »Zauber«. Denn so fühlte sich Charms: Wie ein Zauberer, allerdings einer, der ohne jegliche Tricks auskam.

Aber damit war sein Umbenennungswahn noch lange nicht erloschen. Als Nächstes beabsichtigte er, den Hund namens Hokusai, der seiner damaligen Freundin Alisa gehörte, umzubenennen. Zu diesem Zweck brachte er ihr eine ganze Liste mit unterhaltsamen Namen. Morbido Mordilliera und die Prinzessin Brambilla waren dabei sowie Little Crazy Holiday. Auch nicht schlecht für einen Hund. Alisa fand eigentlich alle Namen gut gelungen. Ihr Hund war ebenfalls begeistert und hörte auf alle Namen, die er von Charms bekam. Der Dichter überlegte weiter und kam am nächsten Tag mit etwas komplizierteren Namenskreationen vorbei. Die Eltern von Alisa sträubten sich stark gegen die Umbenennung des Hundes, sie hielten sie für Tierquälerei. Sie diskutierten eine Woche lang darüber. Am Ende durfte der Hund seinen alten Namen Hokusai behalten, hieß aber drei Tage in der Woche »Das Große Brandenburgische Konzert«.

In seinem Zimmer gründete Charms mit alten Freunden eine neue Vereinigung, einen »Klub für wenig gebildete Wissenschaftler«. Dieser Klub funktionierte als Teil der ebenfalls von Charms gegründeten »Gesellschaft des Gleichgewichts mit einer kleinen Abweichung«. Die Sitzungen des Klubs wurden sorgfältig protokolliert. Bei einer dieser Sitzungen sollten die Mitglieder darüber Auskunft geben, was sie interessierte. Bei Charms stand: »Das Schreiben von Gedichten und Prosa, verschiedenes Wissen, das der Wissenschaft verborgen blieb, die Erkenntnis über den Zusammenhang aller Dinge, Zahlen, Zeichen und Buchstaben, private zwischenmenschliche Beziehungen, gute Manieren, Kleider für Männer und Frauen, Rauchen von Pfeifen und Zigarren, Notizbücher, das Zubereiten bestimmter Gerichte, kleine kurzhaarige Hunde, Frauen, aber nur meiner Wahl, das Wetter, Taschenuhren, was Menschen tun, wenn sie allein sind, Frauenphysiologie, das Schweigen.«

Was Daniil Charms außerdem gern mochte: sich nackt auszuziehen und vors Fenster zu stellen. Mehrmals riefen die Nachbarn deswegen die Miliz, sie fühlten sich wahrscheinlich sexuell bedroht.

Das Wunder des Lebens

Man lebt leider nicht von Gedichten allein. Daniil Charms versuchte, auf allen möglichen Wegen Geld zu verdienen – vergeblich. Bei allen Freundinnen und Freunden, Redakteuren, Verwandten, Bekannten und Verrückten hatte er bereits Schulden. Was tun? In der Planwirtschaftsrealität der Sowjetunion war für einen solch exotischen Vogel wie Charms kein Platz vorgesehen. Er lernte eine Liliputanertruppe kennen und beabsichtigte, ein Theaterstück für deren Artisten zu schreiben. Tatsächlich erhielt er von den Liliputanern eine mickrige Vorauszahlung und verfasste ein mikroskopisch kleines Drama, das nicht einmal uraufgeführt wurde. Es bestand aus einem Satz.

Ein Jahr lang ernährte sich Charms von Jungpionieren. Im Sommer 1935 begleitete er im Auftrag der Redaktion für Kinderliteratur im Haus des Buches eine Gruppe Jungdichter, allesamt Stipendiaten dieser Einrichtung, auf deren Lesereise durch den Süden Russlands. Seine Kommunikation mit den Kindern und anderen Teilnehmern dieser Lesereise war auf das unvermeidliche Minimum reduziert. Charms erschien nur zum Frühstück, hielt ein Thermometer in sein Teeglas und beobachtete, wie das Quecksilber darin stieg. Wenn ihm die Temperatur passte, trank Charms den Tee aus und verschwand bis zum Mittagessen in seinem Hotelzimmer. Wenn die Jungpioniere baden gingen, saß Charms am Strand unter strahlender Sonne in Anzug und Krawatte und entschuldigte sich, er habe Angst vor einer Erkältung und vor dem Wasser ebenfalls. Deswegen würde er sich sogar in der Badewanne nur im Stehen waschen.

Im gleichen Jahr wurde Charms erneut verhaftet, diesmal wegen illegaler kommerzieller Machenschaften. Er hatte nämlich die Idee entwickelt, eine eigene Literaturzeitschrift herauszugeben, deren alleiniger Chef und Herausgeber er sein sollte. Die Zeitschrift »Tapir« sollte strengster Zensur unterliegen, das heißt, jeder Autor war aufgefordert, fünf Verbote einzuhalten. Verboten waren: antireligiöse, liberale, antialkoholische, politische und satirische Inhalte. Die Zeitschrift sollte ihre Autoren dafür anständig entlohnen: 1 Rubel pro Seite, für Gedichte 2 Kopeken pro Strophe. Eine Auflage sollte nicht gedruckt werden. Es würde nur ein einziges Exemplar dieser Zeitschrift geben, das man nicht aus dem Zimmer des Chefredakteurs Daniil Charms heraustragen durfte. Für das Lesen einer »Tapir«-Ausgabe würde der Leser dem Chefredakteur 5 Kopeken zahlen. Über die Verwendung dieses Geldes musste der Chefredakteur niemandem Rechenschaft ablegen. Diejenigen, die eine Ausgabe zu besitzen wünschten, konnten beim Chefredakteur eine Kopie der Zeitschrift bestellen. Die erste Kopie kostete 100 Rubel, die zweite 150, die dritte 175, die vierte 200 und so weiter.

Dieses Vorhaben stieß in erster Linie bei der OGPU auf

großes Interesse. Doch wie durch ein Wunder wurde Daniil Charms nach wenigen Tagen wieder aus der Haft entlassen.

1934 hatte Charms eine mollige junge Frau namens Marina Malitsch geheiratet, die uneheliche Tochter einer russischen Fürstin und eines serbischen Offiziers. Die junge Frau war ohne Eltern aufgewachsen, hatte aber trotzdem durch ihre adeligen Vorfahren schlechte Karten im Land des unaufhaltsamen Klassenkampfes. Dabei hatte sie ihre Eltern so gut wie nie gesehen. Ihre Mutter hatte Russland 1917 mit ihrem neuen Mann und ohne Tochter in Richtung Nizza verlassen, ihren Vater kannte Marina nicht. Eine Ausgestoßene traf auf einen Unverstandenen.

Marina Malitsch und Charms wurden ein Paar zu einer Zeit, als jede Liebe auf eine besonders harte Probe gestellt wurde. 1937 begann in Russland die Zeit des Großen Terrors. Sie begann offiziell am 25. Juli 1937 mit dem »Operativen Befehl Nr. 00439« von Nikolai Jeschow, Chef des Volkskommissariats für innere Angelegenheiten, kurz NKWD, und endete mit dessen Hinrichtung und dem Befehl seines Nachfolgers Beria zur Beendigung der Massenrepressionen. Innerhalb von eineinviertel Jahren, von August 1937 bis November 1938, waren etwa 1 250 000 Menschen verhaftet, 634 000 hingerichtet und am Ende ungefähr 7000 rehabilitiert worden.

Zeitzeugen erzählen, dass es auf den Straßen von Leningrad im Sommer 1937 stark nach Verbranntem roch. Und jeder wusste, das waren keine Waldbrände: Zahllose Bürger vernichteten in Panik ihre Briefe und andere Papiere, die sie im Falle einer Verhaftung möglicherweise belasten konnten. Im Sommer 1938 qualmte nichts mehr. Die Menschen hatten verstanden, dass auch die größte Vorsicht sie nicht retten konnte.

Die OGPU – die Geheimpolizei der NKWD – hatte den Dichter Daniil Charms vergessen, sie hatten Wichtigeres zu tun. Überhaupt wurde es still um ihn. Im Mai 1940 starb sein Vater. Die meisten Poeten, die Mitglieder seiner zahlreichen Klubs und Vereine starben oder zogen weg in unbekannte Richtung. Man musste kein Prophet und kein Hellseher sein, um den kommenden Krieg vorauszusehen. Es reichte schon, ein paar Zeitungen zu lesen. Einige Künstler schauten der kommenden Schlacht der Völker sogar mit gewissen Hoffnungen entgegen. Sie versprachen sich davon eine Umkehrung der Verhältnisse in der Welt.

Charms hatte vor allem Angst vor dem Krieg. »Wenn der Staat einem menschlichen Organismus ähnlich wäre, so möchte ich im Fall eines Krieges in seiner Ferse sitzen«, schrieb er in seinem Notizbuch. »Es muss ein Wunder geschehen, damit die Welt gerettet wird. Ich sehe es bald kommen«, schrieb er. Das Wunder erwarten und es erkennen, darin sah er den höchsten Sinn und Inhalt jedes Lebens.

»Solange der Mensch an ein Wunder glaubt, lebt er. Wenn er aber aufhört, darauf zu warten, altert er augenblicklich und hört auf zu leben. Der Tod ist nichts anderes als Enttäuschung.

Bei unterschiedlichen Menschen kommt der Moment der Enttäuschung zu unterschiedlichen Zeiten. Der eine verharrt in Erwartung eines Wunders bis ins hohe Alter, der andere ist schon mit zwanzig tot. Am glücklichsten sind diejenigen, die ihren Wunderglauben bis zum Schluss nicht verlieren, so wie Leo Tolstoi, der mit 82 durchs Fenster floh, um ein neues Leben als Pilger zu beginnen – und dadurch vielleicht dem Tod zu entkommen.«

Um nicht in die Armee einberufen zu werden, ging Daniil Charms in die Psychiatrie. Er nahm seine Frau als Zeugin mit, allerdings musste sie ihm versprechen, niemandem von dem zu erzählen, was sie sehen und hören würde. Erst viele Jahre später brach sie ihr Schweigen und schilderte in einem Erinnerungsbuch, wie Charms es schaffte, die Ärzte zu überzeugen, ohne sich zu verstellen oder von seinen magischen Kräften Gebrauch zu machen:

Die Ärztin untersuchte den Dichter gründlich und fragte ihn, ob er vielleicht Beschwerden psychischer Art habe.

Alles sei in bester Ordnung, versicherte Charms und strahlte dabei übertrieben freundlich.

Die Ärztin machte dieses Verhalten trotz fehlender Beschwerden oder gerade deswegen misstrauisch, und sie fragte noch einmal nach. »Sind Sie sicher, dass Ihnen nichts fehlt?«

»Absolut!«, nickte Charms. »Ich bin mir absolut sicher, mir geht es blendend, hervorragend!«, sagte er und hustete merkwürdig laut.

»Sie fühlen sich also gut?«, wiederholte die Ärztin noch einmal.

»Ausnahmslos gut!«, bestätigte Charms.

»Na dann«, die Ärztin schaute ihn noch einmal genauer an. »Ich bin sehr froh, Genosse, dass es Ihnen so gut geht.«

»Wunderschön! Wunderschön!«, japste Charms. Er nahm seine Papiere und ging den Korridor entlang.

Im Korridor sprang er auf einem Bein um die eigene Achse und fluchte laut.

»Was ist passiert?«, rief ihm die Ärztin nach.

»Nein, nein, nichts, das ist nichts. Alles in bester Ordnung!«, rief Charms mit einer merkwürdig dünnen Stimme zurück.

»Kommen Sie!«, rief ihm die Ärztin zu. »Ich bitte Sie, kommen Sie sofort zurück. Warum haben Sie sich gerade eben so merkwürdig um die eigene Achse gedreht?«

»Ach, wissen Sie, alles ist in Ordnung, nur diese verdammten Vögel, sie fliegen direkt vor meinen Füßen weg.«

»Welche Vögel? Warum fliegen sie weg?«

»Ich nehme an, es sind die Zugvögel«, klärte der Dichter die Ärztin auf. »Ihre Zeit ist gekommen, nun fliegen sie weg.«

Nach dieser Erklärung ging die Ärztin sofort in ihr Büro und schrieb für Charms eine Befreiung vom Armeedienst. Statt in der Armee landete der Dichter in einer Klinik, die er mit der Diagnose »Schizophrenie« kurze Zeit später wieder verlassen durfte. »Während des Aufenthaltes in der Klinik beschäftigte sich der Patient mit paranoiden Erfindungsideen, litt unter Verfolgungswahn, trug ein Band um den Kopf, hielt seine Gedanken für öffentlich zugänglich, wiederholte ständig die gleichen Gesten und Wörter«, lautete der Befund in seiner Krankenakte.

Am 23. August 1941 wurde Charms trotz seiner anerkannten Krankheit erneut verhaftet.

Mehrere Agenten der NKWD berichteten, der Bürger Daniil Charms würde Panik in der Bevölkerung verbreiten, halte den Krieg für verloren und erzähle, dass Leningrad eingekesselt sei und seine Bewohner verhungern würden. Laut Protokoll wurden in Charms' Wohnung 22 Briefe in offenen Umschlägen, fünf Notizbücher, ein Buch in ausländischer Sprache und ein Foto beschlagnahmt. Bei seiner Verhaftung trug der Dichter außerdem am Körper und in den Hosentaschen: eine Ausgabe des Neuen Testaments aus dem Jahr 1912 mit handschriftlichen Notizen an den Rändern, ein Vergrößerungsglas, eine Taschenuhr, zwei Pfeifen, einen Ring aus gelbem Metall, drei Wodkagläser und ein Weinglas, ferner ein Mundstück aus Bernstein, zwei Schachteln Streichhölzer, eine Ikone mit der Überschrift »Gott segne Daniil Juwatschow«, unterschrieben von Metropolit Antonij am 22. August 1906.

Während der Untersuchung zeigte Daniil Charms laut Protokoll Zeichen starker geistiger Verstimmung. Er wurde in die psychiatrische Abteilung des Gefängniskrankenhauses eingewiesen. Kurz bevor Charms dorthin verlegt wurde, begann die Leningrader Blockade. Es wurden Brotkarten eingeführt. Die Arbeiter bekamen 600 Gramm Brot am Tag, die Beamten 400 Gramm, Frauen und Kinder 300 Gramm. Im Laufe des Jahres wurden die Rationen immer niedriger bis zu den tödlichen 125 Gramm.

In seiner Krankenakte wurde der geistige Zustand von Charms als stabil bezeichnet, abgesehen von einigen Wahnvorstellungen: Der Patient glaubte, eine Methode gefunden zu haben, die zulässige Abweichung zwischen der Welt, wie sie wirklich ist, und unserer Wahrnehmung der Realität, zu steuern und ganz zu tilgen. Er behauptete außerdem, jedes gestörte Gleichgewicht wieder in Ordnung bringen zu können.

Am 9. Februar 1942 brachte Marina Malitsch ein Stück Brot für ihren Mann ins Gefängnis. Es wurde nicht angenommen. Man sagte ihr, Daniil Charms sei im Krankenhaus gestorben.

Marina wusste nicht, wohin mit sich. Sie ging gedankenverloren durch die Stadt und traf in der Nähe des Bahnhofs einen alten Freund ihres Mannes, den Philosophen und Schriftsteller Jakov Druskin, der wenig später mit dem letzten Zug in den Kaukasus evakuiert wurde. Er nahm Marina kurzerhand mit. Im Südkaukasus geriet Marina in die Okkupation, als die Deutschen das Territorium besetzten. Sie wurde als Arbeitskraft nach Deutschland deportiert und landete als Putzfrau bei Potsdam im Haus eines hochrangigen Offiziers. Der Offizier verliebte sich in seine schöne Putzfrau. Sie war jung, hübsch, sprach Deutsch und Französisch, war belesen und hatte Manieren. Der deutsche Offizier half Marina, ihre Mutter in Nizza zu finden.

Während die halbe Welt im Blut des größten Krieges der menschlichen Geschichte versank und Millionen ihr Leben auf den Schlachtfeldern ließen, fuhr Marina, die Witwe von Daniil Charms, mit ihrem neuen deutschen Bekannten nach Nizza, um ihre Mutter zu besuchen. In Nizza lernte sie ihre Mutter neu kennen und mit ihr deren Mann Michael. Es war Liebe auf den ersten Blick, und bald brannte Marina mit dem Mann ihrer Mutter nach Venezuela durch. Dort verliebte sie sich jedoch erneut – in einen anderen Russen. Sie ließ den Ex-Freund der Mutter sitzen und heiratete ein drittes Mal.

Marina Malitsch hatte ein langes und erfülltes Leben. 1997 brachte ihr Sohn sie in die USA, wo sie 2002 mit über neunzig Jahren starb. Zuvor schrieb sie noch ihre Memoiren, *Mein Leben mit Daniil Charms,* in denen sie ausführlich berichtete, was für ein verrückter Hund ihr erster Mann eigentlich gewesen war.

Das Leben von Marina Malitsch glich einem Wunder. Aber ist nicht jedes Leben ein Wunder, wenn man es etwas genauer betrachtet? Es beginnt auf zauberhafte, magische Art, geht einen unvorhersehbaren Weg voller Zufälle und Überraschungen und löst sich, ehe man sich's versieht, plötzlich in nichts auf. Das war's dann, Ende der Vorstellung, und niemand hat verstanden, wie der Trick funktioniert.

Alle rufen nach dem Autor. Der zeigt sich aber nicht und schweigt.

EPILOG

Schriftstellerträume

In den Biografien russischer Schriftsteller las ich oft, dass sie unter Schlaflosigkeit litten. Vergeblich warteten sie auf Morpheus' Besuch. Und wenn sie dann doch einschliefen, wurden sie von Albträumen heimgesucht. Sie träumten beispielsweise von fremden Menschen, die sich allesamt als Figuren aus ihren noch nicht geschriebenen Romanen ausgaben. Sie bedrängten die Autoren im Traum und fragten: Wann? Wann schreibst du endlich unser Buch?

Ich habe weniger gruselige Träume, obwohl auch meine nicht ohne sind. Mich besuchen eher Menschen im Schlaf, über die ich schon geschrieben habe: meine Eltern, meine Kinder, meine Tanten. Sie beschuldigen mich im Traum, ich hätte sie verleumdet, etwas Falsches über sie erzählt oder, umgekehrt, etwas sehr Wichtiges verschwiegen. Die Erwachsenen fordern eine Richtigstellung in der neuen Auflage, die Kinder verlangen zehn Euro als finanziellen Ausgleich für die unrealistische Darstellung ihrer Persönlichkeit. Das tun sie übrigens nicht nur im Traum, auch in der Realität verlangen sie ständig zehn Euro von mir.

»Was seid ihr für eine undankbare Verwandtschaft«,

verteidige ich mich im Traum. »Überlegt es euch gut! Früher wart ihr nur Menschen. Aber durch meinen Einsatz seid ihr jetzt auch noch Literatur geworden, für die Ewigkeit bestimmt. Noch in hundert Jahren werden die Menschen über euch lesen und lachen. Ist das nicht eine große Ehre?«

»Wir wollen aber nicht, dass irgendwelche Idioten in hundert Jahren über uns lachen. Wir wollen einen Zehner – und zwar jetzt«, fordern die Kinder trotzig. Ich kann sie nicht umstimmen und gebe nach.

Das Leben macht sich stets lustig über die Kunst, egal wie sehr Schriftsteller sich anstrengen, ihre Geschichten mit hochmoralischen Apellen oder traurigem, schockierendem Ende auszustatten. »Das wahre Leben hat immer ein Fickdich in der Tasche«, wie meine Tochter zu sagen pflegt.

Statt Morpheus besucht der griechische Gott Momos die Literaten, der Gott der Schmähsucht und der Skepsis. Dieser liebt es vor allem, die Biografien der Autoren als Gegenentwürfe zu ihren eigenen Werken zu missbrauchen.

Der russische Schriftsteller Graf Tolstoi stieß seine Heldin Anna Karenina unter die Räder eines Zuges, um zu zeigen, dass kein glückliches Zusammenleben außerhalb der Ehe möglich war. Eine Frau, die ihre Familie aus Liebe zu einem anderen verließ, musste ihr Leben lassen, um diese Einstellung des Grafen zu bekräftigen. Tolstoi selbst flüchtete wenig später mit einer Lokomotive vor seiner Frau, erkältete sich im Zug und starb im Häuschen eines Bahnhofsvorstehers.

Epilog

Der russische Schriftsteller Gogol, Autor des unsterblichen Romans *Die toten Seelen*, beschrieb darin, wie ein findiger Spinner für wenig Geld verstorbene Leibeigene erwarb, die auf dem Papier noch immer als lebendig galten, und diese Papiere bei einer Bank zur Absicherung eines großen Kredits hinterlegte. Als er mit dem Buch fertig war, erkrankte Gogol an einem geistigen Leiden. Seine eigene Seele schien gestorben zu sein, und es war, als würde er nur noch auf dem Papier existieren.

Fjodor Dostojewski hat es allerdings erst jetzt erwischt, viele Jahre nach seinem Tod. In seinem berühmten Roman *Schuld und Sühne* tötet der Student Raskolnikow eine geizige alte Frau und nimmt ihr Geld, um sich selbst eine bessere Bildung zu leisten, um den Armen und Notleidenden zu helfen und später vielleicht sogar die ganze Welt zu verbessern. Hunderte von Seiten kämpft er mit seinem Gewissen und quält sich mit der Frage, ob er das Recht hatte, ein einziges unnützes Leben zu opfern, um viele andere zu retten. Am Ende wird er überführt, beichtet seine Sünden und geht nach Sibirien ins Gefängnis.

Das wahre Leben wartete fast zweihundert Jahre mit einer Antwort auf diese verfluchte Frage. Erst kürzlich las ich in einer St. Petersburger Kriminalchronik einen kurzen Bericht: Eine alte Frau hat einen Studenten umgebracht, der bei ihr zur Untermiete wohnte und nicht zahlte. Nach drei Mahnungen war die Vermieterin nachts in sein Zimmer gekommen und hatte dem Studenten mit einer Axt den Kopf abgehackt. Vor Gericht nach ihren Motiven befragt, nannte sie ihre kleine Rente und die soziale Ungerechtigkeit als Beweggründe für die Tat. Dostojewski würde im Jenseits sofort die St. Petersburger Kriminalchronik abonnieren, wenn das möglich wäre.

Ich habe also keine Angst vor literarischen Träumen. Ich weiß, die Hosentaschen des Lebens sind bodenlos.

Der Auszug aus *Der Idiot* von Fjodor Dostojewski ist der Übersetzung von Hermann Röhl entnommen.

Die Auszüge aus *Der Meister und Margarita* von Michail Bulgakow in der Übersetzung von Thomas Reschke, Sammlung Luchterhand, 2005, sowie die Auszüge aus dem Brief »An die Regierung der UdSSR« aus dem Band *Ich bin zum Schweigen verdammt. Tagebücher und Briefe* in der Übersetzung von Renate Reschke und Thomas Reschke, 2015, Luchterhand Literaturverlag erfolgen mit freundlicher Genehmigung des Luchterhand Literaturverlags.

Die anderen Übertragungen aus dem Russischen stammen von Autor selbst.

Autor

Wladimir Kaminer wurde 1967 in Moskau geboren, wo er eine Ausbildung zum Toningenieur für Theater und Rundfunk absolvierte. Seit 1990 lebt er in Berlin. Er selbst sieht sich als Weltbürger und sagt, er sei privat Russe, beruflich deutscher Schriftsteller. Mit seiner Erzählsammlung »Russendisko« sowie zahlreichen weiteren Bestsellern avancierte er zu einem der beliebtesten und gefragtesten Autoren Deutschlands. Er ist auch journalistisch tätig, verfasst Artikel für Zeitungen und Zeitschriften und geht mit Kaminer Inside für 3sat auf immer neue Entdeckungstouren, um Menschen im In- und Ausland kennenzulernen oder einen Blick hinter die Kulissen bekannter Gebäude zu werfen.

Alle Bücher von Wladimir Kaminer gibt es auch als Hörbuch, von ihm selbst gelesen.

Weitere Informationen zu Wladimir Kaminer finden Sie unter www.wladimirkaminer.de.

Von Wladimir Kaminer lieferbar:

Russendisko. Erzählungen • Militärmusik. Roman • Schönhauser Allee. Erzählungen • Die Reise nach Trulala. Erzählungen • Mein deutsches Dschungelbuch. Erzählungen • Ich mache mir Sorgen, Mama. Erzählungen • Karaoke. Erzählungen • Küche totalitär – Das Kochbuch des Sozialismus. Erzählungen • Ich bin kein Berliner – Ein Reiseführer für faule Touristen. Erzählungen • Mein Leben im Schrebergarten. Erzählungen • Salve Papa. Erzählungen • Es gab keinen Sex im Sozialismus. Erzählungen • Meine russischen Nachbarn. Erzählungen • Meine kaukasische Schwiegermutter. Erzählungen • Liebesgrüße aus Deutschland. Erzählungen • Onkel Wanja kommt – Eine Reise durch die Nacht. Erzählungen • Diesseits von Eden – Neues aus dem Garten. Erzählungen • Coole Eltern leben länger. Geschichten vom Erwachsenwerden • Das Leben ist keine Kunst – Geschichten von Künstlerpech und Lebenskünstlern • Meine Mutter, ihre Katze und der Staubsauger – Ein Unruhestand in 33 Geschichten • Goodbye, Moskau – Betrachtungen über Russland • Einige Dinge, die ich über meine Frau weiß. Erzählungen • Ausgerechnet Deutschland. Geschichten unserer neuen Nachbarn • Die Kreuzfahrer. Eine Reise in vier Kapiteln • Liebeserklärungen. Erzählungen • Tolstois Bart und Tschechows Schuhe. Streifzüge durch die russische Literatur • Rotkäppchen raucht auf dem Balkon – und andere Familiengeschichten • Der verlorene Sommer – Deutschland raucht auf dem Balkon. Erzählungen • Die Wellenreiter. Geschichten aus dem neuen Deutschland • Wie sage ich es meiner Mutter. Die neue Welt erklärt: von Gendersternchen bis Bio-Siegel

Sämtliche Titel sind auch als ▐⌐ E-Book erhältlich.